심리학 아는 척하기

심리학 아는 척하기

알아 두면 쓸모 있는 심리학 상식 사전

시부야 쇼조 지음 | 한주희 옮김

팬덤북스

CONTENTS

심리학이 궁금한 당신에게

　대부분의 사람들은 대학교에 들어가서 심리학이라는 학문을 처음 접하게 된다. 그러나 심리학을 전문적으로 다루는 학부나 대학에 다니지 않는 한, 심리학 공부는 교양 수업 수준에서 그치며 그렇게 습득한 지식마저도 어느 새인가 잊어버리게 되고 만다.

　한편으로는 대학에 가야 배울 수 있는 학문이라는 생각에 심리학부에 진학하기를 희망하는 젊은 사람들도 늘고 있다. 텔레비전이나 잡지등에서도 심리학이 유행처럼 번지고 있으며 심리 상담사와 같은 자격증을 취득하기 위한 강좌나 각종 학교에 대한 관심도 모아지고 있는 추세이다.

　왜 이렇게 심리학의 인기가 높아지고 있는 것일까. 이는 오늘날의 현대 사회가 가지고 있는 불안정함과 앞날이 불투명한 생활에 대한 초조함, 삶을 힘들어하는 사람들의 심리가 반영된 결과가 아닐까 싶다. 더불어 가족, 친구, 직장 동료 사이의 인간관계에 대한 고민과 그런 고민을 털어놓을 상대가 없다는 고독함 역시 하나의 원인일지 모른다. 혹은 게임을 하듯이 다른 사람이나 자신의 마음을 밝혀내고자 하는 사람도 있을 것이다.

심리학은 '마음을 과학적으로 해명하는 학문'이다. 따라서 우리는 심리학을 공부함으로써 타인과 자신의 기분과 마음을 논리적, 객관적으로 이해하는 쾌감을 누릴 수 있다. 또한 그 과정에서 자신을 되돌아보며 자신감을 가지게 되고, 내일을 살아갈 활력도 얻을 수 있다.

이 책은 심리학의 탐구에 생애를 바친 선인들의 지혜와 심리학을 과학적으로 해명하고자 한 20·21세기 심리학자들의 학문을 친근하게 즐기며 읽을 수 있도록 구성되었다. 책을 통해 독자 여러분의 지적 호기심을 조금이라도 채울 수 있기를 기대해 본다.

시부야 쇼조 渋谷昌三

PART
1

· · · · · · · · ·

심리학이란
무엇일까

심리학으로
알 수 있는 것

01 인간의 심리를 과학적인 관점으로 연구한다

심리학^{Psychology}이란 용어는 1590년 독일의 철학자 **루돌프 괴켈**(1572~1621)의 논문 제목에서 처음 사용되었다. psyche^{마음}과 logos^{논리}라는 단어에서 알 수 있듯이 심리학은 마음에 관한 학문으로 인간의 심리를 논리적으로 연구하고, 그 구조를 과학적으로 해명하는 것을 목적으로 하고 있다.

살다 보면 '나는 왜 이런 행동을 하는 걸까'라는 생각이 드는 때가 있다. 이렇듯 자신도 이해할 수 없는 행동을 하는 까닭은 바로 인간의 **마음 저변에 스스로는 의식하지 못하는 심리**(무의식)가 작동하고 있기 때문이다. 심리학은 실험과 관찰, 면접, 심리학 검사 등과 같은 다양한 관점에서 실증 연구를 진행하고 있으며, 마음속 수수께끼를 해명하기 위해 힘쓰고 있다.

인간의 마음을 두 눈으로 직접 관찰할 수는 없지만 심리학적 지식을 이용하여 짐작해 볼 수는 있다. 더불어 인간이 사물에 개입하는 이상 모든 사물에는 '심리'가 작동하고 있다고도 말할 수 있으므로 심리학의 연구 범위는 무한하다. 심리학은 수학과 물리학처럼 측정할 수는 없지만 그만큼 모험적인 학문이다.

---

❶ 이것도 알아 두자

⊙ 아리스토텔레스의 심리학

인간의 심리에 관한 연구는 오래전부터 철학자와 의학자에 의해 이루어져 왔다. 고대 그리스 철학자인 **아리스토텔레스**(BC384~BC322)는 영혼^{psyche}(마음)을 생명이 활동하기 위한 원리라고 했으며, 신체를 통해 발현되는 영혼이 인간뿐 아니라 동식물에게도 존재한다고 여겼다. '정신이야말로 연구 가치가 가장 높은 분야'라는 유명한 말을 남기기도 한 그는 저서 《영혼에 관하여》에서도 현대 심리학에서 다루는 주제에 대해 논하고 있다. 또한 고대 그리스 철학자 플라톤(BC427~BC347)이 '마음의 작용은 선천적으로 인간에게 갖추어진 것(생득설)'이라고 주장한 것에 반해, 아리스토텔레스는 영혼을 '생명이 활동하기 위한 원리', '아무것도 쓰여 있지 않은 서판'이라고 표상하기도 했다.

심리학은 모든 상황에 적용된다

인간이 존재하고 행동하는 한 모든 상황에서 '심리'가 작동하고 있다. 심리의 작동 원리와 관련 구조를 해명하는 것이 바로 심리학이다.

심리 작용의 예

"오늘 점심에는 레스토랑에서 닭고기덮밥을 먹고 싶다."
= 욕구

"레스토랑에 간다."
= '먹고 싶다'는 마음이 행동의 동기로 작용

"맛있게 잘 먹었다!"
= 욕구 충족

"벌써 영업이 끝났어?!"
= 욕구가 충족되지 않아 갈등 발생

"내일은 더 빨리 와야겠군."
= 경험에 의한 학습

02

몸짓과 행동으로 좋아하는 사람의 속마음을 추측한다

내면의 변화는 어떠한 형태로든 우리의 몸과 행동으로 나타난다. 즉 몸의 상태와 행동을 보고 인간 내면에 **숨겨진 속마음**을 어느 정도 추측할 수 있는 것이다. 가령 '눈은 입보다 많은 말을 한다'라는 말처럼 상대의 눈을 보는 것만으로 지금 어떤 마음을 가지고 있는지 추측해 볼 수 있다.

미국의 심리학자 **사만다 헤스**는 남성과 여성에게 아기, 아기를 안고 있는 여성, 남성의 누드, 여성의 누드, 풍경 등의 사진을 보여주고 사진을 본 피험자의 동공 크기를 측정하는 실험을 진행했다. 그 결과 남성에게 여성의 누드 사진을 보여주었을 때와 여성에게 아기를 안고 있는 어머니의 사진을 보여주었을 때 동공이 확대된다는 사실이 확인되었다. 이를 바탕으로 헤스는 흥미와 호의 또는 흥분의 감정을 느낄 때 동공이 확대된다고 결론지었다.

또한 우리는 행동과 말버릇, 말실수를 하는 단어를 통해서도 상대의 심리를 읽을 수 있다(물론 여기에는 개인차가 존재하며 수학 공식처럼 정해진 답을 도출하는 것은 불가능하다).

❗ 이것도 알아 두자

⊙ 착오 행위

말실수, 상대방의 말을 잘못 알아듣거나 글씨를 잘못 알아보기, 착각, 건망증 등을 **착오 행위**(오류)라고 한다. 착오 행위는 일상 속에서 빈번하게 발생하는데, 이 행위가 일어나는 원인으로 숨겨진 본심이 지적되고 있다. "회의를 시작하겠습니다"라는 말을 "회의를 마치겠습니다"라고 잘못 말했다고 해 보자. 이는 '시작하다'라고 말하려던 마음과 '회의를 하고 싶지 않다'는 본심이 충돌한 끝에 승기를 차지한 본심이 겉으로 표출된 것이라 생각할 수 있다. 마음속에 자리한 무의식이 의식에 간섭하여 '듣고', '보는' 인지를 방해하여 착오 행위를 일으키는 것이다. 착오 행위에 대한 이러한 생각을 **정신 결정론**이라 하는데, 이는 정신분석학의 기본적인 개념으로 사용되고 있다.

무의식을 들여다보자

인간의 마음을 들여다볼 수는 없으나 신체의 다양한 움직임을 통해 본심을 추측할 수 있다.

시선	표정	말버릇

관심이 있는 쪽으로
눈이 움직인다.

미간에 주름이 생기면
불쾌하다는 의미이다.

'확실히'라는 말을 자주
사용하는 사람은 지는
것을 싫어한다.

몸짓	말실수	좋아하는 색

빨강

머리를 긁는 행동은
불안이나 긴장, 마음의
갈등을 나타낸다.

본심이 무의식적으로
입 밖으로 나온다.

빨간색은 '열정'을 상징
하며, '파괴'를 상징하기
도 한다.

심리학은 다양한 단서를 통해 속마음을 추측한다.

03 세상의 불합리에 맞설 수 있는 정신력을 갖게 된다

인간은 인생을 살면서 여러 시련을 경험한다. 때로는 그 문제로 인해 심리적으로 불안정해지는 경우도 있다. 특히나 현재 우리가 살고 있는 시대는 경제적으로 불황을 겪고 있으며, 급여 인상은커녕 구조 조정으로 인한 해고와 같은 어려운 상황이 지속되고 있다. 힘겨운 나날을 살아가는 우리들의 **정신력**이 시험대에 오르고 있다고 해도 과언이 아닌 것이다.

이러한 때에 심리학을 통해 마음의 움직임을 객관적으로 이해할 수 있는 지식과 갑작스러운 상황에 당황하지 않고 받아들일 수 있는 마음가짐을 갖는다면 절망적인 상황을 타파할 수 있는 대책을 세울 수 있다. 더불어 대인 관계(커뮤니케이션)에서 상대의 진의를 있는 그대로 받아들여 자신이 취해야 할 행동이 무엇인지도 알 수 있을 것이다.

우리들의 행동은 다양한 차원의 욕구에서 발생한다. 심리학에서는 욕구가 충족되었을 때야말로 정신 건강을 지킬 수 있다고 이야기한다. 우리는 자신을 둘러싼 환경과 타협하면서 불안한 마음의 근본이 되는 욕구 불만이나 고민이 마음속에서 소용돌이치지 않도록 욕구를 충족하는 방법을 배워왔다. 실제로 심리학을 공부하면서 우리는 다양한 임상 실험 결과와 실험을 바탕으로 한 해결법을 깨닫게 되기도 한다.

가령 **스톨츠**에 의한 **LEAD법**은 역경을 극복하기 위한 네 가지 심리 기술을 법칙으로 만든 것이다. 또한 스포츠 심리학에서는 부담감을 극복하기 위한 연구가 거듭 진행되어 왔다. 그 외에도 심리학은 우리에게 발생하는 다양한 사태를 극복할 수 있는 지혜를 가르쳐준다.

좌절했을 때의 대처법

폴 스톨츠는 큰 고민이 있을 때의 대처법으로 LEAD법을 고안했다.

① LISTEN = 듣기

자기 내면의 소리를 듣고 좌절을 하게 된 문제와 내용을 글로 쓴다. 주변 사람들의 의견을 듣는 것도 중요하다.

완전히 실패했다 ……

② EXPLORE = 탐구하기

①에서 도출한 과제를 해결할 수 있는 방법을 냉정하게 생각하고, 노트에 써 보자.

③ ANALYZE = 분석하기

①의 문제와 ②의 해결법을 객관적으로 분석하고 해결책을 도출한다.

이렇게 하면 되겠군!

④ DO = 행동하기

③에서 도출한 '자신이 취해야 할 태도'를 실행에 옮긴다.

바로 시정하겠습니다.

↓

역경을 극복한다.

❗ 이것도 알아 두자

⊙ LEAD법

미국의 조직적 커뮤니케이션 전문가 **폴 스톨츠**가 제창한 '문제 해결을 위한 사고방식'이다. 어려운 문제가 닥쳤을 때, 아래와 같은 네 단계를 밟아 해결함으로써 손해를 회피하지 않고 최소한으로 줄일 수 있다는 것이다. 이는 고객 불만에 대한 대처법으로도 사용된다.

① LISTEN (듣기)
② EXPLORE (탐구하기)
③ ANALYZE (분석하기)
④ DO (행동하기)

⊙ 셀프 모니터링

자신이 타인으로부터 어떻게 보일지 매일 활동 일기를 쓰는 등의 방법으로 체크하고, 필요할 시 '자신의 외견'을 조절하려는 경향을 말한다. 일반적으로 **셀프 모니터링**의 경향이 강한 사람은 **대인 관계 능력**이 뛰어난 편이며, 낮은 사람은 타인의 반응을 신경 쓰지 않고 자신만의 길을 고집하는 유형의 사람들이라고 알려져 있다. 대인 관계 능력이 높은 사람은 어려운 상황에서도 다른 사람에게 도움을 잘 청할 수 있기 때문에 시련을 극복하기 쉽다.

04 호감과 비호감의 이유를 구체적으로 알 수 있다

왜 인간은 인간관계에서 고통을 받는 것일까. 대부분의 경우 그 원인은 **상대와 자신은 다르다는** 전제를 망각한 채로 의사소통을 하려 하기 때문이다. 즉 상대에 대해 아는 것이 인간관계에서의 문제를 해결하는 첫 번째 방법이다. 부모와 자식, 상사와 부하, 연인 사이 등을 포괄하는 다양한 대인 관계 해결의 실마리인 것이다.

'관계를 맺다'라는 말이 있다. 심리학은 뒤얽힌 매듭을 푸는 법이나 새로운 매듭을 만드는 방법을 알려주는 학문이다. 예를 들어 고부간의 갈등을 비롯한 가족의 문제는 **가족 심리학**이, 연인 간의 문제는 **연애 심리학**이, 업무상 문제는 **산업·조직 심리학 및 직업 심리학**이 문제의 해결책을 제시해 줄 것이다.

인간관계의 기본은 **상대를 이해하고 자신을 이해시키기 위한 의사소통의 반복적인 행위**이다. 이를 알고 있는 사람은 다른 사람들로부터 호감을 사는 경우가 많다(미처 알지 못해 비호감을 사는 경우 역시 있다). 이에 심리학은 지금까지 자신이 해 온 행동의 어떤 부분이 잘못된 것인지 알려준다.

---

❶ 이것도 알아 두자

⊙ **대인 매력**

사람에게 갖는 호감이나 혐오감을 말한다. **대인 매력**을 결정하는 요소로는 **친밀함, 타인의 신체적 매력, 유사성의 법칙, 상보성, 호의의 반보성** 등이 있다.

사람들은 '집이 가깝다'와 같은 이유를 계기로 친밀함을 느낄 때 친해지며, 만난 지 얼마 되지 않은 사이에는 정보가 적기 때문에 겉모습 등의 신체적 매력에 끌리는 경향이 있으나 그 후에는 내면의 매력에 끌리게 된다. 유사성은 서로 동일한 경험을 한 적이 있거나 가치관이 비슷할 때 생겨난다. 이와는 반대로 자신에게 없는 것을 가진 것을 상보성이라 하며 자신에게 호의를 표하는 사람에게 쉽게 빠지는 것을 호의의 반보성이라고 한다.

호감과 비호감의 비밀을 풀다

심리학적으로 볼 때 사람들로부터 비호감을 사는 사람은 대개 자신이 먼저 상대를 거부하거나 멀리하는 경향이 있다.

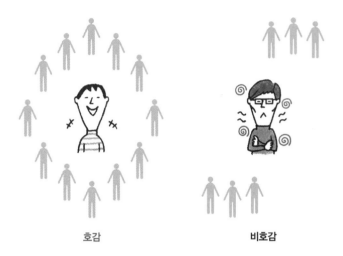

호감   비호감

호감을 높이는 심리학 법칙

숙지성의 원칙	눈에 자주 보일수록 호감을 갖는다.	➜ p.83
호의의 반보성	사람은 자신에게 호의를 표하는 사람에게 호감을 느낀다.	➜ p.17
런천 테크닉 Luncheon Technique	함께 식사를 하면 대화가 깊어진다.	➜ p.213
친밀함	집이 가까운 사람끼리 친해진다.	➜ p.17
유사성의 법칙	가치관이 비슷한 사람과 친해진다.	➜ p.17, 79

나답게 사는 것이
얼마나 중요한지 알 수 있다

모든 사람이 납득할 수 있는 삶이란 없다. 회사에 소속되어 일하는 것을 좋아하는 사람이 있는 반면, 프리랜서를 선호하는 사람도 있다. 다른 사람이 볼 때 행복해 보이는 삶도 당신에게는 그렇게 보이지 않을지도 모른다. 나답게 산다는 것은 자신만의 행복을 발견하는 것이라 해도 과언이 아니다.

나답게 살기란 의외로 어렵다. 마음은 우리들이 '자신의 기분'이라고 여기고 있는 **의식**과 스스로는 엿볼 수 없는 **무의식**으로 구성되어 있기 때문이다.

우리들은 어린 시절부터 다양한 가치관에 영향을 받는다. 이러한 가운데 자신에게 맞는 가치관을 찾을 수 있으면 다행이지만, 자신에게 맞지 않는 가치관을 '상식' 혹은 '교육'이라 칭하며 억지로 주입하는 경우도 있다. 결과적으로 **'진정한 나'와 '있는 그대로의 나'를 마음 깊은 곳에 숨기게 되는 것**이다.

물론 상황에 따라서는 진짜 자신의 모습을 보여주지 않는 편이 좋은 경우도 있다. 자신의 가치관을 관철시키려다 상대방과 대립하게 되는 일도 일어날 수 있으니 말이다. 그런 때에는 스위스의 심리학자 **칼 구스타브 융**(1875~1961)<u>p.120</u>이 말한 **페르소나**(자신의 외적 측면)<u>p.125</u>를 익혀 세상을 살아가는 것도 필요하다.

심리학은 인간의 겉으로 드러나는 부분은 물론 마음속에 자리 잡은 **심층 심리**까지 끌어낸다. 또한 자신의 가치관을 발견하는 원동력이 되기도 하며, 실험을 통해 본래의 성격을 끄집어내기도 한다. 자신의 본모습을 발견해 나아가야 할 방향을 제시해 주는 것이 심리학의 특징이라 할 수 있다.

진정한 나를 찾기 위해서는

'상식'이나 '교육'등을 강요당한 결과로 진정한 자신을 마음속 깊은 곳에 숨겨두게 되는 경우가 있다. 스스로를 알 수 없게 되었을 때, 심리학을 이용하면 자신의 마음을 확실히 파악할 수 있다.

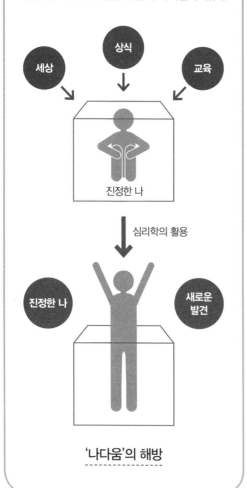

심리학의 활용

'나다움'의 해방

06 개성과 개인차의 수수께끼를 해명할 수 있다

동일한 목표를 향해 행동할 때 모든 사람이 같은 행동을 취하지는 않는다. 어떤 사람은 신중한 태도를 일관할 수 있고, 또 어떤 사람은 바로 행동에 돌입할 수도 있는 것이다. 이렇듯 **인간의 사고와 행동에는 명확한 차이가 존재한다.** 이것이 바로 **개성**이다. 우리는 모두 같은 인간이지만 각자의 개성을 가진 이상 서로를 이해할 필요가 있다. 서로의 개성과 성격을 이해하고 상대를 대하는 것이 인간관계를 포함한 우리의 인생을 좋은 방향으로 이끌어 주기 때문이다.

이러한 개성의 차이는 어디서부터 생겨나는 것일까? 하나의 예시로 그 사람 자체의 성격이나 성장 환경에서 비롯된 영향을 들 수 있다. 이렇듯 심리학은 인간의 잠재적인 부분에 집중하여 개성을 형성하는 다양한 요소를 연구하고 있다.

Q&A 소소한 심리학

Q 여초 직장에서 근무하고 있는데 여성들과의 대화에 끼기 어렵습니다. 남성과 여성은 대화하는 방법에 차이가 있는 것일까요?

A 남성과 여성은 성별이라는 차이가 존재하기 때문에 당연히 대화법도 다르기 마련입니다. 여성이 대화를 할 때에는 자신의 기분을 표현하는 것을 목적으로 합니다. 이를 **자기 완결적 커뮤니케이션**이라고 하지요. 한편, 아직까지 남성을 중심으로 돌아가고 있는 비즈니스 사회에서는 어느 목표를 달성하기 위한 수단과 도구로서의 의사소통이 이루어집니다. 이를 **도구적 커뮤니케이션**이라고 합니다. 직장에서 남성과 여성이 서로를 이해하는 데 어려움을 느끼는 것은 이러한 의사소통 방식의 차이 때문인 것이지요. 이 차이를 이해한다면 소통이 한층 원활해질 것입니다.

밝은 사람과 어두운 사람

선천적으로 '밝은 사람'과 '어두운 사람'은 존재하지 않는다. 그 사람의 내면에 도사리고 있는 문제가 그를 '밝은 사람' 혹은 '어두운 사람'으로 보이게 하는 것이다.

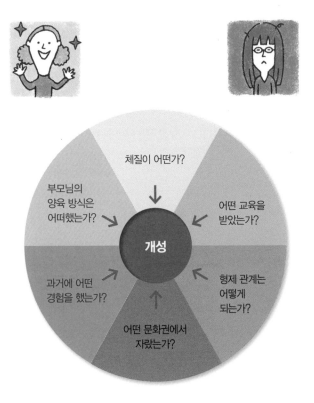

심리학으로 상대의 성격과 개성을 파악해
인간관계에 활용함으로써 인생을 행복하게 만들 수 있다.

07 디지털 사회가 내면에 미치는 영향을 알 수 있다

정보 기술의 발달과 함께 우리들의 인간관계도 크게 변화하고 있다. 인터넷 사회에서는 상대와 얼굴을 마주 보지 않고도 **익명으로 정보를 교환**할 수 있어 자신이 있는 장소를 밝히지 않아도 된다는 특징을 가진다. 때문에 지금까지 사회 전반에 걸쳐 작용되고 있던 제약이 약화되고, 개인의 욕망이 드러나게 될 우려가 있다. 가령 **각종 익명 게시판**에서의 비방과 중상모략은 사회적인 문제를 일으킨다. 만남 사이트로 인한 피해도 젊은 세대를 중심으로 증가하고 있다. 또한 인터넷에서 내뱉은 부주의한 발언이 블로그나 게시판에서 뜨거운 논쟁을 일으켜 비난을 받다가 결국에는 개인정보가 유출되는 등의 사건들도 수없이 일어나게 되었다.

미국의 심리학자 **스탠리 밀그램**은 현대인이 '정보를 단시간에 처리하려고 한다', '중요하지 않은 정보는 무시한다', '책임을 전가한다', '타인과의 접촉을 피한다'와 같은 네 가지 특징을 가지고 있다고 말했다. 이는 디지털 사회를 살아가는 인간의 특징이라 해도 과언이 아닐 것이다.

인터넷에 하루 종일 접속하지 않으면 불안해하는 **인터넷 중독**이나 핸드폰 수신 목록을 계속 확인하지 않으면 안심하지 못하는 **수신자 목록 공포증** 등의 특정한 심리 현상도 발생하고 있다. 심리학자들은 이러한 문제를 바탕으로 인간이 인터넷 사회와 어떻게 조화를 이루어가야 하는지에 대해 연구를 진행하고 있다.

데이터로 보는
사람과 인터넷의 관계

젊은 세대의 대다수가 인터넷을 이용하고 있는 오늘날, 인간관계의 모습도 크게 변화하고 있다.

블로그를 만들게 된 계기

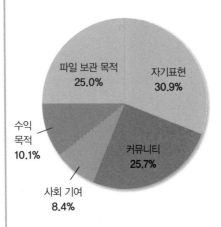

파일 보관 목적 25.0%
자기표현 30.9%
수익 목적 10.1%
커뮤니티 25.7%
사회 기여 8.4%

○ 자기표현 (30.9%) … 10~20대가 다수
○ 커뮤니티 (25.7%) … '육아'에 관한 정보 교환이 목적
　　　　　　　　　　　 인 주부들의 이용이 활발
○ 사회 기여 (8.4%) … 40대 이상이 다수
○ 수익 목적 (10.1%) … 10, 40대가 다수
○ 파일 보관 목적 (25.0%) … 30대, 60대 이상이 다수

❗ 이것도 알아 두자

⊙ 스탠리 밀그램(1933~1984)

미국의 심리학자. 나치의 대량 학살 명령에 대한 복종과 그에 따른 인간의 심리를 분석하기 위해 '권위에 대한 복종'을 주제로 **전기충격 실험**을 실시했다. 인간은 자신보다 권위 있는 사람에게 복종하는 경향이 있으며, 상황에 따라 어떠한 비도덕적인 행위도 저지를 수 있다는 주장을 제시하여 화제가 되었다.

도시에 사는 인간의 심리를 연구 주제로 삼아 **낯익은 타인**(얼굴은 알지만 인사를 하거나 이야기를 나눈 적은 없는 타인)p.82, 텔레비전의 영향, 도시 생활 등에 대해서도 선행적인 연구를 수행했다.

Q&A 소소한 심리학

❓ 왜 만남 사이트에서 알게 된 사람과는 연애와 관련된 문제가 발생할까요?

❗ 만남 사이트에 등록된 메일을 통해 전달되는 정보는 정확성을 판단하기가 어렵습니다. 때문에 만나기 전부터 문맥을 일방적으로 해석해 버리는 **망상적 인지**p.229가 발생하지요. 또한 '좋아해' 등과 같은 호의적인 단어를 쓰기 때문에 그것만으로 상대에게 호감을 갖는 **호의의 반보성**p.17 역시 일어나게 됩니다.

08 일과 공부 등을 효율적으로 정리하는 방법을 알 수 있다

매일 성장하지 않고는 비즈니스 사회에서 살아남을 수 없다. 하지만 그 사실을 알면서도 바쁜 일상에 쫓겨 좀처럼 공부할 시간을 내지 못하는 경우가 많다. 심리학을 이용하면 효율적인 공부법의 습득이 가능하다. 이는 학교 공부에도 동일하게 적용해 볼 수 있다.

학습은 심리학의 중요한 주제이다. 심리학에 있어서 학습에 대한 연구는 18세기 독일의 심리학자 **헤르만 에빙하우스**가 시작한 이후 130년 정도에 걸쳐 지속되고 있다.

기억 및 사고와 발상 또한 마음의 구조를 파악함으로써 효과를 몇 배나 향상시킬 수 있다. 반대로 마음의 행동 작용을 파악하지 않고 행동하면 들인 노력이 수포로 돌아가게 된다.

미국의 경영학자 **피터 드러커**(1909~2005)는 현대 시대를 **지식 노동의 시대**라고 설명했다. 일에 대한 보상은 들인 시간에 비례하는 것이 아니라 얼마나 많은 지혜와 지식이 사용되었는지에 따라 지불된다는 것으로, 다시 말하면 시간을 들이지 않고 얼마나 많은 성과를 올리는지가 업무의 성과를 결정한다는 것이다.

사람과 사람 사이에 신뢰를 쌓을 수 있는 **대인 관계 능력**도 일과 공부에 있어 필요한 자질이다. 실력우선주의인 세상이라고 해도 인맥의 힘을 무시할 수는 없기 때문이다.

이처럼 심리학으로 자신의 능력을 개발하면 보다 좋은 인생을 살아갈 수 있다. 삶 속에서 맞닥뜨리는 수없이 다양한 상황을 해결하기 위한 지식이 심리학을 통해 연구되고 있는 것이다.

심리학은 성공의 열쇠

보다 나은 인생을 만들기 위해 심리학을 통해 자신의 능력을 개발해 보자.

마음의 메커니즘을 이해하면 보다 나은 인생이 열린다

대인 관계

←

전달력

←

듣는 힘

←

기억력

←

발상 능력

←

❗ 이것도 알아 두자

◉ 레디니스 Readiness

어떤 것을 학습하기 위해서는 신체와 정신 기능이 일정한 발달 수준에 도달해 있어야만 한다. 이렇듯 학습이 가능한 준비 상태가 **레디니스**(학습 준비성)이다. 학생이 덧셈, 뺄셈 다음에 곱셈, 나눗셈을 배우도록 설정되어 있는 것은 레디니스의 개념에 근거한 것이다.

학습 시작 단계에 있어 레디니스가 성숙된 후에 다음 단계로 진행해야 한다는 의견을 **성숙 우위설**이라고 한다. 이와는 반대로 조기교육을 지지하는 사람들은 좋은 환경과 경험을 만들어 주면 레디니스 형성 시기를 더 앞당길 수 있다며 **학습 우위설**을 주장한다.

◉ 헤르만 에빙하우스(1850~1909)

독일의 심리학자이다. 스스로 실험 대상이 되어 기억에 관한 연구를 진행했다.

개인에 따른 실험 결과의 차이가 발생하지 않도록 고안한 학습 소재인 **무의미 음절**과 인간은 기억한 내용을 시간이 경과함에 따라 망각한다는 **에빙하우스의 망각 곡선**의 발견으로도 유명하다.

09 색채가 마음에 미치는 영향에 대해 알 수 있다

삼림욕을 하면 해방감이 느껴진다. 음이온이 가득한 공기를 마음껏 들이마시고 자연의 평온한 소리에 둘러싸여 있기 때문이기도 하지만, 우리 주변을 둘러싼 푸른 나무들이 마음에 평안을 주는 것이 틀림없다.

색채는 인간의 마음에 다양한 영향을 준다. 이것은 삼림욕에만 국한된 이야기가 아니다. 색이 인간에게 주는 효과는 의료나 교육, 패션 등 다양한 분야에서 활용되고 있다. 이렇듯 색채가 인간 내면에 미치는 영향을 분석해서 이를 이용하기 위한 법칙을 발견하는 것도 심리학의 역할이다.

색은 **비언어적 의사소통**p.69의 일종이다. 특정한 색을 몸에 걸치는 행위는 무의식에 존재하는 '형태가 없는 메시지'를 전달하고자 할 때 사용할 수도 있다.

스위스 심리학자 **막스 뤼셔**는 그 사람이 좋아하는 색에 심리학적 의미가 있다고 주장했다. 또한 좋아하는 색에는 그 사람의 **성격이 투영되어 있다**는 연구도 보고되고 있다. 우리는 심리학을 공부함으로써 색채가 인간에게 미치는 영향에 대해 이해하고, 이를 효과적으로 활용할 수 있다.

❶ 이것도 알아 두자

⊙ **색채 조절**

인간은 색에 대해 심리학적 반응을 나타낸다. 색채 조절이란 이러한 심리적 반응을 바탕으로 거주 환경과 노동 환경을 포함한 다양한 환경의 색채 계획을 통해, 보다 쾌적하고 효율적이며 안전한 활동을 할 수 있도록 색채를 조절하는 것을 말한다. 다른 말로는 **컬러 컨디셔닝**이라고도 한다.

청색과 녹색처럼 차가운 느낌을 주는 색은 안정감과 시원한 느낌을 주고 빨간색과 오렌지와 같이 따뜻한 느낌을 주는 색은 온화함을 느끼게 한다. 이에 우리는 학습 효과와 업무 능력의 향상을 위해 기숙사, 학교, 사무실의 실내 벽지를 중간색으로 꾸며 심적으로 안정감을 주는 등 다양한 장소에서 색채 조절을 활용할 수 있다.

색채 조절이라는 명칭은 색채 계획을 통해 노동 의욕의 고취 및 생산성. 품질 향상을 위해 노력한 미국의 한 페인트 회사가 사용한 명칭이다.

성격은 좋아하는 색으로 표현된다?

심리학자 막스 뤼셔는 좋아하는 색에 그 사람의 심리가 투영된다고 주장했다.

빨강	정열적, 적극적, 자기주장이 강함	**핑크**	정이 많음, 자상함, 상처 받기 쉬움
오렌지	밝지만 질투가 많음. 사교적이고 인기가 많음	**노랑**	밝고 호기심이 왕성, 야심가
녹색	이상·평화주의자, 현실주의자	**청색**	지적이고 쿨함, 감수성이 풍부하고 자립심이 강함
보라	고상, 신비함, 에로틱함을 지님	**갈색**	협조적이고 책임감이 강하며, 심리적으로 안정
검정	완고하고 자존심이 강함. 고독을 즐김	**흰색**	결벽주의, 성실, 이상주의자

10 젊은 세대의 심리를 이해하는 계기를 마련해 준다

"지금 젊은 세대들은 무슨 생각을 하는지 모르겠다."

매년 신입 사원이 입사하는 시기가 되면 들려오는 기성세대들의 볼멘소리이다.

예전에는 자신도 젊은 세대였지만 **세대 차이**나 자라온 환경의 차이로 지금의 젊은 세대를 이해하는 데 어려움을 겪는 경우가 많은 듯하다.

관리직이 되면 그러한 젊은 세대들을 지도해 나가야 한다. 또한 중·고등학생 자녀를 둔 부모 세대라면 한창 **반항기**에 들어선 아이들을 올바르게 이끄는 역할 역시 해야 한다. 때문에 '젊은 세대의 심리'를 파악하는 것은 살아가는 데 있어 큰 영향을 미친다고 해도 과언이 아니다.

이러한 시기, 젊은 세대들의 마음속에는 **심리적 이유**心理的 離乳 p.153가 시작된다. 부모의 보호로부터 벗어나 스스로 결정하거나 행동하고자 하는 경향이 강해지는 것이다. 그만큼 순수하기 때문에 그들은 **현실 사회의 모순을 인정하기에는 역부족**이며, 현실을 부정적으로 인식하는 경우도 많아진다. 부모에게 독립해 사회적, 경제적으로 자립하게 되면 이러한 상황은 해결되지만 그때까지는 **매우 불균형한 심리상태를 보인다.**

❶ 이것도 알아 두자

⊙ **설탕 사원**

자신에게 관대하고 도덕관념이 없으며 자립심이 약한 젊은 세대를 지칭해 **설탕 사원**이라 한다. 일본의 사회보험 노무사 **다키타 유키코**가 만들어낸 신조어이다. 설탕 사원은 다음과 같은 유형으로 나눠볼 수 있다.

무슨 일이 생기면 바로 출동하는 **헬리콥터 부모 의존형 설탕 사원**, 개인적인 일로 업무에 차질을 빚는 **사생활 연장형 설탕 사원**, 업무가 늘면 바로 패닉 상태가 되는 **원룸 캐퍼시티형 설탕 사원**, 자신에 대한 평가(존중)가 지나치게 높아 꾸지람을 들어도 '나에게는 문제가 없다. 당신이 나쁘다'며 타인에게 책임을 전가하는 **자기 존중형 설탕 사원**, 스트레스에 약하고 문제가 생기면 바로 멘탈이 붕괴되어 '자신에게 맞지 않다'며 회사나 학교를 쉽게 그만두는 **프리즌 브레이크형(탈주) 설탕 사원** 등 다양한 유형의 설탕 사원이 존재한다.

늦은 밤, 편의점 앞에서 무리를 지어 어슬렁거리거나 동네에서 소란을 피우는 비행을 저지르는 것도 이러한 심리 상태의 표출이다. 하나의 개인으로서 무언가를 주장하고 싶은데 이를 어떻게 표현해야 할지 몰라 집단에 소속되어 주장하려고 하는 것이다.

이처럼 발달 단계마다 찾아오는 심리·성격적 특징을 연구하는 것이 **발달 심리학**이다. 우리는 발달 심리학을 공부함으로써 이해하기 어려웠던 부하의 마음이나 부모의 말을 듣지 않는 자녀의 내면까지도 이해할 수 있게 된다.

인생을 바꾸는
심리학

01 중년 이후의 삶을 재설계하는 계기가 된다

흔히 중년을 인생의 반환점이라고 말한다. 중년에 다양한 변화가 생기는 경우가 많기 때문이다. 중년을 맞이하면 기력과 체력이 떨어지고 젊었던 시절처럼 활동하기가 힘들어진다. 그 결과, 자신이 이제 더 이상 젊지 않다는 것을 인정하게 되고 노화와 죽음에 대한 불안이 머릿속을 스쳐감에 따라 인생의 남은 시간을 헤아려 보게 된다.

평생 고용을 약속하던 사회는 경제 침체와 함께 노후의 안정된 생활을 보장할 수 없게 되었다. 일에 있어서도 자신의 한계가 보이기 시작하여, '정말 이대로 괜찮을까'와 같은 고민에 빠져 중년 우울증을 겪는 사람도 나타난다. 자녀를 다 키운 주부가 새로운 인생을 찾으려 하는 것도 바로 이 시기이다. **부모님 간병이나 갱년기 장애**와 같은 새로운 문제에 직면하는 경우도 있다.

이러한 변화는 내면의 갈등을 야기해 정신적인 위기 상태를 유발한다. **중년의 위기**라 불리는 이 시기를 극복하기 위해서는 자신의 인생을 다시금 돌아보고 새로운 자신을 구축하는 것이 중요하다.

융 p.120은 중년 이후의 삶을 중요시했다. 의식에 존재하는 **자아**와 무의식 아래에 존재하는 **자기**가 서로를 인정하고 하나가 될 때에 행복한 인생을 보낼 수 있다고 생각한 것이다. 이 과정을 **개성화, 자기 성장**이라 부른다.

중년기의 문제는 또 하나의 자신을 발견하고 새로운 인생을 살아나가기 위한 계기로써 발생한다고 생각해도 좋을 것이다. 즉 **자기표현**을 도모하는 시기인 것이다. 심리학은 이렇듯 중년의 발견을 도와주며 해결책을 찾을 수 있도록 도와주는 역할을 한다.

중년 세대가 안고 있는 다양한 불안

35~59세의 남녀 1,084명을 대상으로 '자신의 노후 인생'에 대한 설문 조사를 진행했다.

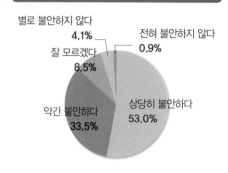

노후가 불안하다고 생각하는가?

별로 불안하지 않다
4.1%

잘 모르겠다
8.5%

전혀 불안하지 않다
0.9%

약간 불안하다
33.5%

상당히 불안하다
53.0%

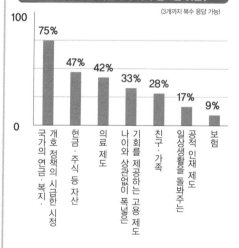

노후의 불안을 해결하기 위해 필요한 것은?

(3개까지 복수 응답 가능)

- 국가의 연금·복지·개호 정책의 시급한 시정 75%
- 현금·주식 등 자산 47%
- 의료 제도 42%
- 나이와 상관없이 폭넓은 기회를 제공하는 고용 제도 33%
- 친구·가족 28%
- 공적 인재 제도 17%
- 일상생활을 돌봐주는 9%
- 보험 9%

(기타 순위) ○ 적절한 조언을 해주는 인생 상담사 6%
○ 토지·부동산 5% ○ 기타 0.6%

출처 : 일간공업신문日刊工業新聞 인터넷 리서치(2006년)

---

❶ 이것도 알아 두자

⊙ 창조적 병

스위스 정신의학자 **앙리 엘렌베르거**는 천재적으로 창조적인 업적을 달성한 사람은 중년기에 심각한 신경증적 상태를 경험한 후 진정으로 위대한 창조력을 꽃 피운다는 사실을 발견했다. 그리고 이를 **창조적 병**이라 명명했다.
실제로 **프로이트** p.107는 오랫동안 신경 쇠약증에 시달렸으며 융도 중년 이후에 프로이트와 절연을 함으로써 마음에 큰 상처를 받아 내면이 망가질 정도의 내적인 위기를 경험했다. 그 결과, 프로이트는 정신분석학 이론을 만들어 냈으며 융 또한 자신의 심리학을 심화시켜 체계화하는 데 성공했다.

⊙ 인생의 오후

인생의 오후는 **융**이 내세운 말이다. 정오를 기준으로 햇빛과 그림자의 방향이 역전되는 것을 차용해 인생을 전반과 후반으로 나눠 40세 무렵을 **인생의 정오**, 그 후의 중년기를 **인생의 오후**라 지칭한 것이다. 이 시기는 **사춘기** p.154와 대비해 **사추기**思秋期라 한다. 사추기는 인간관계 등 외적인 것에 머물던 관심이 내면의 자기를 향해 옮겨가는 시기이다(지금은 융이 살던 20세기 전반보다 평균 연령이 높아졌기 때문에 현재를 기준으로 정오는 45~50세라 할 수 있다).

평균 수명이 늘어나고 고령 인구가 증가하는 한편, 출생자 수의 꾸준한 감소로 인해 전에 없던 저출산·고령화 시대가 도래했다. 그 결과 **노년기**로 분류되는 시기가 크게 늘어났다. 예전부터 철학은 노후에 대해 언급해 왔으며, 심리학도 과학의 한 분야로서 실증적인 관점으로 노후에 관한 연구를 시작했다. 그것이 **노년 심리학**이라는 분야이다.

노년 심리학에서는 **노화**에 따른 지적 능력의 저하 여부, 업무 처리 능력이나 생각하는 능력, 감정 등이 예전과 비교해 얼마나 달라졌는지를 연구한다. 나아가 간병을 하는 사람과 보살핌을 받는 사람 양쪽의 마음속 변화를 연구하는 것도 중요한 주제로 두고 있다.

이러한 의미에서 관련 분야인 **복지 심리학**이 수행하는 역할도 중요하다. 노후는 단순히 '앞으로 남은 생'이 아니라, 그 자체로 하나의 인생이다. 인생을 의미 있게 보내기 위해 심리학은 **저출산·고령화 사회**를 행복하게 살아가는 지혜를 제공해 주고 있는 것이다.

현대 사회는 매우 편리해졌으나 효율이 최우선으로 고려된 탓에 젊은 세대는 물론 어린이와

❗ 이것도 알아 두자

⊙ 셀프케어

고령 사회로 진입함에 따라 국민의 의료비 부담이 증가하고 있다. 그와 더불어 환경 호르몬과 식품 첨가물 문제 등 우리의 건강에 영향을 주는 문제도 많아, 앞으로는 스스로 건강을 유지하는 **셀프케어**가 국민들이 직면할 중요 문제가 될 것으로 보인다(나이를 먹은 뒤에 겉모습을 깔끔하게 가꾸는 것도 내면의 건강을 유지한다는 점에서 셀프케어에 해당한다).

⊙ 노년기

일반적으로 65세부터를 노년기로 본다. 미국의 교육학자 **로버트 하비거스트**(1900~1991)는 각각의 발달 단계에 이르렀을 때 사회에서 기대되는 능력을 '발달 과제'라 칭했다. 그는 **노년기의 발달과제**로 ①퇴직과 수입 변화에 대한 대응 ②퇴직 후, 배우자와의 생활에 대한 학습 ③친구와 관계 맺기 ④신체 변화의 적응 ⑤만족스러운 생활 환경 구축 ⑥사회적 책임의 완수 ⑦배우자와의 사별에 적응하기의 7가지를 들고 있다. 자신의 변화에 맞춰 적응하고, 즐겁게 생활하는 것이 행복의 비결인 것이다.

고령자에게 좋은 사회라고 할 수 없는 면도 가지고 있다. **환경 심리학**에서는 인간이 행복하게 살아갈 수 있는 환경이 어떤 것인지를 연구한다. 이를 보면 현대 사회가 아이들과 고령자에게 반드시 환영받을 만한 사회인 것은 아니라는 사실을 알 수 있다.

심리학의
현재와 미래

01 심리학은 인간의 가능성과 잠재력을 보여준다

역사가 시작된 뒤 인간의 심리는 언어, 역사, 문화, 기술 등 다양한 분야를 창조해 냈다. 심리학은 이렇게 창조된 **모든 것들과 인간 내면과의 관계를 연구하는 학문**이다. 현대 심리학은 다양한 학문과 연계하여 계속해서 새로운 심리 법칙을 세상에 내놓고 있다.

심리학은 크게 **기초 심리학**과 **응용 심리학**으로 나눌 수 있다. 심리학의 근간이 되는 현상을 연구하는 것이 기초 심리학이며, 거기서 얻은 법칙을 다양한 학문으로 활용하는 것이 응용 심리학이다.

최근에는 응용 심리학의 **전문화, 세분화**가 이루어져 **문·이과를 불문하고 심리학과의 연계**가 이루어지고 있다. 이렇게 탄생한 심리학 연구를 기초로 학교 상담이나 신체 장애인 복지, 노인 문제, 청소년 문제, 마케팅, 상품 개발, 외상 후 스트레스 장애 치료에 이르기까지 다양한 영역에서 심리학이 활용되고 있다.

과학 기술이 발전하고 사회 정세가 변화할 때마다 우리는 '어떻게 대처해야 할까'와 같은 문제에 직면한다. 심리학의 연구 영역도 이와 동시에 확대되고 있는 것이다.

Q&A 소소한 심리학

Q 예전에는 인간의 마음속 변화를 감지하기 위해 뇌 안쪽에 전극을 심어 두었다고 하는데, 지금은 어떤 실험 방법을 이용하나요?

A 심리학이 마음의 메커니즘을 과학적이면서 실증적으로 연구하는 학문인 이상 실험을 빼놓고 생각할 수는 없습니다. 하지만 인간의 마음에 칼을 대기 위해서는 과학 기술이 더 발전되어야 해요.
과거에는 인간의 뇌에 칼을 대는 실험도 이루어졌습니다. 하지만 지금은 컴퓨터 기술의 발달로 **X선**과 **CT**컴퓨터 단층촬영법나 **MRI**자기 공명 영상법를 사용하여 뇌 속에 전극을 심거나 마취를 하지 않고도 뇌파를 측정할 수 있지요. 즉 마음의 움직임을 외부에서 객관적으로 관찰할 수 있게 된 것입니다. 현대 심리학 연구에서 없어서는 안 될 존재로 자리 잡은 이것을 **뇌기능 이미징**이라고 부릅니다.

전문화, 세분화되는 심리학

다양한 학문과 융합하여 심리학은 끊임없이 새로운 분야를 만들어 내고 있다.

기초 심리학

· 심리학의 일반 법칙을 연구
· 인간 집단에 초점을 맞춤
· 실험 중심의 연구 방법

○ 발달 심리학(영유아 심리학 → 아동 심리학 → 청소년 심리학 → 노년 심리학)
○ 사회 심리학
○ 지각 심리학
○ 인지 심리학(사고 심리학)
○ 학습 심리학(행동 분석)
○ 인격 심리학
○ 이상 심리학
○ 언어 심리학
○ 계량 심리학
○ 수리 심리학
○ 생태 심리학 등

A   B

"심리의 차이는?"

응용 심리학

· 기초 심리학으로 얻은 법칙, 지식을 실제 문제에 적용
· 인간 개인에 초점을 맞춤

○ 임상 심리학(상담 등)
○ 교육 심리학
○ 학교 심리학
○ 산업 심리학(조직 심리학)
○ 범죄 심리학
○ 법정 심리학
○ 커뮤니케이션 심리학
○ 가족 심리학
○ 재해 심리학
○ 환경 심리학
○ 교통 심리학
○ 스포츠 심리학
○ 건강 심리학
○ 성 심리학

○ 예술 심리학
○ 종교 심리학
○ 역사 심리학
○ 정치 심리학
○ 경제 심리학
○ 군사 심리학
○ 민족 심리학
○ 공간 심리학 등

02 마음의 병을 치료하는 임상 심리학

우리들의 마음은 항상 건강한 상태를 유지하지 않는다. 균형이 무너지거나 큰 상처를 받는 경우도 있기 때문이다. 이러한 증상을 개선하고 치료하기 위한 것이 **임상 심리학**이다.

임상 심리학의 기초는 미국의 심리학자 **라이트너 위트머**(1867~1956)가 펜실베이니아 대학에서 심리 진료소를 설립함으로써 마련되었다(임상 심리학이라는 용어도 그가 처음 사용한 것으로 알려져 있다).

임상 심리학은 **섭식 장애 및 심신 장애, 비행, 등교 거부, 은둔형 외톨이, 학대, 폭력, 우울증, 신경 쇠약, 조현병, 중독** 등 p.226-259, 마음과 관련한 전반적인 문제에 대한 해결책을 제시하기 위해 노력하고 있다. 환자가 이러한 문제를 해결하도록 도와주는 사람이 심리 전문가, 즉 **임상 심리사**이다. 임상 심리사 자격을 취득하기 위해서는 임상 심리학을 전공해야 하는데, 최근 심리학의 인기에 힘입어 지원자가 증가하고 있는 추세이다.

하지만 마음의 문제를 해결한다고 해도 임상 심리학자가 **약물을 투여하는 것은 불가능하다**. 따라서 **내담자**(환자)를 정확히 관찰하고, 증상과 질환을 분석해 환자에게 맞는 심리 치료법을 시행해야 한다.

여기서 중요한 것은 환자를 정확히 진단하는 것이다. 심리 검사와 상담에서 가정 환경과 성장 환경 등 가능한 많은 정보를 수집해, 환자의 인격상이 뚜렷하게 드러나도록 하는 **사례 연구법**을 사용하여 그 결과를 바탕으로 치료를 해야 한다(최근에는 환자의 주변 인물들과 이야기를 나누고 고민을 해결하기 위해 노력하는 등 다양한 방법이 채택되고 있기도 하다).

임상 심리학에서 자주 사용되는 상정 요법

심리학자인 가와이 하야오가 일본에 도입한 예술 치료법의 하나. 병원과 학교 등 심리 상담실, 심리 치료 일반, 소년원 등에서 주로 사용된다.

상정 요법

탈것

동물

가구

치료 전문가가 지켜보는 가운데 환자가 모래 상자 안에 인형과 동물, 인테리어 소품 등 미니어처 완구를 자유롭게 배치하게 한다.

마음의 조화를 도모

고민을 안고 있는 사람이나 무언가 불안한 느낌, 막막한 느낌, 자신이 누군지 잘 모르겠다는 느낌 등 명확한 의식 상태를 유지하지 못하는 사람에게 최적화된 치료 요법

03 흉악 범죄와 사회 병리를 해명하는 범죄 심리학

범죄 심리학은 범죄와 인간의 심리를 연구하는 학문이다. 범죄 심리학의 목적은 다음과 같이 크게 세 가지로 분류할 수 있다. 첫 번째는 '왜 인간은 **범법 행위**를 저지르는가'를 해명하는 것이고, 두 번째는 범죄의 성립을 결정하는 목격자 증언의 신빙성을 파악하는 것이며 세 번째는 형량을 마친 후 원활한 **사회 복귀**를 돕는 방법을 연구하는 것이다.

범죄 심리학에서는 주로 범죄자와의 **면접 조사**를 통해 연구가 이루어진다. 왜 범죄를 저질렀는지, 그 근간은 무엇인지, 범죄자에게 있어 그 행동은 어떤 의미인지 등을 자세히 듣고 심리학 지식을 사용하여 의미를 파악하는 것이다.

가령 흉악 범죄나 의도가 불명확한 무차별 살인이 발생했을 때, 우리들은 '범인이 이상심리를 가진 사람이 아닐까'라고 생각한다. 그러나 범죄 심리학에서는 **범죄자와 그렇지 않은 사람 사이에는 명확한 차이가 없다**고 생각한다. 그렇기에 '어째서 인간은 범죄를 저지르는 것일까'와 같은 범죄 심리학의 연구 주제가 중요한 것이다.

실제 범죄 조사에서도 심리학이 활용되고 있다. 예를 들어 인질 구출 작전에서 범인과의 협상을 담당하는 **협상가**와 같은 전문 직업인이 있다. 그들은 범인의 정신 상태 및 현장 상황 등의 정보를 수집하여 심리학, 행동 과학, 범죄학의 지식과 화술을 이용해 사건을 평화적으로 해결하기 위해 노력한다. 또한 **프로파일링**은 범죄 수사에 있어 행동 과학적인 분석을 통해 범인의 특징을 추측하는 행위를 말한다.

범죄 심리학이란

범죄자의 특성과 환경 요인을 해명하여 범죄 예방과 범죄 수사, 범죄자의 갱생을 돕는 것을 목적으로 하는 응용 심리학의 한 분야이다.

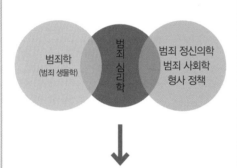

범죄학
(범죄 생물학)

범죄 심리학

범죄 정신의학
범죄 사회학
형사 정책

범죄 심리학의 대상

❶ 사람은 왜 범죄를 저지르는가?
❷ 범죄를 저지른 사람과 저지르지 않는 사람 사이에는 심리학적으로 어떤 차이가 존재하는가?
❸ 범죄자가 형량을 마친 후, 우리는 그들을 어떻게 받아들여야 할까?

⊙ 프로파일링

범죄 현장에 남겨진 다양한 데이터로부터 범인의 특징을 추측하여 수사를 진행하는 방법이다. **프로파일링**에서는 범죄 심리학 지식뿐 아니라 인류학 등을 포함한 행동과학이 활용된다.

프로파일링은 FBI에서 처음 개발되었으며 현재는 **리버풀 방식**이라는 프로파일링이 주로 사용되고 있다. 범인의 행동을 분류해 그 데이터를 기반으로 범인을 특정하는 **FBI방식**에 반해 리버풀 방식에서는 통계가 사용된다. 이러한 방식들을 통칭하여 **범죄자 프로파일링**이라 하며, 범인의 은신처를 알아내거나 다음 범행과 범행 장소를 확정하는 것을 **지리 프로파일링**이라 한다.

⊙ 재판 심리학

목격자나 자백 진술의 신빙성, 판결을 내린 판사의 심리, 피해자와 피고의 특징이 판결에 미치는 영향, 배심원의 선택 등 **재판 심리학**은 재판에 관한 다양한 심리적 문제를 다룬다. **배심원 제도**가 도입되면서 주목을 받기 시작한 분야이다.

04 정신의 통제와 세뇌를 해명하는 사회 심리학

사회 심리학은 인간의 행동을 **제삼자로부터의 자극과 반응의 결과**로 보았다. **정신의 통제와 세뇌**에 관한 연구는 의심의 여지없이 사회 심리학이 가장 강점을 가진 주제라고 할 수 있다. 그밖에 **유행**은 어떻게 탄생하는지, 집단이 어떻게 형성되는지, 곤경에 처한 사람을 도와주는 사람과 그렇지 않은 사람의 차이는 무엇인지 등 사회적 차원에서 개인적 차원에 이르기까지 인간의 행동을 연구하는 것이 사회 심리학이다.

정신의 통제는 인간을 움직이는 방법 중에서 가장 악랄하고 교묘한 방법 중 하나라 할 수 있다. 가령 **광적인 종교집단**(신자의 인격과 인생관, 가치관, 사회성을 파괴하는 종교)은 인간의 마음을 교묘하게 조종하여 본인이 자각하지 못하는 상태에서 스스로의 **정체감**p.158을 파괴하도록 만들고, 개인의 인격을 자신들이 필요로 하는 것으로 바꾼다. **인간의 욕구를 파악해 정보를 통제하는** 등의 수법으로 개인을 지배하는 것이다. 때문에 파괴적 종교에 의해 정신이 통제된 경험이 있는 사람은 때때로 상식을 벗어난 범죄 행위를 저지른다. 악질적인 판매 수법에 걸려 자신도 모르는 사이에 거액을 사기당하는 것도 정신 통제의 하나이다.

오해하기 쉬운 것은 세뇌와의 차이이다. **세뇌**란 단어는 미국의 저널리스트 에드워드 헌터가 한국 전쟁 당시 미국인 포로가 당한 고문과 교화를 가리켜 사용한 것이 시초인 것으로 알려져 있다. 세뇌의 방법은 **물리적 강제력**을 가지고 **인간의 신체를 구속한 뒤, 행동의 변화를 강제하는 것**이다. 사회 심리학은 이러한 심리의 메커니즘을 연구 주제로 다루고 있다.

정신 통제의
네 가지 방법

악질적인 정신 통제는 아래와 같은 방법을 통해 비판력과 판단력을 흐리게 만들며 행동에 관한 자유의사를 억압한다.

 행동의 통제

구체적인 행동을 지시한다. 사귀는 사람이나 수면 시간 등까지 지시하는 경우도 있다. 그러나 본인은 양심에 따라 자발적으로 행동한다고 느낀다.

 사상의 통제

생각에 의문을 품을 여지도 없을 정도로 철저하게 주입한다.

 감정의 통제

양심적인 조직은 사람에게 안정감을 주지만, 파괴적인 집단은 공포와 불안을 중심으로 통제한다.

 정보의 통제

조직에 대한 비판적 정보를 금지한다. 언론에서 제삼자의 시선이 담긴 문서를 금지하는 경우도 있다.

협박과 사기 등의 범죄에
이용되는 것은 용납할 수 없다.

---

05 아기부터 노인까지 연구의 폭이 넓은 발달 심리학

　사람의 몸과 마음은 천천히 시간을 들여 발달해 간다. 이 **발달 과정**의 메커니즘을 연구하는 것이 **발달 심리학**이다. 발달을 촉진하는 것은 유전일까, 아니면 경험일까. 아기는 왜 낯을 가릴까. 청소년들은 왜 반항기를 겪을까. 중년기를 앞두고 제2의 인생을 개척하려는 사람들이 많은 것은 왜일까. 이러한 연구 주제가 전 세대에 걸쳐있기 때문에 발달 심리학은 심리학에서 큰 부분을 차지하고 있다.

　발달 심리학은 얼마 전까지 **아동·청년기를 주된 연구 대상**으로 삼아왔다. 애초부터 미국의 심리학자 **그랜빌 스탠리 홀**(1811~1921)에 의해 아동 심리학을 중심으로 성립했기 때문이다. 그러나 고령 사회의 진행으로 이론이 힘을 잃으면서 현재는 인간이 태어나서부터 죽음을 맞이할 때까지를 하나의 생의 주기(생애 발달)로서 연구하는 것이 주류가 되었다. '성장의 수수께끼'를 해명하는 발달 심리학의 대표적인 이론으로는 스위스의 심리학자 **장 피아제**가 주장한 **인지 발달**p.142과 미국의 심리학자 **에릭 에릭슨**(1902~1991)의 **심리사회적 발달 단계**가 있다.

❗ 이것도 알아 두자

⊙ **에릭슨의 심리사회적 발달 단계**

에릭슨은 인생을 여덟 개의 발달 단계로 나누고, 각 단계에 발달 과제와 심리적 위기가 존재한다고 여겼다.

① 영아기 – 기본적 신뢰감 형성 시기. 엄마와 신뢰 관계를 형성한다.
② 유아기 전기 – 자립심 형성 시기. 배설 훈련을 하고 자립심을 기른다.
③ 유아기 후기 – 자주성 형성 시기. 욕구, 주변의 규율과 조화를 이룬다.
④ 아동기 – 근면함 형성 시기. 학습에 의한 능력을 체감하게 된다.
⑤ 청소년기 – 정체감 확립 시기. 자신의 정체감을 확립한다.
⑥ 성인기 초기 – 친밀감 형성 시기. 이성에 대한 사랑을 느낀다.
⑦ 성인기 – 생식 본능 형성 시기. 생식 활동에 관심을 갖는다.
⑧ 노년기 – 통합성 형성 시기(자아 통합). 노화와 죽음을 받아들이고 여생을 보낸다.

발달 심리학의 확장

심리학자 홀이 아동 심리학을 주장한 것을 계기로 출발한 발달 심리학은 다양한 연령대의 발달 메커니즘에 관한 연구를 거듭하고 있다.

영아 심리학

영아기 아동이 연구 대상이다. 아동 심리학에 포함되는 경우도 많다.

유아 심리학

영유아기에서 아동기까지. 자의식의 발달과 관련지어 연구되는 경우가 많다.

청소년 심리학

12세에서 22세까지. 인격 형성을 위한 발달 변화가 일어나는 시기이다.

노년 심리학

고령자 인구의 급격한 증가가 노년기 심리학의 필요성을 증대시켰다.

발달 심리학의 대표적 이론

인지 발달 이론	피아제	말하고 듣는 인지의 발달은 단계적으로 진행된다. 인간은 태어날 때부터 인지 시스템을 갖추고 있으며, 이것이 발달함에 따라 질적으로 변화해 간다고 보았다
심리 사회적 발달 이론	에릭슨	생애 주기적인 관점에서 인간을 바라보았다. 인생을 여덟 개의 발단 단계로 나누고 각 단계에 맞는 심리적 위기가 존재한다고 가정했다.

06 컴퓨터와 함께 탄생한 인지 심리학

사람은 어떻게 사물을 받아들일까. 기억한 정보를 어떻게 다시 꺼낼까. 눈앞에 문제가 발생했을 때 어떻게 해결할까. 이러한 구조를 해명하는 것이 **인지 심리학** <u>p279</u>이다.

'보고, 듣고, 말하고, 기억한다'와 같은 인지 구조는 외부에서 객관적으로 관찰할 수 있는 것이 아니다. 때문에 인지 심리학에서는 마음의 **정보 처리 시스템**이라는 개념을 통해 그 구조를 해명하기 위해 노력하고 있다.

컴퓨터는 정보를 입력하고, 하드 디스크에 기억시키고, 필요할 때 검색하여 파일이나 프로그램을 여는 것과 같은 세 가지의 과정에 따라 정보를 처리한다. 여기서 정보를 처리하고 활용하기 위해서는 **입력, 보존, 검색**이라는 세 단계가 필요하다고 결론지어졌다.

인지 심리학의 탄생은 컴퓨터의 탄생과 비슷한 시기에 이루어졌다. 심리학은 그 당시의 학문에 큰 영향을 받아 발전해 왔는데, 인지 심리학은 컴퓨터와 **정보 이론**이 나타난 20세기에 탄생한 새로운 학문이라 할 수 있다.

또한 **뇌 과학**이나 **정보 과학, 언어학, 인류학, 신경 과학** 등 다양한 학문과 연계되어 **인지 과학**이라는 새로운 학문까지 탄생했으며 현존하는 학문 가운데서도 중요한 위치를 차지하고 있는 심리학이다.

참고로 인지 과학이란 정보 처리의 관점에서 인간의 지적 활동을 이해하고자 하는 연구 분야로 **인공지능** 등의 개념이 논의되고 있으며 심리학, 인공지능학, 언어학, 신경 과학, 문화 인류학 등의 학문과의 연계도 필요할 것으로 보고 있다.

'안다'는 것의 구조화

인지 심리학에서는 사물을 인지하는 심리 구조를 '정보 처리 시스템'이라 하며 아래와 같이 정의했다.

	컴퓨터	인지 심리학
① 입력	정보 입력	보고, 듣고, 만지고, 냄새 맡고, 맛보는 등의 감각 정보를 마음에 입력한다.
② 보존	하드 디스크 내부에 저장	컴퓨터보다 광범위한 정보에 대해 복잡한 정보 처리 과정을 거치고 인지한다.
③ 검색 (출력)	필요 시 검색 ↓ 파일 열기	받아들인 감각과 정보를 판단하고, 외부를 향해 의사를 결정하거나 반응한다.

컴퓨터의 탄생에 영향을 받은 인지 심리학은 컴퓨터의 정보 처리 구조를 모델로 이를 인간의 심리에 적용하여 이해하고자 한다.

❗ 이것도 알아 두자

⊙ 스키마

스키마란 눈앞의 정보가 불완전한 것이라 해도 관련된 인지 시스템을 통해 추측하여 인지하거나 다양하게 예측할 수 있는 **지식의 총체**이다.

한 번도 가본 적 없는 레스토랑이라고 해도 큰 실수 없이 식사를 할 수 있는 것은 레스토랑에서 어떤 순서로 주문을 하고 어떻게 식사를 하면 되는지에 대한 구조가 축적되어 있기 때문이다.

즉 스키마란 실제 생활에서 우리들이 어떻게 인지하는지, 눈과 귀로 들어온 지식을 사용해 어떻게 실제 상황을 파악하는지를 이론적으로 설명하기 위해 탄생한 개념이라 할 수 있다.

07 운동선수의 고민을 해결해 주는 스포츠 심리학

어떻게 하면 운동 능력이 향상될까, 스포츠는 성격에 어떤 영향을 줄까, 어째서 사람은 스포츠 관람에 흥미를 느낄까 등의 주제를 연구하는 학문이 **스포츠 심리학**이다. 다양한 각도에서 스포츠를 즐기는 사람과 이를 보는 사람, 스포츠를 업으로 삼는 사람의 심리를 연구하는 것이다.

스포츠 심리학의 중심 주제는 바로 정신력 훈련이다. 훈련을 할 때 좋은 기록을 냈음에도 실전에서 원래의 실력을 발휘하지 못하는 상황을 개선하기 위해 경기력을 향상하는 심리적 스킬을 강화함으로써 **선수의 잠재력을 최대한으로 발휘하게 하는 것**을 목적으로 한다.

이를 위해 스트레스나 긴장감 관리, 집중력 강화, 이미지 트레이닝, 의욕과 목표의식 고취, 팀플레이에 수반된 커뮤니케이션 스킬의 강화 등을 실천하고 있다.

또한 **스포츠 상담**이라는 방법을 채택하는 경우도 있다. 선수가 안고 있는 문제를 직접 지도하고 해결하는 것이 아니라, 상담을 통해 선수가 가진 문제의 원인을 밝히고 그 원인을 선수 스스로 인지하게 만들어 문제를 해결하는 방법이다.

이처럼 **인지 행동 치료** [p265]에 의한 접근과 **임상**에 의한 접근으로 스포츠 선수를 지원하는 것이 스포츠 심리학이다.

정신 강화 훈련을 통해 운동 능력을 최대한 발휘한다

시합에서 최고의 기량을 발휘할 수 있도록 심리적 트레이닝을 실시한다. 이에 따라 의욕을 고취시키고 자신을 통제하는 힘을 기른다.

정신 강화 훈련

❶ 목표 설정 : 목표를 세분화하여 세운다.
❷ 스스로 통제하기 위한 트레이닝 : 긴장을 완화한다.
❸ 심리적 워밍업 : 기분을 최고조인 상태로 유지한다.
❹ 이미지 트레이닝 : 머릿속에서 이미지를 처음부터 끝까지 그리면서 훈련한다.
❺ 집중 : 집중력을 강화한다.
❻ 긍정적 생각 : 긍정적인 사고로 바꾼다.

정신 강화 훈련의 성과

모스크바 올림픽(1980년) 참가자 중 정신 강화 훈련을 실시한 선수의 비율

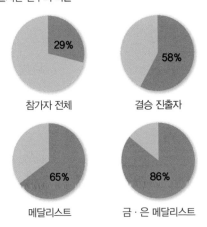

29% 참가자 전체

58% 결승 진출자

65% 메달리스트

86% 금·은 메달리스트

스웨덴 유네스 탈 박사(국제 스칸디나비아 대학)의 보고

❗ 이것도 알아 두자

⊙ 피크 퍼포먼스

스포츠뿐 아니라, 그 사람이 지금까지 기록한 적 없는 최고 성적을 말한다. 미국의 심리학자 **찰스 가필드**는 **피크 퍼포먼스**를 구성하는 요소로 정신적 긴장 완화, 신체적 긴장 완화, 누에고치 안에 있는 감각, 자신 있는 낙관적 감각, 고도로 힘을 발휘하는 감각, 통제하는 감각, 이상할 정도로 '알고 있다'는 감각, 현재에 집중하는 감각이 있다고 주장했다.

피크 퍼포먼스를 지속할 경우 운동이 고통스럽지 않고 심신이 건강해지기 때문에 경기 외적인 부분에서의 효과도 중요시되고 있다.

⊙ 실패 회피 동기 / 성공 추구 동기

미국의 심리학자 존 **윌리엄 앳킨슨**은 인간에게는 **실패 회피 동기**와 **성공 추구 동기**가 있으며, 둘 중 어느 쪽이 강하냐에 따라 행동에 변화가 일어난다고 보았다. 전자는 실패하고 싶지 않은 마음으로, 실패했을 때의 좌절감을 떠올리며 적절한 목표를 피하는 경향을 말한다. 후자는 성공하고자 하는 마음으로 적절한 목표를 선택한다.

08 직원의 의욕을 고취시키는 산업·조직 심리학

사업을 운영하는 가운데 발생하는 문제들에 대해 심리학적 방법을 이용하여 해결책을 모색하고, 업무의 효율을 높이기 위한 연구를 하는 것이 **산업·조직 심리학**이다. 산업·조직 심리학의 연구 주제는 리더십, 적절한 의사 결정, 인재 채용, 인사 평가, 노동자의 건강, 선전·광고 효과 등 다양한 분야에 걸쳐 있다.

경기 침체기에 기업이 실적을 올리기 위해서는 회사를 지탱하는 **직원의 모티베이션 향상**이 매우 중요하다. 이 모티베이션을 어떻게 고취시킬지에 대한 연구도 산업·조직 심리학의 중요한 연구 주제 중 하나이다.

모티베이션이란 **동기 부여**를 말한다. 동기가 행동을 일으키기 위한 요인이라면 동기 부여는 행동을 지속하게 만드는 것을 뜻한다. 동기 부여는 **외적 동기 부여**(보너스를 지급하는 등)와 **내적 동기 부여**(신규 사업을 맡겨 자극을 주는 등)로 나뉜다. 실현 가능한 목표를 설정하고, **성공 경험**을 체득함으로써 우리는 효과적인 동기 부여를 할 수 있다. 더불어 이러한 동기 부여는 업무에 긴장감을 주고 직원들로 하여금 내일도 열심히 하고자 하는 마음을 들게 만들 수 있다.

의욕을 고취시킨다는 의미에서 종업원뿐 아니라 소비자의 행동을 파악하는 것도 중요하다. 이를 위해 산업·조직 심리학에서는 **구매 의사 결정의 심리와 소비 행동**도 연구 주제로 삼고 있다.

아무리 효율적이고 세밀하게 계획을 세워도 이를 행동으로 옮기는 것은 결국 인간이다. 기업이나 조직에서 일하는 사람들의 업무 방식과 의식은 흐름 속에서 변화하고 있다. 그렇기에 산업·조직 심리학은 인간에게 더욱 초점을 맞춰 연구를 진행하고 있다.

산업·조직 심리학의 위치

산업·조직 활동 전반에서 발생하는 문제들을 심리학과 경영학 지식을 이용하여 해명한다.

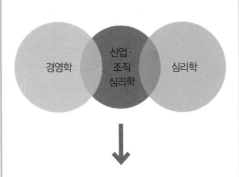

직원의 의욕을 고취시키는 산업·조직 심리학

❶ 조직 내 구성원의 심리를 연구한다.
❷ 동기 부여와 리더십 등 조직 내 사람들의 심리적 변화를 연구한다.
❸ 조직 내에서 발생하는 가능성(일탈 및 태만 등)을 연구한다.
❹ 상품 구입 시 고객(소비자)의 심리를 연구한다.

보너스를 지급 → 의욕 향상

보너스가 적음 → 의욕이 생기지 않음

09 감정에 호소하는 음악을 연구하는 음악 심리학

　우리들은 음악에 둘러싸여 매일을 보내고, 음악을 통해 다양한 영감을 받는다. 음악은 인간의 감정에 강하게 호소하는 힘을 가지고 있다. 음악과 마음을 둘러싼 고찰의 역사는 상당히 오래되었는데, 기원전 350년 경 **아리스토텔레스**는 그의 저서 《**정치학**》에서 음악이 사회생활에 미치는 영향에 대해 논했다. 또한 **구약 성서**는 다윗(고대 이스라엘 2대 왕으로, 이슬람교에서는 예언자 중 한 명)이 가진 악기인 하프로 마음을 치료한 **사울**(이스라엘 초대 왕)의 이야기를 소개하고 있다. 이러한 음악과 심리의 관련성에 대해 과학적으로 검증한 것이 **음악 심리학**이다.

　음악 심리학으로 발견한 법칙을 임상 연구에 활용한 것이 **음악 치료** p.267이다. **예술 치료** p.267라고 하는 심리 치료 중 하나로, 음악을 듣거나 연주함으로써 마음이 본래 가진 힘을 회복하는 치료 요법이다.

　음악은 심리적 안정도를 높이고 **카타르시스 효과**를 느끼게 해 사람과의 교류를 촉진시킨다. 재활 치료에서 신체 기능 회복을 돕기 위해 음악이 사용되는 경우도 있다.

　음악 치료의 시행 대상은 아동의 경우 **자폐나 학습 장애, 정신 발달 지체를 가진 아동** 등이며, 성인의 경우 **심신 장애 및 신경 쇠약**(불안 장애) p.232, **알코올 중독** p.248에 걸린 사람 등이다. 다만 증상이 중증인 경우 큰 효과를 기대하기 어려운 경우도 있다. 최근에는 **치매**나 회사원의 **스트레스 완화** 등에도 음악 치료가 효과적인 것으로 판명되어 크게 주목받고 있다.

음악의 힘으로 마음을 회복시킨다

음악은 인간에게 기쁨을 선사하고 과도한 스트레스를 안고 사는 현대인들의 스트레스를 경감시켜주는 효과가 있다. 음악 심리학은 그 심리적 효과에 대해 연구하는 학문이다.

음악 치료의 방법은 2가지

수동적 요법	능동적 요법
음악을 감상한다.	가창, 코러스, 악기 연주, 작곡 등에 참여한다.

음악 치료의 효과

마음의 회복

- 스트레스 완화
- 활발한 반응 유도
- 카타르시스 효과
- 심리적 문제를 치료
- 요양원 등 시설에서의 교류 촉진

❶ 이것도 알아 두자

⊙ 카타르시스

정화를 의미하는 단어이다. 어원은 고대 그리스의 철학자 **아리스토텔레스**가 제창한 개념으로 그리스 비극을 감상함으로써 관객의 마음이 정화되어 정신적 안정을 얻는 효과가 있다는 것이다.

우리는 많은 카타르시스를 느끼고 있다. 하기 싫은 업무나 공부에 대한 스트레스를 여행이나 스포츠, 텔레비전 등의 오락이 경감시켜주기 때문이다.

⊙ 음향 심리학

소리가 인간의 청각을 통해 주는 심리적 영향에 대해 연구하는 것으로 음악 심리학의 한 분야이다. 다른 말로 **청각 심리학**이라고도 부른다. 오디오 기기의 주파수 등의 데이터를 모아 청각이 이를 어떻게 받아들이지는 측정하거나 소음이 인간에게 심리적 부담을 얼마나 주는지에 관한 실험을 한다.

10 재해로 상처 입은 마음을 치유하는 재해 심리학

큰 재해는 인간의 목숨과 재산을 무자비하게 앗아간다. 이러한 상황에 놓이게 되면 인간은 큰 충격을 받고 **공황 상태**에 빠지게 된다. 때로는 여기에서 벗어나려고 할 뿐 아니라 파괴적인 행동에 치닫는 경우까지 있다. 재해 심리학은 이러한 비상사태에서의 공황 상태에 관한 연구와 유언비어 확산의 메커니즘 등을 주제로 연구하고 있다.

공황 상태에서 빠져나가기 위해서는 조금이라도 마음의 여유를 갖는 것이 중요하다. 처음 가보는 건물의 경우 미리 비상구를 확인해 두는 것이 좋다. 비상사태가 발생했을 때 머릿속에 대피로를 그려볼 수 있기 때문이다. 이처럼 하늘에서 바라보는 듯하게 지도를 머릿속에 그리는 것을 **인지 지도**라고 한다.

재해는 신체뿐 아니라 마음에도 큰 상처를 남긴다. 경련이나 악몽이 대표적이며 건망증이 심해지는 경우도 있다. 갑작스러운 소음에 대해 이상할 정도로 놀라거나 자신이 살아남은 것에 대해 죄의식을 갖는 것도 마찬가지인데, 이것을 **트라우마**(심리적 외상)p.246 및 **외상 후 스트레스 장애**p.246라고 한다. 즉 재해가 발생했을 때뿐만 아니라, 그 후의 심리적 치료도 중요한 것이다.

재해가 발생하면 인간은 동요하여 정확한 판단을 내릴 수 없게 된다. 이에 따라 부주의, 연락 미비 등으로 **2차 피해**가 발생하는 경우도 있다. 재해 심리학은 이러한 2차 피해를 미연에 방지하기 위한 법칙을 연구함과 동시에 마음에 상처가 남지 않도록 하는 방법을 연구하는 학문이다. 때문에 지진 등 자연재해가 빈번한 나라에서 많은 기대를 받고 있다.

공황 발생을 부추기는 세 가지 조건

특정한 상황에서 공황이 발생한다고 단정할 수는 없다. 하지만 공황이 발생했을 때의 조건은 다음의 세 가지로 볼 수 있다.

① 정보의 범람

불분명한 정보가 범람하면 확실치 않은 정보가 사람들의 불안감을 고조시킨다.

② 유언비어의 확대

선동자에 의한 유언비어는 정보의 불명확함과 중요성으로 확산된다.

③ 타인에 대한 추종

타인을 추종하는 경향이 높으면 스스로 판단하는 능력이 약해지고 불안이 고조된다.

모종의 일을 계기로 맹목적인 행위가

발생했을 때 공황이 발생한다.

자신에게 맞는 직업을 탐색할 때 도움이 되는 직업 심리학

자신에게 맞는 일, 경력을 쌓을 수 있는 일을 찾아 자기 계발에 힘쓰는 사람들이 적지 않다. **직업 심리학**은 이러한 사람들에게 힌트를 제공해 주는 학문이다. 직업의 적성과 선택을 통해 인간과 직업의 관계를 해명하고 있으며 다양한 연구를 진행하고 있다.

적성이란 무언가를 하는 데 있어 그 사람의 능력과 개성, 관심, 태도 등을 말한다. 이는 교육이나 훈련 등으로 습득하는 지식이나 경험, 기술이 아니다. 하지만 일을 하면서 처음으로 발견한 능력이나 관심 정도 등도 적성에 포함시켜야 할 필요가 있을 것으로 보인다.

다만 잊으면 안 될 것은 **적성에 맞는 직업 탐구는 자아 탐구가 아니라는 사실**이다. 젊은 세대 중에는 자신에게 맞는 일을 찾아 계속해서 이직을 반복하는 사람들이 있다. 꿈을 꾸며 이상을 쫓아(행복의 파랑새를 찾아) 직업을 전전하기 때문에 이를 **파랑새 증후군**이라 부르기도 한다.

미국의 직업 심리학자 **도널드 슈퍼**(1901~1994)에 따르면 **커리어**(인간이 성장을 이루는 과정)의 관점에서 직업적 발달 단계를 보았을 때 **성장, 탐색, 확립, 유지, 하강**의 다섯 가지 단계를 거친다고 한다. 적성에 맞는 직업을 찾기 위해 탐색을 거듭하는 것은 중요한 일이지만, 확립기에 도달하지 못하고 나이를 먹게 되면 남은 것은 하강기뿐인 것이다. 때문에 더욱 행복한 커리어를 쌓기 위해서는 실천이 뒷받침된 직업 심리학의 지식이 도움이 될 것이다.

인생이라는 직업적 발달 단계

미국의 심리학자 슈퍼는 인간의 일생을 직업적 발달 단계로 보고, 5가지의 단계로 구분했다.

성장 단계

0~14세
자신이 어떠한 사람인 지를 알고, 일하는 것의 의미를 생각하게 된다.

탐색 단계

15~24세
직업에 대한 희망이 생기고 실천하기 시작하며 그것이 앞으로도 이어지게 될지 생각한다.

확립 단계

25~44세
직업에 대한 방향이 확립되고 직업으로서의 지위가 확립된다.

유지 단계

45~64세
확립된 지위와 우위성을 지속한다. 새로운 기반을 개척하는 경우는 거의 없다.

하강 단계

65세~
퇴직 후의 삶을 위해 업무량을 줄이고 휴식기에 접어든다. 인생의 제2막으로 향한다.

❗ 이것도 알아 두자

⊙ 경력 닻 이론

자신의 경력을 생각할 때 끝까지 양보할 수 없는 가치관이나 내용을 말한다. 이 단어를 처음 제창한 미국의 심리학자 **에드거 샤인**(1928~)에 따르면 경력 닻 이론에는 아래와 같은 총 8가지의 유형이 있다.
① 기업가적 창의성
② 자율, 독립 역량
③ 안전, 안정 역량
④ 라이프 스타일
⑤ 서비스 봉사 정신
⑥ 순수한 도전(불가능에 대한 도전)
⑦ 기술적, 기능적 역량(전문가로서의 만족감)
⑧ 일반 관리자형(조직을 움직여 성과를 창출하는 것)

⊙ 파랑새 증후군

정신과 의사인 **시미즈 마사유키**(1934~)가 제창한 단어로 주인공 치르치르와 미치르가 행복을 가져다주는 파랑새를 찾아 여행을 떠나는 이야기를 담은 **마테를링크**의 동화 **《파랑새》**에서 따온 이름이다. 주로 사회성을 체득한 경험이 없고, 인내심이 부족한 젊은이들에게서 나타난다. 본인이 그러한 상태에 있다는 것을 알아차리는 것이 어렵다는 특징이 있다.

심리학을
활용할 수 있는 분야

점차 확대되어 가는
심리학을 활용한 직업

사회에 대한 불안과 직장에서의 스트레스, 인간관계에 대한 부적응 등의 경우가 늘어남에 따라 심리적 지원이 필수적인 사회가 되고 있다. 마음과 마음이 만나는 지점에서는 **갈등**이 생겨나기 마련이다. 이에 다양한 곳에서 심리학을 필요로 하여 탄생한 직업이 **심리 상담사**이다. 심리 상담사는 필요한 장소와 역할에 따라 다양한 호칭으로 불린다.

우리가 잘 아는 **임상 심리사**는 임상 심리학에 관한 지식과 기술을 이용하여 심리적 문제를 다루는 '마음 전문가'이다. 병원이나 클리닉에서는 임상 심리사가 심리 치료나 심리 테스트를 진행하고, 의사와 협력해 환자를 치료하는 경우도 많아지고 있다.

산업 상담사는 일반 기업의 정신 건강을 담당하고 심리학적 요법으로 직원들이 가지고 있는 문제를 스스로 해결할 수 있도록 지원한다. 이밖에 **교육 상담사, 학교 상담사, 정신 보건 복지사, 음악 치료사, 가족 상담사, 행동 치료사, 직업 상담사** 등이 있다.

---

❶ 미처두 알아 두자

⊙ 학교 상담사

등교 거부, 왕따 등을 포함한 청소년의 문제 행동을 개선하기 위해 배치되는 심리 전문가이다. 학교생활에서의 스트레스나 불만을 품고 있는 아이들을 대상으로 상담을 하거나 선생님에 대한 상담 교육, 가족에 대한 심리 상담을 진행한다. **학교 상담사**가 되기 위해서는 전문 상담 교사 자격이 필요하다.

심리 상담사는 환자를 지지하는 존재

미국의 심리학자 칼 로저스는 심리 상담사의 조건으로 **자기 일치성**(진실성), **무조건적인 긍정적 배려**(관심), **공감적 이해**[p.263]를 들고 있다. 자기 일치성이란 '항상 있는 그대로의 자신을 보여주는 것'을 뜻하며 무조건적인 긍정적 배려는 '상대가 죄를 지었을 때에도 부정하지 않고 긍정적으로 인정해주는 것', 공감적 이해는 '상대의 입장이 되어 이해하는 것'을 뜻한다.

즉 상담사의 일이란 환자에게 일방적으로 지시하는 것이 아니라 **환자를 지지해 주는 역할**을 하는 것이다. 마음에 문제를 안고 괴로워하는 환자의 경우 때때로 제멋대로 굴거나 고집을 부려 의사소통에 애를 먹게 될 수도 있다. 상담사에게는 이러한 때에도 따뜻한 마음으로 환자를 대할 수 있는 포용력과 인내심, 이해심이 필요하다. 더불어 이야기를 들으려고 하지 않는 환자에 대해서는 자신을 자제하는 능력 또한 있어야 한다.

상담사는 대답을 가르치는 것이 아니라 해답을 발견하게 한다. 이것이 상담사라는 직업의 재미있는 부분이자 어려운 부분이다.

❗ 이것도 알아 두자

⊙ **칼 로저스**

칼 로저스(1902~1987)는 심리 상담사의 입장에서 환자(내담자)를 접하면서 **환자 중심 치료법**[p.263]을 주장했다. 이는 환자의 체험에 공감하고 기분을 존중해주며 자립심을 되찾게 하는 치료 요법이다.

⊙ **자문 상담**

상담이 환자(내담자)를 대상으로 이루어지는 지원이라고 한다면 **자문 상담**은 전문직종의 종사자가 다른 전문직 종사자의 문제를 해결하기 위해 상담을 하는 것이라고 볼 수 있다. 예를 들어 의료 현장에서는 수술 전에 마취과 의사가 외과 의사의 자문 상담을 하며, 교육 현장에서는 교사들이 함께 아이들의 문제에 대해 자문 상담을 한다.

상담사에게 필요한 세 가지 조건

상담사에게는 내담자를 지지하는 자세가 필요하며, 아래 세 가지 조건이 요구된다.

1 자기 일치(진실성)

자신의 기분을 속이지 않고 자신의 모습 그대로를 보여 준다. 또한 자신이 현재 어떠한 상태에 있는지 항상 의식한다.

2 무조건적인 긍정적 배려

좋든 싫든 내담자가 하는 말을 긍정적으로 받아들인다.

3 공감적 이해

내담자가 느끼는 감정을 마치 자신이 느끼는 것처럼 말하고 듣는다. 그 마음이 상대에게 전달되게 한다.

해답을 가르쳐주는 것이 아니라 답을 찾을 수 있도록 함으로써

상담사는 내담자의 마음을 치료한다.

03 상품 개발 및 환경 구축에도 필요한 심리학

기업에서 **상품을 개발**하기 위해서는 시간과 비용이라는 제약뿐 아니라 **소비자들의 심리와 상품을 연결하려는 노력**이 필요하다. 이를 도와주는 것이 심리학이다. 많은 심리학자들의 연구로 판명된 인간의 소비 행동 패턴 및 생활 패턴은 상품 개발 작업에 참고가 된다. 또한 소비자와 제품 간의 거리를 좁힐 수 있는 정보 콘텐츠를 비롯한 **친화형 상품 개발**에 필요한 **엔지니어링에 관한 심리학**도 도움이 된다.

심리학이 도움이 되는 것은 상품 개발뿐만이 아니다. 가령 새로운 상가가 생겼을 때 기대보다 손님이 오지 않는 경우가 있다. 이때 생각해 볼 수 있는 것이 **주변의 환경과 생활권 소비자들의 행동 패턴**을 고려하지 않고 설계·건축을 했을지도 모른다는 가능성이다. 이러한 경우에는 **환경 심리학**에 기반한 환경 구축이 도움이 된다.

환경과 도시 건설에서도 다양한 심리학이 도움을 주고 있다. 고령화가 진행됨에 따라 60세 이상이 되면 교통사고 발생 가능성이 높아진다. 이때 우리는 **교통 심리학**을 통해 고령자가 운전 중 일으킬 수 있는 사고의 특징과 주행할 때의 행동 특성 등을 조사하여 어떤 안전 교육 시스템을 개발할지, 현재 환경을 개선하기 위한 시책을 고안할지를 생각해 볼 수 있다.

인간이 주체가 되는 제도와 환경 구축을 위해서는 반드시 심리학이 필요하다. 안전성, 생산성, 피로를 고려한 환경 정비, 쾌적함과 편의성을 고려한 도시 건설 등 사회의 변화에 적합한 생활 환경 설계는 심리학을 활용하여 만들어 진다고 해도 과언이 아니다.

심리학을 이용한 상품 개발

기업의 상품 개발 현장에서 심리학 지식이 활용되는 경우가 많다.

기획

심리학을 활용해 아이디어를 형태로 만든다.

개발

심리학을 활용하여 기분을 좋게 만드는 디자인이나 기능 제작에 대한 기획력을 끌어 올린다.

검증

소비자 모니터링을 이용한 검증과 의견으로부터 소비자들이 진짜 원하는 것이 무엇인지를 파악하고, 제품 개발에 활용한다.

출시

상품의 선전·광고 등에 심리학을 활용한다.

손은 입이 하는 만큼 말을 한다?

다음의 네 사람이 당신의 이야기를 듣고 있다. 그들의 손동작을 볼 때, 이야기에 가장 흥미를 보이고 있는 사람은 누구일까?

①

손가락으로 책상을 치고 있다.

②

팔짱을 끼고 있다.

③

책상 위에 손을 펼치고 있다.

④

얼굴에 손을 대고 있다.

해설

정답은 ③이다. 긴장을 푼 상태로 당신의 이야기에 흥미를 보이고 있기 때문이다. 다만, 이 자세에서 주먹을 쥘 경우 거부, 위압, 공격적인 상태를 암시하게 된다.

①의 경우 불안이나 긴장, 거부를 나타낸다.

②는 타인이 자신의 영역으로 들어오지 못하도록 거부하는 자세이다. 다만, 웃는 얼굴로 팔짱을 끼거나 맞장구를 칠 경우 흥미를 나타내는 태도라고 볼 수 있다.

④는 망설이는 자세로 상대를 신뢰하지 않는다는 느낌을 준다.

PART
2

......

심리학으로
풀어 보는 인간관계

인간관계의
열쇠

친밀한 사이가 되기 위해
필요한 거리감

혼잡한 엘리베이터나 지하철을 탔을 때 '사람들이 좀 더 떨어져서 서면 좋겠다'고 생각한 적이 있을 것이다. 이것이 **퍼스널 스페이스**다. 인간은 무의식중에 상대와의 친밀도에 따라 자신과의 접근을 허용하는 **심리적 거리**를 적용한다. 다시 말해 인간은 누구나 일종의 '주된 활동 공간'을 가지고 있는 것이다. 동물이 자신의 생활 영역을 필사적으로 지키려고 하듯이 인간도 그다지 친하지 않은 사람에게는 자신의 영역을 허용하지 않으려고 한다.

그 거리를 전문적으로 연구하여 발표한 것이 미국의 문화 인류학자 **에드워드 홀**(1914~)이다. 그는 공간에 대한 인간의 행동을 근접학이라고 불렀고, 이에 따른 인간의 심리적 거리를 **친밀한 거리**(가족·연인·친구), **개인적 거리**(친구·지인), **사회적 거리**(업무 상대), **공적인 거리**(알지 못하는 사람)의 네 가지로 구분했으며 각각을 **근접성과 원방성** 두 가지로 다시 나누었다. 다른 사람의 호감을 사는 사람은 이러한 퍼스널 스페이스를 파악하고 거리감을 적절하게 구분할 줄 안다.

---

❶ 이것도 알아 두자

⊙ **비언어적 의사소통**

언어 외의 정보를 단서로 타인의 심리를 파악하는 커뮤니케이션 기법이다. 비언어적 정보로는 몸짓, 표정, 스타일, 외모, 피부색, 체취, 신체적 접촉, **개인적 공간** 등이 있다.

이 **비언어적 의사소통**을 통해 수용자가 발신자를 판단하는 것을 **해독화**Decoding라고 하며, 반대로 수용자에 대한 발신자의 태도를 나타내는 것을 **기호화**Encoding라고 한다. 일반적으로 남성보다 여성이 해독화와 기호화에 뛰어난 것으로 알려져 있다. 여성이 연인의 행동으로 외도를 직감하거나 상사에게 불만을 표현하는 것은 이러한 특성 때문이다.

거리감으로 알 수 있는 인간관계

적당한 거리감은 '상대와 얼마나 친밀한가'에 따라 달라진다.

친밀한 거리 (0~45cm) 	**근접성 (0~15cm)** 숨소리까지 전달된다. 둘 만의 특별한 거리이며, 신체와 신체의 커뮤니케이션이 주체이다. **원방성 (15~45cm)** 지하철 등에서 타인이 이 거리를 침범하면 거부감과 스트레스를 받는다. 가족과 연인을 위한 거리이다.
개인적 거리 (45~120cm) 	**근접성 (45~75cm)** 부부나 연인 이외의 사람이 이 거리를 넘어오면 착각하기 쉽다. 손을 뻗었을 때 상대를 잡거나 안을 수 있는 거리이다. **원방성 (75~120cm)** 서로 손을 뻗었을 때 손끝이 겨우 닿을 정도의 거리이다. 개인적인 요청이나 용건을 전달하는 데 사용된다.
사회적 거리 (120~360cm)  	**근접성 (120~210cm)** 미묘한 표정의 변화를 파악할 수 있으나 신체적 접촉은 불가능한 거리이다. 상사나 동료 등 업무 관련으로 알게 된 사람과 적절한 거리이기도 하다. **원방성 (210~360cm)** 신체 접촉은 불가능하나 전체적인 모습을 파악할 수 있다. 공적인 장소에서 이용된다.
공적인 거리 (360cm~) 	**근접성 (360~750cm)** 간단한 말을 주고받을 수 있으나 개인적인 관계를 맺기는 어려운 거리이다. **원방성 (750cm~)** 몸짓을 통한 커뮤니케이션이 주체이다. 말의 자세한 뉘앙스는 전달되지 않는다. 강연 등에 주로 사용된다.

02

어째서 도시 사람은 차갑다고 할까

흔히 도시에 사는 사람은 지방에 사는 사람에 비해 차갑다고들 한다. 도시에 살든 지방에 살든 차가운 사람은 차갑고 따뜻한 사람은 따뜻한 법인데도 말이다. 어째서 유독 도시 사람들을 보고 차갑다고 하는 것일까.

그 이유 중 하나는 한 인간이 받아들이는 정보량의 차이 때문이다. 현대는 정보의 시대라고도 불린다. 인터넷과 텔레비전의 영향으로 지방에서도 정보를 빠르게 접할 수 있는 시대가 되었다. 그러나 새로운 정보는 도시에서 생성되는 경우가 대부분이고 종합적인 정보량 또한 도시가 압도적으로 많다. 도시에서 온갖 정보가 넘쳐흐르고 있는 것이다.

미국의 심리학자 **스탠리 밀그램** p.24 은 이러한 상황을 **과부하 환경**이라 칭했다. 과부하 환경 속에서 인간은 넘쳐흐르는 정보 중 필요한 것만을 취득하고 나머지는 무시하는 행동을 취한다. 이로 인해 자신과 관계없는 사람과의 커뮤니케이션은 최소한으로 억제하고, 그 결과 차가운 인상을 주게 된다는 것이다.

캐나다의 사회학자 **고프만**은 그러한 행동 개념을 **의례적 무관심**이라 칭했다. 이 개념은 도시에 사는 사람들에게 흔히 관찰되기 때문에 **시민적 무관심**이라고도 한다. 친하지 않은 사람과는 불필요한 관계 맺음을 배척하기 때문에 오히려 의례적으로 행동하고 무관심으로 대하는 것이다. 이는 암묵적인 규칙으로 받아들여지고 있는데, 엘리베이터 등에서 옆에 있는 사람의 시선을 피하거나 천장을 보면서 굳이 안 보는 척하려고 하는 행동이 좋은 예이며 그 덕분에 공공성이 유지된다고 할 수 있다.

과부하 환경의
네 가지 순응 방법

도시는 이상하리만치 과부하 환경에 놓여있다. 이러한 환경에 사람들이 순응하는 방법으로 다음의 네 가지의 특징이 있다고 밀그램은 생각했다.

① 단기간 처리

최소한의 정보만 받아들여 단기간에 처리하고 상대와의 접촉을 가능한 피한다.

네, 그럼.

② 정보의 배제

중요하지 않은 정보는 무시하고 자신에게 도움이 되는 정보만 취한다.

△와 ☆이 ◎하고 있습니다. 혜택은……

③ 책임 회피

문제가 발생해도 다른 사람의 탓으로 돌리거나 '남이 하겠지'라는 생각으로 자신은 움직이지 않는다.

HELP!

④ 타인 이용

타인과의 개인적인 접촉을 가능한 줄인다. 자신이 먼저 누군가에게 연락을 취하려고 하지 않는다.

나머지는 부탁할게.

03 상대의 마음을 움직이는 동조 행동이 출세의 열쇠?

　회사나 그룹에서는 그곳에 속해있는 구성원 모두가 비슷한 생각과 행동 패턴을 가지기를 원하는 경향이 있다. 회사는 거기서 이탈하는 사람을 바로잡으려 하고, 그래도 바뀌지 않으면 그들을 배제하려고 한다. 반대로 회사의 방침에 순응하는 사람은 높은 평가를 받는다. 실력 중심 사회라고는 하지만, '말을 듣지 않는 천재'보다는 '회사의 방침을 잘 알아듣는 수재 혹은 보통 사람'이 출세할 확률이 높다고 할 수 있는 것이다. 사회의 상황이 변해도 이러한 경향에는 변함이 없을 것이다. 따라서 인간은 사회를 비롯한 모든 집단 안에서 의식적이든 무의식적이든 주변의 분위기와 조화를 맞추며 이탈하지 않도록 조심한다. 이것이 **동조**라는 현상이다.

　미국의 심리학자 **솔로몬 애시**는 다음과 같은 실험을 통해 이를 설명했다. 여덟 명의 실험 참가자에게 쉬운 문제를 내는데, 사실 진짜 피험자는 한 명이고 나머지 일곱 명은 심리 실험을 위한 동조자이다. 애시는 일곱 명의 동조자가 먼저 대답을 한 후 마지막에 피험자가 대답을 하도록 했다. 동조자 모두가 정답을 말한 경우에는 피험자 역시 정답을 말했으나, 동조자들이 일부러 틀린 답을 말한 경우에는 피험자의 35퍼센트가 동조자를 따라 틀린 답을 말했다.

　이는 자신의 답에 자신을 잃고 주변의 의견을 따라간 결과 발생한 현상이다. 이러한 동조 행동을 **제일성齊一性의 압력**이라 한다. 또한 인간은 자신과 집단의 답이 일치할 때 자신의 답에 대한 **주관적 타당성**과 **사회적 리얼리티**(사회적 사실)를 얻을 수 있다(그것이 진짜 정답인지는 알 수 없지만 말이다). 이러한 이유들로 인간은 동조 행동을 하게 되는 것이다.

동조 행동의 예

다수의 의견이나 집단의 룰에 따라 개인의 의견이나 태도가 변하는 것이 동조 행동이다.

장사진을 치고 있는 맛집에 줄을 선다

자신은 미식가가 아니지만 친구가 맛있다고 했기 때문에 줄을 선다. 줄을 섬으로써 자신과 미식가의 가치관이 비슷하다고 생각한다.

회사에 적응한다

회사 안에서의 겉모습과 행동이 자신만 다를 경우 조직에서 배제될 위험성이 존재한다. 더불어 본인 역시 마음이 불편하기 때문에 동조하고 만다.

입사 수개월 후……

❗ 이것도 알아 두자

⊙ 솔로몬 애시

폴란드에서 태어났으나 후에 미국으로 망명하여 활동한 심리학자(1907~1996). 프린스턴 대학에서 교수로 근무하면서 초두 효과ᵖ·⁸⁸ 등 타인의 인상이 어떻게 형성되는지를 연구했다(인상 형성). 또한 동조를 실험으로 증명하고 사회 심리학을 발전시켰다.

⊙ 자세 반향

애시가 연구한 **동조 행동**은 다수 결에 치우치기 쉬운 인간의 특성을 나타낸 것으로, 환영받는 이론이라고는 할 수 없다. 하지만 같은 '동조'라도 긍정적인 동조가 있다. 인간은 타인과 관계를 맺는 과정에서 라포(신뢰 관계)가 생기면 행동이나 표정 등이 서로 비슷해지는 것으로 알려져 있다. 이를 **자세 반향**이라고 한다. 거울처럼 닮아있다는 점에서 자칭 미러링ᴹⁱʳʳᵒʳⁱⁿᵍ이라고 하며 '일치시키다ˢʸⁿᶜʰʳᵒⁿⁱᶻᵉ'라는 의미에서 **동조 경향**이라고도 한다. 자세 반향은 금슬이 좋은 부부나 연인 등에게서도 종종 발견할 수 있다.

04 집단 따돌림은 약자를 희생양으로 만든다

안타깝게도 집단 따돌림이 원인이 된 자살과 폭력 사건이 끊이지 않고 있다. 최근에는 컴퓨터나 핸드폰을 통한 **온라인 집단 따돌림**이 급증하고 있기도 하다. 집단 따돌림은 청소년들에게서만 일어나는 현상이 아니다. 직장 등 다양한 집단 및 조직에서도 발생하여 사회 문제로 지적되고 있다.

집단 따돌림은 불만이나 스트레스의 분출구로써 흔히 발생한다. 최근에는 인간관계를 맺는 것에 어려움을 느끼고 감정 조절도 미숙한 사람들이 증가하고 있는데, 그중에는 지나치게 높은 **공격성**을 가진 이들도 있다. 그들이 아슬아슬한 선까지 궁지에 몰리면 불만의 화살이 약자에게로 향해 **희생양**(스케이프고트)을 만들어 버리는 경우가 생기게 된다. 이와 더불어 **집단 따돌림의 오락화, 범죄화도** 문제가 되고 있는 실정이다.

따돌림에 관한 논의를 하다 보면 꼭 '따돌림 당한 쪽에도 문제가 있다'는 의견이 제기되고는 한다. 따돌림의 피해자가 되기 쉬운 사람을 전문적으로 '**취약성**이 높다'고 한다. 물론 취약성이 집단 따돌림을 당하는 요소 중 하나인 것은 부정할 수 없으나, 따돌리는 쪽에 문제가 있는 것은 두말할 나위가 없다.

집단 따돌림의 원인은 다양하다. 따돌리는 쪽에서 고의로 행하는 경우도 있고, 악의가 없는 경우도 있다. 어느 쪽이든 심리적인 스트레스가 크게 작용하고 있다고 볼 수 있다. 따돌림을 당하는 이의 경우 필요 이상으로 타인에게 의지하지 않고 스스로 문제를 해결할 수 있는 방법을 익힐 필요도 있다. 집단 따돌림은 주변에서 쉽게 알아차리기 어려운 면이 있으나 만약 이를 알게 된다면 방관자가 되어 피해자를 고립시키지 않도록 해결책을 찾아주는 것이 필요하다.

지나친 공격성이
집단 따돌림을 낳는다

집단 따돌림은 아래와 같은 단계를 밟으며 나타나는 것으로 알려져 있다.

동물이 본래 가진
잔혹함과 공격성

➕

스트레스에서 오는
욕구 불만의 상승

➕

과격한 게임 등
공격적 모델을 모방

⬇

공격성이 최대치로 발현

⬇

희생양 발견

⬇

따돌림 발생!

익명성이 낳는 인터넷 과열 현상과 온라인 사회

인간관계를 맺기 위해서는 **자기 자신을 보여주는 것**이 필요하다. 자신이 어떤 사람이고 무엇을 좋아하고 싫어하는지, 어떤 일을 하는지 공개함으로써 주변 사람들이 자신에 대해 이해할 수 있게 하는 것이다. 마찬가지로 상대를 이해하고 서로의 **심리적 거리**[91]를 좁히기 위해 노력하는 것 역시 중요하다.

하지만 인터넷의 등장은 이러한 인간관계의 양상을 변화시켰다. 가장 큰 변화는 현실의 자신의 모습을 감춘 채 상대방과 소통을 하고 정보를 발신할 수 있게 되었다는 것이다. 마음에 드는 블로그에 댓글을 달거나 게시판에 의견을 남기는 것도 **닉네임**(인터넷에서 사용하는 별명)이나 **익명**을 이용하여 올릴 수 있다. 현실 사회에서 다양한 지위를 가지고 있는 사람도 익명성이 강한 인터넷에서는 한 명의 개인으로서 자유롭게 의견을 피력할 수 있다. 또한 얼마든지 자신을 연출할 수 있기 때문에 현실의 자신과 전혀 다른 자신을 만들어 내는 것도 가능하다. 이름이나 성별, 업무나 나이까지 전혀 다른 사람이 되어 지낼 수도 있는 것이다.

반면, 익명은 스스로를 대담하게 만들어 준다. 자신에게는 별 것 아닌 의견일지라도 상대에게는 큰 상처일 수 있다. 게다가 얼굴을 마주하고 있는 것이 아니기에 상대는 문맥만으로 그 사람을 판단할 수밖에 없다. 언제 어디서나 연락을 주고받을 수 있는 인터넷은 자칫하면 이기적인 커뮤니케이션 도구로 전락할 수 있다. **인터넷 악플** 등의 불필요한 문제를 피하기 위해서라도 현실에서 사람을 대하는 것처럼 상대를 배려하는 것이 중요하다.

온라인 사회의 인간관계

누구든 언제나 간편하게 소통할 수 있는 인터넷은 인간관계의 양상을 변모시켰다.

1 익명성

익명이라는 점을 이용해서 의견을 올린다. 무책임한 언행이나 유해한 정보를 퍼트리는 경우도 있다.

2 실제와는 다른 자신을 연출

상대와 얼굴을 마주할 필요가 없기 때문에 자신을 자유자재로 각색, 연출하는 것이 가능하다.

3 인터넷 중독

컴퓨터나 인터넷에 지나치게 의존하면 현실 세계의 인간관계가 엉망이 된다.

❶ 이것도 알아 두자

⊙ **인터넷 악플**

인터넷에서 일반적으로 사용되는 단어로 블로그(온라인상에서 기록할 수 있는 웹 사이트, 서평이나 일기 등 자기표현의 도구로 사용이 가능하다)등에 올린 내용에 대해 익명으로 비방이 쇄도하는 현상을 말한다. 악의적인 내용에 상처를 받아 인터넷 공포증이 생기는 경우도 있다.

Q&A 소소한 심리학

Q 부하에게 업무상 주의를 주면 그에 대한 답변을 메시지로 보냅니다. 자리가 바로 옆인데 어째서 직접 말하지 않는지 화가 나네요.

A 과부하 환경p.71과 관련된 문제네요. 정보 시대에서 인간은 디지털 도구에 종속되어있다고 볼 수 있습니다. 젊은 세대의 경우 태어날 때부터 디지털 기기를 쉽게 접할 수 있는 환경에 노출되어 있었기 때문에 이를 통해 소통을 하는 것에 익숙한 것입니다.
이러한 사람들을 **클로즈 인간**이라고 합니다. 이들은 직접적인 인간관계를 피하고 디지털에 몰두하는 특징을 가지고 있지요. 그들에게 있어 핸드폰과 컴퓨터는 살아가는 데 없어서는 안 될 존재입니다.

사람들은 어떻게 연애 상대와 배우자를 결정할까.

미국의 심리학자 **버샤이드 연구팀**은 사람은 자신과 비슷한 사람을 배우자로 선택하는 경향이 있다고 했다(걸맞추기 원리). 즉 인간은 자신보다 매력적인 사람에게 거부당하는 것을 두려워함과 동시에 자신보다 매력적이지 않은 상대를 거부하여, 그 결과 **비슷한 사람끼리** 커플이 된다는 것이다. 또한 처음 만났을 때에는 서로에 대해 잘 모르기 때문에 유사성을 찾아 강한 친밀감을 얻음으로써(유사성의 법칙)<u>p.17</u>, 연애로 발전되는 경우도 있다.

그러나 결혼을 생각하는 경우 **상보성**<u>p.17</u>도 중요해진다. 덜렁거리는 여성의 경우 이를 보완해 주는 성실한 남성을 배우자로 맞이하면 가정생활을 꾸려나가는 데 도움을 받을 수 있다.

결혼은 남녀가 새로운 인연을 만드는 창조적인 행위이다. 이 사람과 결혼해도 될지 고민될 때, 혹은 누구와 결혼하는 것이 좋을지 망설여질 때 도움이 되는 것이 영국의 심리학자 윌러스(1858~1932)가 주장한 **창조적 과정의 네 단계**이다.

---

❶ 이것도 알아 두자

⊙ **로미오와 줄리엣 효과**

로미오와 줄리엣의 비극에서 유래된 연애 심리 중 하나로 부모나 주변의 반대에 부딪힐수록 연애 감정이 더 강해지는 경향이 있다는 이론이다. 즉 특정 목적에 대한 장애가 있으면 있을수록 이를 극복하여 목적을 달성하려는 경향이 강해진다고 할 수 있다. 결혼 상대를 선택할 때에는 이 **로미오와 줄리엣 효과**에 속지 말고 한 발 떨어져 냉정하게 상대를 관찰하는 태도가 필요하다.

이 효과는 연애 문제 뿐 아니라 마케팅이나 조직에도 적용되는 경우가 있다. 가령 희소가치를 가진 것일수록 구매 의욕을 자극한다거나, 난제가 가득한 일일수록 의욕을 보이며 집착하게 되는 경우 등이 있다.

네 단계를 통해 최고의 상대를 찾아내자

윌러스는 무언가 새로운 것이 탄생할 때 다음의 네 가지 단계가 존재한다고 보았다. 일례로서 결혼 상대를 고르는 경우를 대입하여 생각해 보자.

 준비 단계

만남의 계기를 늘리기 위해 적극적으로 뒤풀이나 모임에 참가한다.

 부화 단계

몇 번의 데이트를 통해 상대에 대해 보다 자세히 알게 된다.

③ 조명 단계

자신도 모르게 '이 사람과 결혼하겠구나'라는 확신이 든다.

④ 검증 단계

가족과 친구에게 소개하고 주변의 반응을 참고하며 배우자로서 적합한지 검증한다.

결혼!

가깝고도 먼
타인의 기분

지하철에서 자주 보는 사람이 낯설지 않게 느껴지는 이유

지하철에서 항상 마주치지만 **이름은 모르고 얼굴만 아는 사람들**이 있을 것이다. 미국의 심리학자 **밀그램**[p24]은 그들을 **낯익은 타인**이라 불렀다. 밀그램은 만원 지하철로 출근하는 사람들이 서 있는 승강장의 사진을 찍고, 그것을 다음 주 같은 시각 탑승객들에게 보여준 결과 그들에게 평균 네 명 정도의 낯익은 타인이 있다는 사실을 밝혀냈다.

낯익은 타인은 서로 흥미를 가지고 있는 경우도 많아 전혀 모르는 사람보다 훨씬 가까운 타인이라 할 수 있다. 실제로 많은 사람들이 낯익은 타인을 두고 어떻게 생활하는지 궁금해 한다고도 알려져 있다. 이러한 점 때문에 사소한 계기로 **친구로 발전하는 사이**도 있다.

만약 당신이 그 사람들과 같이 화재나 사고를 당했다고 한다고 해 보자. 낯익은 타인은 바로 소중한 관계로 바뀔 것이다. 실제로 화재 발생 시 불안감으로 공황 상태 직전까지 갔을 때, 가까운 곳의 낯익은 타인끼리 격려하며 힘든 상황을 헤쳐나간 사례도 보고되고 있다.

또한 같은 낯익은 타인이라 하더라도 인사를 나누거나 간단한 말을 주고받은 사이일 경우 보다 친근감이 증가해 상대를 배려하는 마음이 더 깊어진다. 이웃 간의 소음문제에 관한 조사에 따르면 단지 얼굴만 아는 사람보다 잠깐이라도 인사를 나눈 사이가 상대의 소음을 용인하는 빈도가 잦았다.

낯익은 타인에서 극적인 만남으로

전혀 모르는 사람인데 어째서 친근하게 느껴질 수 있는 걸까. 이러한 낯익은 타인이 극적인 만남으로 이어져 운명의 상대가 되는 경우도 있다.

지하철로 출근하는 경우

심리학자의 조사에 따르면 한 명당 평균 네 명의 낯익은 타인이 있다고 한다.

운명의 상대가 되다?

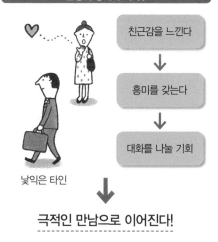

친근감을 느낀다

↓

흥미를 갖는다

↓

대화를 나눌 기회

낯익은 타인

↓

극적인 만남으로 이어진다!

---

02 비언어적 의사소통이 본심을 전달한다

의사소통의 기본은 언어이지만, 언어만으로 전달되는 메시지는 의외로 많지 않다. 인간은 표정이나 행동, 동작 등의 **비언어적 의사소통** p.69으로 주변에 메시지를 전달한다.

미국의 인류학자 **레이 버드휘스텔**은 개인 대 개인의 관계에 있어서 메시지의 전달력에 대해 언어로 전달할 확률이 35퍼센트, 그 외의 비언어적 수단이 65퍼센트라고 보았다(좀 더 큰 그룹에서는 언어로 전달하는 비율이 더욱 낮아졌다고 한다). 즉 인간에게는 상대의 표정이나 행동, 동작 등으로 그 사람이 전달하고자 하는 정보나 감정을 포착하는 경우가 압도적으로 많다는 것이다.

감정은 감추려 해도 좀처럼 감추기 어렵다. 놀람, 노여움, 혐오, 슬픔, 공포, 경멸, 기쁨 등의 표정은 자극에 대한 반응에 의해 나타난 **불수의 운동**不隨意運動으로, 의식으로는 완벽히 통제할 수 없기 때문이다.

말이 되지 않는 말이라는 의미에서 **준언어**Para-Language라고 불리는 행위가 있다. 이는 대화 중에 나타나는 웃음, 하품, 머뭇거림 등 음성의 질과 말투로 감정과 생각을 표현하는 방법이다. 대화 상대는 준언어를 통해 그 사람의 인성이나 마음 상태를 읽을 수 있다.

이렇게 말이 되지 않는 메시지나 언어와 더불어 드러나는 메시지를 파악함으로써 인간의 의사소통 능력은 비약적으로 향상되어 왔다.

비언어적 의사소통

미국의 심리학자 냅은 비언어적 의사소통을 다음과 같이 분류했다.

분류	비언어적 도구
신체 동작	몸짓, 자세, 표정, 눈의 움직임 등
신체 특징	용모, 머릿결, 스타일, 피부, 체취 등
접촉 행동	스킨십 여부와 그 방식
근접 언어	'울다', '웃다' 등의 단어에 가까운 동작, 음성의 높낮이 및 억양 등
공간의 사용	사람과의 거리감과 착석 행동 (어느 위치에 앉는지 등)
인공물의 이용	화장, 옷, 액세서리 등
환경 건축 양식	인테리어, 조명, 온도 등

❗ 이것도 알아 두자

⊙ **이중 구속**

언어에 의한 의사소통과 비언어적 의사소통이 일치하지 않을 때 인간은 혼란스러워한다. 이것이 **이중 구속**으로, 미국의 인류학자 **그레고리 베이트슨**(1906~1980)이 주장한 이론이다. 즉 상대방이 말하는 단어와 표정이 일치하지 않으면 수용자가 혼란을 느낀다는 것이다.

예를 들어 아이에게 '귀엽다'고 말을 걸었을 때, 무표정이거나 화가 난 표정을 하면 아이는 자신이 정말 사랑받고 있는지 그 진의를 알 수 없기 때문에 **심리적 갈등**을 일으킨다.

가정 내에서의 의사소통이 이와 같은 이중 구속의 패턴에 있을 경우, 그 상황에 놓인 사람이 조현병과 같은 증상을 나타내는 경우도 있다고 한다.

⊙ **찰스 다윈**

자연 과학자 **다윈**(1809~1882)은 저서 《인간과 동물의 감정 표현》에서 비언어적 의사소통을 최초로 연구한 것으로 알려져 있다.

03 사람을 원만하게 사귀기 위한 소셜 스킬

소셜 스킬 Social Skill이란 사회 속에서 인간관계를 원만하게 맺고 함께 생활하기 위해 필요한 능력이다.

WHO(세계 보건기구)는 소셜 스킬을 '일상생활 속에서 만나는 다양한 문제와 과제에 대해 스스로 창조적이고 효과적으로 대처할 수 있는 능력'이라 정의하고 있다. 소셜 스킬로는 의사 결정, 문제 해결 능력, 창조적인 사고, 비판적 사고, 효과적 커뮤니케이션 능력, 대인 관계 기술(자기표현, 질문 능력, 경청 능력), 자의식, 공감 능력, 정서에 대한 대처 능력, 스트레스 대처 능력을 들 수 있다.

상대방의 기분을 파악하거나 필요에 따라 자신의 감정을 억제할 수 있는 기술은 성격이라기보다는 경험과 학습에 의해 자연스럽게 몸에 익혀지는 능력으로, 저절로 습득되는 것이라 할 수 있다.

일반적으로 소셜 스킬이 높은 사람은 주변 사람들에게서 사랑을 받는데, 최근에는 사소한 일로 화를 내는 사람이 눈에 띄게 증가했다. 그들은 '지하철 안에서는 헤드폰 음량을 최소한으로 줄여야 한다'와 같은 기본적인 예절을 지적받아도 크게 분노하며 상대에게 시비를 걸기도 한다. 이러한 사람은 소셜 스킬이 미숙한 사람으로 생각되는데, 이 스킬을 익혀 문제를 극복할 방법도 있으리라 여겨진다.

인간관계는 본래 복잡한 것이다. 하지만 소셜 스킬을 숙달시킴으로써 인간관계에서의 문제를 해결하기 위한 실마리를 찾을 수 있을 것이다.

WHO가 정의한 소셜 스킬의 내용

사회에서 타인과 원만하게 교류하고 공존하는 데 필요한 능력으로 WHO는 다음과 같은 내용을 제시하고 있다.

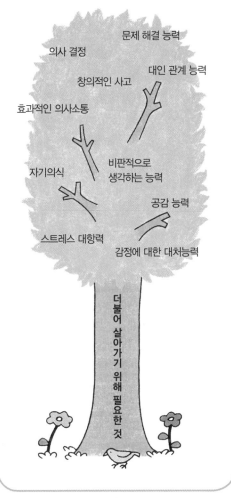

문제 해결 능력

의사 결정

대인 관계 능력

창의적인 사고

효과적인 의사소통

자기의식

비판적으로 생각하는 능력

공감 능력

스트레스 대항력

감정에 대한 대처능력

더불어 살아가기 위해 필요한 것

❶ 이것도 알아 두자

⊙ **자기주장 훈련**

자기주장 훈련은 소극적인 사람이나 타인에 대해 공격적인 사람 등 대인 관계에서 문제를 안고 있는 사람에게 효과적이다. 원래 **행동 치료 p.261**로써 **신경증(불안 장애) p.232** 환자에게 시행되었으나 현재는 회사 조직에서도 폭넓게 시행되고 있다. 자신의 의견을 분명히 전달하는 표현법이나 상대방의 반론을 오해 없이 받아들이는 태도를 그룹 레슨을 통해 배운다.

⊙ **게인-로스 효과** Gain-Loss Effect

상대방으로부터 부정적인 말을 들은 뒤 호의적인 말을 듣게 된 경우 처음부터 끝까지 계속 긍정적인 말을 해준 상대보다 더 호감을 느낀다는 이론이다. 부정적인 평가 뒤에 긍정적인 평가를 받은 것이 그 사람에게 충격을 주기 때문에 보다 인상에 깊게 남는 것이다. 여성이 처음 만난 남성에게 차가운 반응을 보이다 시간이 지나면서 다정하게 대할 때 남성이 여성에게 더욱 호감을 느끼게 되는 것은 **게인-로스 효과** 때문이다. **소셜 스킬**로서는 다소 작위적인 성격이라 할 수 있다.

04 호감-비호감에 큰 영향을 주는 라벨링

어떤 이와 처음 만날 때 인간은 무의식중에 상대에게 꼬리표를 붙인다. 심리학에서는 이를 **라벨링**Labeling이라 한다. '밝은 사람이구나', '이 사람은 말만 번드르르하네', '차분해서 신뢰가 간다'처럼 사람에게 라벨을 붙여 이미지를 고정시키는 것이다.

처음에 정착된 이미지는 그 사람에 대한 전반적인 이미지를 결정하게 된다. 이는 **초두 효과**라는 현상인데, 첫인상이 호감과 비호감에 지대한 영향을 미친다는 것을 의미한다.

미국의 심리학자 **애시**[074]는 실험을 통해 초두 효과를 증명했다. 그는 가공의 인물의 특징에 대해 '지적, 근면, 충동적, 비판적, 고집이 셈, 질투가 심함'이라고 말해준 뒤 특징의 순서를 뒤에서부터 거꾸로 읽었을 때 어떻게 인상이 변하는지를 조사했다. 그 결과 전자의 피험자가 '단점이 다소 있으나 전체적으로 능력이 있는 사람'이라고 평가한 것에 반해, 후자의 피험자는 '능력은 좋으나 단점이 많아 자신의 능력을 발휘하지 못하는 사람'이라고 평가했다. 이 실험을 통해 우리는 **첫인상의 중요성**이 얼마나 큰 지 알 수 있다.

라벨링에는 타인이 붙인 라벨과 비슷하게 본인을 변화시키는 힘도 있다. **라벨링 이론**이라 불리는 이 이론에는 **자기 성취 예언**이 작용한다. 예를 들어 어떤 사람에 대해 주변에서 '칠칠치 못하다'라는 라벨을 붙이면 그 사람은 스스로 자신을 그렇게 생각하게 되어 결국 진짜 '칠칠치 못한' 행동을 하게 되는 것이다. 이에 따라 아무 생각 없이 라벨링을 하지 않도록 명심할 필요성이 있다.

호감은 첫인상으로 결정된다

다른 사람이 붙인 '라벨'이 정착되는 경우가 있으므로 좋은 첫인상을 주도록 하자.

라벨링에 의한 영향

	A	B
첫 만남 (라벨링)		
	첫인상으로 'A는 깔끔한 사람', 'B는 칠칠치 못한 사람'이라는 이미지가 정착된다.	
두 번째 만남		
	같은 옷을 입고 있음에도 A가 좀 더 깔끔해 보인다.	
그 이후		
	'칠칠치 못한 사람'이라는 이미지가 붙은 B는 정말 칠칠치 못한 행동을 하게 된다.	

❶ 이것도 알아 두자

⊙ **자기 성취 예언**

미국의 사회학자 **로버트 머튼**(1910~2003)이 주장한 개념으로, 어떠한 일이 일어날 것이라 예언하고 행동하면 원래 일어나지 않았을 상황이 일어난다는 것이다. 본문의 예시에서는 자기 성취 예언이 마이너스로 작용한 경우이나, 반드시 그렇지만은 않다. 실제로 미인이 아닌 여성이 자신을 아름답다고 스스로 세뇌시켰을 때, 정말 아름다워지는 효과가 있었다.

⊙ **친근 효과**

초두 효과의 예시에서는 처음 들어온 정보로 인해 나중에 들어온 정보가 영향을 받게 된다고 했다. 이와 반대되는 개념이 **친근 효과**이다. 이는 먼저 들어온 정보보다 마지막에 들어온 정보에 사람들이 관심을 갖는다는 이론이다.

이 효과는 **영업 전략**에도 사용된다. 이야기 끝에 강조하고 싶은 포인트를 말하면 고객이 무심코 구매를 하게 되기 때문이다. 당신이 능력 있는 영업 사원이라면 이를 마음에 새겨두길 바란다.

이미지의
심리학

01 비호감인 사람은 단어의 거리감을 제대로 파악하지 못한다

자신의 의사를 상대방에게 전달하고 이를 이해받기 위해서는 용건만 전달해서는 안 되며 상대에 맞는 말투와 단어를 사용해야 한다. 이때 상대방과의 심리적 거리인 **친밀도**에 대해 생각해 보자.

우리들은 별다른 생각 없이 사람들과 대화를 나누는데, 때로는 약간의 단어선택 실수로 오해를 부르거나 상대를 화나게 하는 경우가 있다. 이는 상대방과 자신 사이에 있는 **심리적 거리**를 제대로 파악하지 못했기 때문이다.

상대방이 윗사람일 경우 아무리 친하다고 해도 친구를 대하듯이 행동할 수는 없을 것이다. '오늘은 야자 타임을 하자'고 상사가 말했다고 해도 무례한 언동을 하는 것은 금물이다. 반대로 친한 사이의 경우, 너무 격식을 차려 말하면 오히려 어색한 느낌을 주게 되어 상대방에게 '마음을 열고 이야기하기 힘든 차가운 사람' 혹은 '나를 싫어하는 것이 아닐까' 하는 오해를 부르는 경우도 있다.

중요한 것은 자신과 상대방과의 관계와 거리를 제대로 파악하는 것이다. 이것이 가능해지면 인간관계를 좋게 만들 수 있다. 평소에 '친밀도가 높은 말투'와 '친밀도가 낮은 말투'를 파악하고, 자연스럽게 입에서 나오도록 연습하자.

또한 원하는 상황을 만들기 위해 일부러 친근감 있는(혹은 없는) 말투를 연출하는 것이 효과적인 경우도 있다. 영업에서 고객의 마음을 열기 위해 친근감 있게 이야기하거나 관심 없는 이성이 다가올 때 격식 있는 말투로 차갑게 대답하는 경우를 예로 들 수 있다.

심리적 거리를 생각하다

흥미나 관심, 취미 등으로 심리적 거리를 판단하는 경우도 있는가 하면 인종이나 성별, 거주 지역, 조직에서의 지위, 지적 수준, 습관 등으로 판단하는 경우도 있다.

흥미에 관한 심리적 거리

서로 같은 의견을 가진 사람끼리는 심리적 거리가 가깝다고 생각하고, 반대 의견을 가진 사람은 심리적 거리가 멀다고 생각한다.

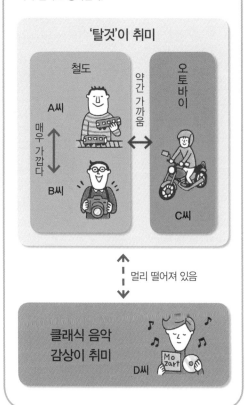

'탈것'이 취미

철도
약간 가까움
오토바이

A씨

매우 가깝다

B씨

C씨

멀리 떨어져 있음

클래식 음악 감상이 취미

D씨

Q&A 소소한 심리학

Q A씨는 다른 사람들로부터 인기가 많아 처음 만난 사람과도 금방 친해집니다. 처음 만난 사람의 이름을 외워 부르고, 허물없이 애칭을 쓰기도 합니다. 확실히 누군가가 '~님', '~씨', '고객님', 직업, 직위가 아닌 이름이나 애칭으로 부르면 악의가 없어집니다. 어째서 그런 마음이 드는 것일까요?

A A씨와 같이 애칭 등을 부르는 행동은 애칭이 불러진 사람에게 **자기 존중 감정**(자존감)을 고취시켜 주는 효과가 있습니다. 즉 상대로부터 '자존감이 자극'되어, 부르는 행위를 통해 상대방의 자아에 자신도 **관여**하고 있다고 생각하게 되는 것이지요. 이를 **자아 관여**라고 합니다. 자신이 결정한 것일수록 보다 열심히 하려고 하는 것도 자아 관여라고 할 수 있습니다.

자아 관여는 상대방에 대한 자신의 태도와 행동이 일치하고 있음을 상대에게 강하게 인식시킵니다. 자아 관여를 하는 것은 **친밀도**를 구분하는 것과 마찬가지로 **대인 커뮤니케이션**에서 중요한 요소이지요. 이러한 심리 테크닉을 자연스럽게 몸에 익힌 A씨는 대인 커뮤니케이션 능력이 높은 사람이라고 할 수 있습니다.

02 직함과 집안 배경의 심리적 메커니즘

우리들은 사람을 판단할 때 어떤 가치관을 기준으로 상대를 보는 걸까? 기본적으로는 개인의 가치관이 기준이 된다. 하지만 그 가치관은 무언가의 영향으로 갑자기 변하는 경우가 있다.

예를 들어 머리가 부스스하여 그다지 인상이 좋지 않은 상대가 수많은 문학상을 휩쓴 소설가라는 사실을 알게 된 순간, 부스스한 머리가 창작의 고통으로 인한 결과물처럼 보일 수도 있을 것이다. 이처럼 그 사람과 관련된 새로운 정보를 얻게 됨으로써 **상대방에 대한 인식**이 바뀌는 것을 **후광 효과**라고 한다. 후광 효과를 일으키는 것으로는 직함이나 학벌, 연봉과 집안 등이 있다. 몸에 걸친 명품도 후광 효과를 일으키는 요인 중 하나이다. 정치인이나 연예인 등의 부모가 유명 인사라는 사실이 알려지기만 해도 인기가 높아지는 것도 후광 효과 때문인데, 여기에서는 자신의 내면과 상관없는 부분이 평가를 받게 된다.

미국의 심리학자 **로버트 N. 싱어**는 40명의 대학교수에게 192명의 여학생 사진을 보여주고 각각 누가 매력적인지 판단하게 했다. 그 결과, 매력적이라고 판단한 여학생은 학업 성적도 좋다는 사실을 알 수 있었다. 즉 미인이라는 외적인 특징이 후광 효과로 작용해 성적 평가를 바꾼 것이다.

사람의 내면이 아무리 중요하다고 해도, 이는 오랫동안 시간을 두고 사귀어보지 않으면 알 수 없다. 그보다 먼저 상대에게 좋은 인상을 주는 복장이나 옷차림을 갖추고 후광 효과를 최대한 이용하자. 그 후에 진정한 자신을 보여주는 것도 좋은 방법이다.

실제보다 더 나아 보이게 하는 후광 효과

후광 효과는 어떠한 특징이 후광으로 작용하여 다른 특징에 대한 객관적인 평가를 방해하는 것을 말한다.

평범한 사람

특징이 없고, 인상에 남지 않는다.

다양한 직위를 가진 사람

명문대 출신이거나 집안이 좋다는 것을 알게 되면 그 사람에 대한 평가가 높아진다.

재력
학력
빌딩 소유
자격
지위
집안

❗ **이것도 알아 두자**

⊙ **관대 효과**

다른 사람을 평가하거나 판단할 때 흔히 가지는 편견 중 하나로, 사람에게는 상대의 좋은 점을 과대평가하고 나쁜 점은 과소평가하려는 경향이 있다는 것이다.

가정 폭력p.241에서 우리는 관대 효과를 엿볼 수 있다. 연인의 폭력에서 벗어나지 못하는 여성이 많은 이유는 '그는 폭력적이긴 하지만 진짜 내면은 여린 사람이야'의 '여린 사람'이란 부분이 강조되어 폭력을 허용하는 심리 상태가 되어 버리는 것에 있다.

성선설의 관점에서 관대 효과는 합당하지만 가정 폭력은 용납할 수 없는 범죄 행위이므로 관대 효과에 의해 현실을 바로 인지하지 못하는 것은 위험하다.

생활에 도움이 되는 심층 심리 ②

바람난 연인, 당신이라면 어떻게 할까?

연인이 외도를 하고 있다는 사실을 알게 되었다. 당신이라면 어떻게 하겠는가?

1 모른척하고 참는다.

2 바로 헤어진다.

3 외도 상대와 헤어지라고 한다.

4 외도 상대를 직접 만나 이야기한다.

해설

①을 선택한 사람은 어떠한 일에 대해 부정적으로 생각하는 경향이 있으며 자신을 소중하게 여기지 않는다. 좀 더 자신감을 갖고 때로는 상대에게 강하게 나갈 필요가 있다. ②를 선택한 사람은 정말 상대를 사랑하고 있는지 생각해 볼 필요가 있다. 겉으로만 연인 관계를 유지하고 있었을 가능성이 있으니 다시 한 번 자신의 마음을 확인해 보도록 하자.
③은 보수적인 사람이다. 상대를 매우 사랑하고 있으나, 자존심이 세고 계산적인 면이 있다. ④를 선택한 사람은 자존심과 자기애가 강한 유형이다. 그만큼 큰 충격을 받아 극단적인 행동에 이르는 경향이 있다.

PART
3

심리학자를 통해
읽는 심리학

철학에서
과학으로

01 마음에 과학이라는 메스를 댄 분트의 심리학

과학으로써의 심리학이 탄생한 때는 19세기 말이었다. 1870년, 실험 심리학의 아버지라고도 불리는 독일의 **빌헬름 막시밀리안 분트**(1833~1920)가 독일의 라이프치히 대학에서 '실험 심리학 강습'이라는 강의를 한 것이 **근대 심리학**의 시초였다.

그전까지 마음을 둘러싼 탐구는 철학적인 사고를 통해 이루어졌다. **아리스토텔레스**는 '마음(영혼)이란 아무것도 쓰여 있지 않은 서판'이라는 경험론적 입장을 고수했다. 한편 프랑스의 철학자 **데카르트**는 '인간의 마음은 만물을 자각하는 힘을 갖추고 있다'는 이성주의적 입장에서 마음을 논했다.

그러나 18세기가 되면서 영국의 자연 과학자 **다윈**이 주장한 진화론의 선례를 이어받은 심리학은 실증적인 과학으로써의 길을 걷기 시작했다. 독일의 물리학자 **구스타프 페히너**(1801~1887)가 구축한 **정신 물리학**이 그 계기라 할 수 있다. 이러한 심리학의 역사를 배경으로 나타난 것이 분트였다. 그는 지금까지의 철학적 방법을 버리고 **자연 과학**을 연구했다. 개념으로써의 마음을 연구하는 것이 아니라 자신의 의식을 관찰함으로써 실증적으로 마음을 탐구하는 **의식주의**를 추구한 것이다.

또한 분트는 인간의 마음에는 다양한 감각(심리적 요소의 작용)이 존재하며, 이것이 결합되어 인식이 성립된다고 주장했다. 그 결합 법칙을 해명했을 때 마음의 움직임도 이해할 수 있다는 것이다. 마음의 내면을 관찰하는 **내성법**에 의해 의식을 관찰하고 분석한다는 면에서 그의 학설은 **구성주의**라고도 알려져 있다. 더불어 그는 말년에 자신의 심리학을 보완하기 위한 수단으로 **민족 심리학** 연구에 매진하기도 했다.

분트의 심리학

분트에 의해 심리학은 철학적 접근에서 과학적 접근으로 진화를 이루었다.

경험론적 심리학

저서 《영혼에 관하여》에서 역사상 처음으로 영혼에 대해 논했다. 영혼은 신체와 하나이며 신체 없이 영혼은 존재할 수 없다고 말했다.

아리스토텔레스

이성주의적 심리학

인간의 내면에는 사물을 분별할 수 있는 힘이 내재되어 있다. 정신과 신체는 어떤 식으로든 서로 상호작용을 한다.

데카르트

철학적 방법

구성주의 심리학

분트

❶ 구성주의 : 모든 것은 다양한 요소들의 결합으로 구성되어 있다는 생각
❷ 내성법 : 실험 대상에게 다양한 자극을 주고 그때 무슨 생각을 했는지 성취하는 조사 방법
❸ 민족 심리학 : 인간의 심리는 개인뿐 아니라 그 사람이 속한 사회, 민족, 종교 등에도 영향을 받는다는 생각

자연과학적 방법

❗ 이것도 알아 두자

⊙ **과학 이전의 심리학**

마음(영혼)의 구조를 최초로 이론적으로 연구한 사람은 고대 그리스의 철학자 **아리스토텔레스**p.11이다. 그는 '정신이야말로 연구가치가 가장 높은 것'이라고 하며 경험론적인 입장에서 기억 및 감각, 수면과 각성과 같은 주제에 대해 고찰했다.

17세기 프랑스 철학자 **데카르트**는 근대 철학의 아버지로 불리며 '나는 생각한다. 고로 존재한다'라는 철학 역사에 길이 남을 명언을 남겼다. 데카르트의 영향으로 독일에서 **이성주의 심리학**이 탄생했고, 후에 독일의 철학자 **크리스티안 볼프**(1679~1754)에 의해 **능력 심리학**(마음은 다양한 능력을 가지고 있다는 생각)으로 발전했다.

17세기 영국의 **경험주의 심리학**은 경험론적 입장을 고수했으며 그 후 영국의 철학자 **로크**와 **흄**에 의에 **연합 심리학**(인간은 태어날 때 백지라는 생각)으로 발전했다.

18세기가 되면서 수학과 물리학, 의학 등의 자연 과학이 발달하고, 심리학은 이들 과학과 융합되기 시작했다. 그리고 19세기 후반 **분트**의 등장으로 심리학은 과학으로써 학문적 지위를 갖게 되었다.

02 인간의 지각 구조를 발견한 게슈탈트 심리학

게슈탈트 심리학은 인간의 **마음은 하나의 덩어리이고, 요소로 환원될 수 없다**며 **분트**의 구성주의를 비판했다. 게슈탈트란 독일어로 **전체, 형태**를 의미하는 단어이다. 예를 들어 소리의 집합인 '음악'과 단순한 '소리'는 같은 것이라 할 수 없다. 전체를 부분으로 환원하면 그 의미가 퇴색된다. 곧 전체란 부분을 합한 것 이상의 의미이며 1+1은 2가 아니라 3 이상의 것이 된다는 것이다.

이처럼 인간의 **지각**知覺 p.281 은 단순히 대상이 되는 개별적인 감각자극에 의해 구성되는 것이 아니라, 그들의 전체적인 틀에 의해 크게 규정되고 있다는 것이 게슈탈트 심리학의 입장이다. 게슈탈트 심리학에는 규칙적이면서 안정된 단순한 형태로 정리하려는 경향이 있다. 이는 **단순 충만성(프레그넌츠)의 법칙**이라 불리며 게슈탈트 심리학의 중심 사상이 되었다.

게슈탈트 심리학은 독일의 심리학자 **베르트하이머**에 의해 체계화되어 독일의 심리학자 **쾰러**와 **코프카**에 의해 그 가능성이 확대되었다. 또한 독일에서 태어나 미국에서 활약한 심리학자 **쿠르트 레빈**(1800~1947)은 **사회 심리학**을 응용하여 **토폴로지 심리학**(장場이론) p.306 이라는 독자적인 심리학을 탄생시켰다. 게슈탈트 심리학은 **사회 심리학** p.43 을 시작으로 **지각 심리학** p.281 과 **인지 심리학** p.47,279 으로 계승되었다. 이를 통해 우리는 게슈탈트 심리학이 자연과학적이고 실험주의적인 접근법과 전체성이라는 관점에서 역학의 개념을 도입하는 등 현대 심리학에 지대한 영향을 미쳤음을 알 수 있다.

마음은 잘게 쪼갤 수 없다

의식(마음)이 여러 요소들의 집합이라고 생각한 분트와 달리 베르트하이머가 제창한 게슈탈트 심리학에서는 '마음(정신)은 전체가 하나를 이루는 것이므로 이를 잘게 쪼갤 수 없다'고 했다.

게슈탈트 심리학

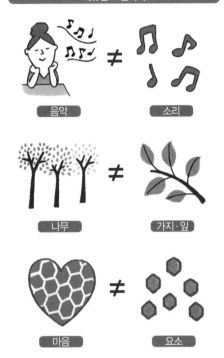

음악 ≠ 소리

나무 ≠ 가지·잎

마음 ≠ 요소

◎ 인간은 하나의 음설과 하나의 가지에 달린 잎을 보는 것이 아니라, 전체(게슈탈트)로써의 '음악'과 '나무'를 인식한다. 이러한 마음(정신)의 인식 구조를 연구하는 것이 게슈탈트 심리학이다.

❶ 이것도 알아 두자

◉ 게슈탈트 심리학의 법칙

게슈탈트 심리학에서 주장하는 법칙은 **단순 충만성(프레그넌츠)의 법칙**과 **가현 운동**이다.

프레그넌츠란 '간결함'을 의미하는 단어이다. 즉 단순 충만성의 법칙은 시야에 비친 도형을 가장 규칙적이고 안정된 형태로 지각하려는 경향이 있다는 사고법으로 **근접성의 법칙, 유사성의 법칙, 폐쇄성의 법칙**p.281, **연속성의 법칙**을 포함한다.

근접성의 법칙은 근접해 있는 것들끼리 조화되어 보이는 것을 말하며 유사성의 법칙은 유사한 것들끼리 조화를 이루는 것을 말한다. 더불어 폐쇄성의 법칙은 독립된 형태로 닫혀있는 것끼리 조화되어 보이는 것을 말하며, 연속성의 법칙은 연속되어 있는 것끼리 조화를 이루는 것처럼 보이는 것을 말한다. 이러한 법칙들은 화면 디자인 등에 이용된다.

가현 운동p.281이란 **원래는 정지되어 있는 것이 표면상으로 움직이는 것처럼 보이는 현상**을 말한다. 예를 들어 '플립북'의 경우 한 장 한 장의 만화가 움직이는 것처럼 보이고, 깜박이는 건널목 경보기는 마치 조명이 움직이고 있는 것처럼 보인다.

행동으로 마음을 읽는 행동주의

행동주의의 가장 큰 특징은 심리학의 논점인 의식의 해명을 정면으로 부정한다는 것이다. 미국의 심리학자 **존 왓슨**(1878~1958)은 **인간의 행동은 자극에 대한 반응으로 일어나는 현상**으로 심리학은 행동의 과학이며 의식과 같이 객관적인 관찰을 할 수 없는 것은 연구할 가치가 없다고 했다. 왓슨에 따르면 모든 행동에는 반드시 그 행동을 유발하는 자극이 존재한다. 더불어 그는 **파블로프의 조건반사설**을 바탕으로 어떠한 행동이든 몸에 익힐 수 있다고 주장했다.

그러나 행동주의에는 '지나치게 기계적으로 마음을 다룬 사고방식'이라는 비판도 많았다. 결국 미국의 심리학자 **클라크 헐**(1884~1952)이나 **에드워드 톨먼**(1886~1939), **스키너**(1904~1990)에 의해 **신행동주의**가 등장했다.

신행동주의자들은 자극이 반응으로 직접 이어지는 것이 아니라 그 사이에 무언가 개입하는 것이 있다고 생각했다. 특히 스키너는 '스키너 박스'라는 실험 장비를 가지고 **능동적인 행동은 학습된다**는 사실을 입증했다. 스키너 박스는 손잡이를 누르면 먹이가 나오도록 만든 장치이다. 그 안에 들어 있던 실험용 쥐는 우연히 손잡이를 눌렀을 때 먹이가 나오자 그 다음부터 먹이를 먹고 싶을 때 손잡이를 스스로 누르는 행동을 학습했다.

파블로프의 조건반사설이 종을 울리면 개가 침을 흘린다는 수동적인 상황에서의 학습 행동, **고전적 조건 형성**인 것에 반해 스키너 박스에 의한 학습은 자발적 행동으로 인한 것이라는 점에서 **조작적 조건 형성**이라고 한다.

행동주의와 신_新행동주의

고전적 조건 형성은 자극 후에 행동을 한다고 보았고, 조작적 조건 형성은 자극과 행동 사이에 '개입하는 어떤 것'이 존재한다고 생각했다.

	고전적 조건 형성
행동주의(왓슨 外)	❶ 개에게 소리를 들려준다.
	❷ 그 후 먹이를 준다. 이를 반복한다.
	❸ 소리를 들으면 침을 흘린다.

	조작적 조건 형성
신행동주의(툴먼, 스키너 外)	❶ 쥐가 우연히 손잡이를 누르자 먹이가 나온다.
	❷ 손잡이를 누르면 먹이가 나온다는 것을 학습한다.
	❸ 먹이를 먹고 싶을 때 스스로 손잡이를 누른다.

❗ 이것도 알아 두자

⊙ 왓슨의 실험

미국의 심리학자 **왓슨**이 생후 11개월의 아이를 대상으로 실시한 실험으로 내용은 다음과 같다. 흰 쥐를 아이에게 보여주고, 손을 뻗으려 할 때마다 강철 막대로 소리를 내서 놀라게 한다. 이에 아기는 흰 쥐를 보는 것만으로 공포를 느끼게 되고 나중에는 흰 토끼나 모피코트를 보고도 두려움을 느끼게 된다. 여기서 왓슨은 인간의 특질을 결정하는 것은 후천적 환경에 의한 것이 크다는 **행동주의**를 주장했다.

⊙ 파블로프의 실험

러시아의 생리학자 **이반 파블로프**(1849~1936)가 실시한 실험이다. 개에게 먹이를 주기 직전에 종소리를 들려주면 개는 소리를 들려주기만 해도 침을 흘리게 된다. 먹이를 연상하여 침을 흘리는 것은 모든 동물에게서 보이는 **생리적 반사 작용**인데, 이 실험에서는 소리를 통해 먹이를 연상하게 만들어 침을 흘리게 하는 훈련을 한 것이다. 이 현상은 **조건 반사**라 불린다. 매실 장아찌나 레몬을 보기만 해도 신맛이 느껴지는 것과 같이 우리 주변에서도 여러 조건 반사 현상을 찾아볼 수 있다

20세기 최대의 발견, 무의식

01 마음속 자신을 연구하는 프로이트의 정신 분석학

분트<u>p.99</u>가 **의식**을 중시했다면 오스트리아의 정신과 의사 **프로이트**는 **무의식**을 중시했다. 프로이트에 의해 탄생한 것이 바로 정신 분석학이다. 프로이트는 꿈이나 말실수, **신경증**(불안 장애)<u>p.232</u>에 나타나는 무의식을 연구했고, 이를 이론으로 정립하여 정신 분석학을 탄생시켰다.

프로이트는 인간의 마음을 **의식, 전의식, 무의식** 세 가지로 나누었고, 신경증 환자를 치료하면서 이를 **이드, 자아, 초자아** 세 가지로 다시 구분했다.

이드란 본래 인간이 가지고 있는 원시적인 충동으로 자신의 의사로는 통제할 수 없다. 무의식 속에 존재하며, 선악의 구별 없이 **쾌락**이나 만족을 추구하는 정신 에너지이기도 하다. 프로이트는 그중 **성적인 충동을 가리켜 리비도**^{Libido}<u>p.110</u>라고 불렸으며, 강력한 힘을 가지고 있는 것으로 보았다.

프로이트는 이드를 성난 말에 비유했는데, 이 말의 고삐에 해당하는 것이 바로 자아이다. 자아는 지각이나 감정 등의 주체이며 **자기의식**이라고도 한다. 자아는 이드를 제어할 뿐 아니라, 외부의 반응이나 초자아를 확인하고 대응해 방향을 정하는 역할을 한다.

초자아는 양심이나 도덕성과 비슷하다. 부모의 가정교육이나 사회적 규범, 도덕관념, 윤리관, 자기 규제 등을 마음속으로 정립하면서 초자아가 형성되는데, 이는 곧 이드의 행동을 확인하고 검열한다. 범죄를 저지른 것에 대한 죄의식을 가지는 것은 초자아 때문이라 할 수 있다.

또한 프로이트는 **자유 연상법**<u>p.108</u>과 **꿈의 해석**<u>p.337</u>이라는 두 가지 방법으로 인간의 무의식을 나누었고, 마음속에 억압된 것을 해방할 수 있으면 마음의 병이나 불안을 해결할 수 있다고 생각했다.

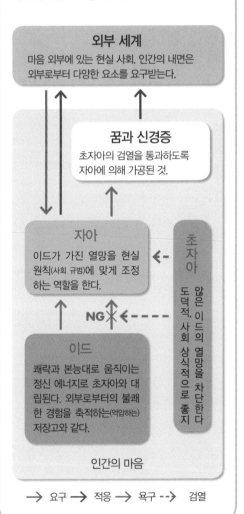

프로이트가 생각하는 무의식

프로이트는 인간의 마음이 이드, 자아, 초자아로 이루어져 있다고 생각했다.

외부 세계
마음 외부에 있는 현실 사회. 인간의 내면은 외부로부터 다양한 요소를 요구받는다.

꿈과 신경증
초자아의 검열을 통과하도록 자아에 의해 가공된 것.

자아
이드가 가진 열망을 현실 원칙(사회 규범)에 맞게 조정하는 역할을 한다.

초자아
도덕적, 사회 상식적으로 좋지 않은 이드의 열망을 차단한다

NG

이드
쾌락과 본능대로 움직이는 정신 에너지로 초자아와 대립된다. 외부로부터의 불쾌한 경험을 축적하는(억압하는) 저장고와 같다.

인간의 마음

→ 요구 → 적응 → 욕구 --→ 검열

❗ 이것도 알아 두자

⊙ 지그문트 프로이트

오스트리아의 정신과 의사이다 (1856~1939). 빈 대학 의학부를 졸업한 후 임상으로 히스테리 환자의 최면 치료를 하던 중 인간의 행동에는 그 사람의 무의식의 원망이 관련되어 있다는 것을 깨달았다. 이를 **심적 결정론**이라 한다. 그 외에도 20세기 최대의 발견이라 찬사 받는 **무의식**을 비롯해 인간이 가진 성적 욕구인 **리비도** 등 여러 중요한 개념을 발견했다.

⊙ 꿈의 해석

프로이트는 꿈을 무의식이 보낸 메시지이며 무의식의 열망이 현실적인 사건과 관련하여 나타난 것이라 생각했다.

한편, **융 p.119**은 **분석 심리학**의 이론을 발전시켜 '꿈은 의식(자아)과 무의식이 결합된 세계로 꿈속에서는 자아가 약해지고 무의식이 강해진다'고 생각했다. 후에 미국의 융 학파 심리학자 **아놀드 민델** (1940~)은 융이 주장한 꿈의 개념을 신체로 발전시킨 심리 치료인 **프로세스 워크**(프로세스 사고 심리학)을 체계화했다.

02 히스테리 환자 진료를 통해 찾은 자유 연상법

프로이트가 정신병 환자 치료를 하던 시기에는 자연 과학에 근거한 새로운 치료 기술로 **최면술**이 큰 인기를 끌었다. 프로이트 자신도 **최면 치료**[p332]를 시도했으나, 최면에 걸리지 않는 환자도 있어 생각만큼의 효과를 거두지는 못했다. 그리하여 최면 치료 대신에 시작한 것이 **자유 연상법**이다.

그는 환자가 오면 긴 의자에 앉히고 마음속에 떠오르는 대로 이야기하도록 했다(보잘것없는 것, 의미 없는 것도 말이다). 그리고 어느 순간 환자 자신도 잊고 있던 기억이 떠오르면 '그 사실을 잊고 있던 이유가 무엇인지' 찾았다.

이는 마음속의 **무의식을 표면화함**으로써 환자의 병의 원인을 찾는 방법이다. 그는 **억압되어 의식에 드러나지 않는 무의식** 속에 증상의 원인이 되는 일이나 심리적 갈등이 존재할 것이라 생각했으며 마음의 병이란 어떤 이유로 억압된 기억을 대신해서 나타나는 것이라 여겼다.

자유 연상법에서는 환자가 자유롭게 이야기하는 것이 중요하다. 그러나 자유롭게 이야기하는 것은 생각보다 어려운 일이다. 아무리 '자유롭게 이야기하라'고 해도 이야기하고 싶지 않은 것이 있기 마련이니 말이다. 프로이트는 이것이야말로 마음속에 봉인된 억압이라고 생각했다. 그래서 기억을 떠올리는 것보다 기억의 부활을 방해하는 것을 찾아내어 실체를 밝히고, 그 요인을 긍정적인 것으로 바꾸어 생각하도록 했다. 이렇듯 프로이트에 의해 탄생한 것이 **정신 분석학**이다.

최면 치료에서 자유 연상법으로

프로이트는 최면 치료에 대화 치료와 전액법을 도입하여 자유 연상법을 만들었다.

최면 치료

잠이 오도록 최면을 걸고, 최면 상태에서 이야기를 하게 한다.

점점 잠이 옵니다.

➕

대화 치료

생각나는 것을 자유롭게 말하게 한다.

➕

전액법

환자의 이마를 손으로 눌러가며 기억을 회상하도록 한다.

아, 기억나요.

⬇

자유 연상법

환자를 긴 의자에 눕혀놓고 자유롭게 말하도록 하여 기억을 회상하게 한다.

제가 어렸을 때……

03

무의식 속에서 불타오르는 열망, 리비도

리비도는 라틴어로 욕망을 의미한다. **프로이트**는 인간이 본래 지니고 있는 **본능 에너지**(욕망)중 성과 관련된 것(성적 충동)을 리비도라 했다. 프로이트는 리비도가 시간이 지남에 따라 발달하며, 이는 신체의 각 부분에 존재한다고 생각했다. 또한 그는 인간의 발달을 리비도의 집중 부위의 이름을 사용하여 표현하기도 했다.

리비도의 발달 단계는 다음과 같은 다섯 가지로 나뉜다. 생후 18개월까지를 **구강기**, 1세에서 3세까지를 **항문기**, 3세에서 6세까지를 **남근기**(오이디푸스기), 6세에서 12세까지를 **잠복기**, 이 이후를 **생식기**라 한다.

예를 들어 유치원 시기에 해당하는 남근기의 아이는 자신의 성기에 강한 관심을 보인다. 성기를 만지거나 다른 사람에게 보여주는 등의 행동을 하는 것이다.

초등학교에 들어가면 성에 대한 관심이 일시적으로 억압되는데 이것이 잠복기 시기이다. 다음으로 생식기(사춘기 이후)가 되면 생식을 목적으로 성적 대상을 추구하게 된다.

각 발달 단계에서 균형 있게 성욕이 충족되면 리비도의 발달이 원활하게 이루어진다. 그러나 성욕이 과도하게 충족되거나 반대로 충족되지 않은 경우, 해당 발달 단계 특유의 감정이 앞으로의 성격 형성에까지 영향을 준다. 또한 어떤 충격을 받았을 때 이전의 발달 단계로 회귀하는 경우도 있는데 전자를 **고착**, 후자를 **퇴행** p.113이라 한다. 이러한 이유로 결국 **신경증**(불안 장애)p.232 증상이 발현되기도 한다.

연령에 따라 리비도는 변화한다

프로이트는 리비도의 발달 과정을 신체 각 부분의 명칭을 이용하여 표현했다. 일반적으로 리비도는 인간의 성장과 함께 자연스럽게 진행되지만 만약 리비도에 문제가 생길 경우 고착이나 퇴행이 일어나게 된다.

구강기

0~18개월
구강으로 모유를 먹는 것이 쾌감(리비도)으로 작용한다. 이 쾌감은 모유를 떼는 시기와 함께 종료된다. 서서히 주변 환경에 적응해가는 시기이다.

항문기

1~3세
배변이 리비도로 작용하나, 서서히 배변을 가리게 되면서 종료된다. 주변 환경에 적극적으로 개입한다.

남근기

3~6세
자신의 성기(남자: 페니스, 여성: 클리토리스)에서 리비도를 느끼기 시작한다. 성별이 다른 부모에게 성적 관심을 보이고, 동성의 부모를 미워하는 마음이 강해진다.

잠복기

6~12세
일시적으로 리비도가 억제된다.

생식기

12세~
생식이 목적이 되고, 성적 대상을 추구하게 된다.

구강기 · 잠복기 · 생식기 · 항문기 · 남근기

ⓘ 이것도 알아 두자

⊙ 에로스와 타나토스

프로이트는 인간은 태어날 때부터 삶에 관한 욕망(에로스)과 죽음에 관한 욕망(타나토스)을 내재하고 있다는 충동 이원론을 주장했다.
에로스란 살고자 하는 인간의 욕망으로, 사랑과 창조, 식욕, 성적 욕망 등이 해당된다.
한편 **타나토스**는 죽음에 대한 욕망과 파괴적 본능으로 자살 등이 그 욕망의 발현이라 생각했다. 프로이트는 인간은 이 두 가지 모순된 욕망을 가지고 살아간다고 결론 내렸다.

⊙ 전이와 역전이

정신 분석 치료에서 내담자(환자)가 상담자(치료자)에게 품는 특별한 감정이다. 환자가 과거에 부모에게 느낀 것과 비슷한 감정이 의존이나 어리광의 형태로 표현되는 것으로, 이러한 전이를 극복함으로써 상담자와 신뢰 관계를 구축하고 치료를 원활하게 진행할 수 있다.
이 중, 연애 감정을 느끼는 것을 **양성 전이**, 원망이나 적대감을 느끼는 것을 **음성 전이**라고 한다. 또한 상담자가 환자에게 연애 감정을 느끼는 현상을 **역전이**라고 한다.

04

프로이트는 여성 환자를 계속해서 치료하던 중 기묘한 현상을 발견했다. **무의식**에 억압되어 있는 기억의 근원을 거슬러 갔을 때 '어릴 때 아버지로부터 성적 학대를 받았다'고 고백을 하는 환자가 많다는 사실이었다.

이를 본 프로이트는 당시의 그녀들은 자신에게 무슨 일이 일어났는지 깨닫지 못했으나 '다른 사람에게 말해서는 안 되는 것을 당하고 있다'라고 느낀 나머지 그 기억을 마음속에 봉인해 버린 것이라 생각했다. 더불어 그는 그녀들의 **히스테리**(병적인 흥분)는 그것이 어떠한 일을 계기로 떠오르려고 하는 것을 무리하게 억제하려고 하다가 발현된 것이라고 여겼다.

그는 이를 **성적 외상설**(유혹 이론)이라 했다. 그러나 히스테리 증상을 보이는 환자의 대부분이 이러한 기억을 가지고 있지 않았던 데다, 그러한 경험이 있더라도 히스테리로 발전하지 않는 사람들이 있었기 때문에 성적 외상설을 파기한 이후 **유아 성욕설**을 주장했다. 그녀들이 이야기한 모든 기억이 허상이라고까지는 할 수 없지만 실제 경험이 아니라 무의식 속에 잠재되어있던 원망이라고 생각했던 것이다. 즉, 그는 **유아에게도 성욕이 있는 것은 아닐까**하고 주장했다.

프로이트가 말하는 성욕은 성인이 생각하는 성욕과는 다르다. 그는 성욕을 성욕과 성기 성욕으로 구분해 생각했다. 구체적인 내용은 다음 페이지에서 언급하겠으나, 이는 유아기의 공갈 젖꼭지 등도 포함된 넓은 범위의 욕구로써의 성욕을 말한다. 그러나 '유아에게 성욕이 있다'라는 주장은 당시에 큰 반감을 불러일으켰고 프로이트의 학설에는 외설이라는 꼬리표가 붙게 되었다.

마음이 병드는 원리

프로이트는 여성 히스테리 환자를 치료하며 많은 사람들이 '자신은 아버지로부터 성적인 학대를 받은 경험이 있다'고 고백한다는 것을 깨닫고 성적 외상설을, 이어서 유아 성욕설을 주장했다.

1 성적 외상설

어린 시절에 받은 성적 학대가 마음의 병의 원인으로 작용한다.

2 유아 성욕설

유아도 성욕을 가진다는 이론. 아버지에 대한 무의식적인 성적 욕망이 마음의 병으로 발현된다는 것이다.

❗ 이것도 알아 두자

⊙ 고착과 퇴행

리비도p.110의 각 발달 단계에서 경험이 지나치게 충족되거나 충족되지 못할 때 일어나는 현상을 **고착**이라 한다. 가령 유아기에 해당하는 구강기에 어머니가 과도하게 모유를 주거나 모유를 주지 않으면 성인이 된 후 여자의 가슴에 집착하는 것으로 알려졌다.

반대로 어떠한 충격적인 사건을 계기로 이전의 발달 단계로 회귀하는 경우를 **퇴행**이라 한다. 예를 들어 어른이 아이처럼 어머니에게 어리광을 부릴 때, 생식기에서 구강기로 퇴행이 일어났다고 볼 수 있다. 업무 스트레스가 많은 회사원이 연인 앞에서는 아이처럼 어리광을 부리거나, 사춘기 청소년이 사회로부터 회피하려고 하는 욕망으로 인해 어린 시절의 부모와 자식 관계로 회귀하려는 경향을 보이는 이른바 **유아 회귀** 같은 현상도 이에 해당한다.

05

모든 남성에게는 아버지를 살해하고 싶은 열망이 있다?

리비도^{p.110}의 발달 단계에서 3~6세, 즉 **남근기**는 **오이디푸스기**라고 불리기도 한다. 오이디푸스는 그리스 신화에 등장하는 인물로 자신의 아버지인 줄 모르는 채로 왕을 살해한 뒤 왕의 자리에 올라 왕비였던 자신의 어머니와 결혼을 했다.

3~6세의 시기에는 이성의 부모에게 성적인 흥미를 갖기 시작한다. 그러면 자연스럽게 동성의 부모에게 미운 감정을 느끼게 된다. 남자아이의 경우 어머니의 사랑을 독점하고자 하는 욕망이 강한 나머지 아버지가 없었으면, 혹은 죽었으면 좋겠다는 생각을 하기도 한다. 그러나 아버지는 힘이 세고 쓰러뜨리기 어려운 존재이다. **무의식** 속에서 생기는 이러한 **갈등**이 바로 **오이디푸스 콤플렉스**이다.

이 시기의 남자아이는 '만약 아버지가 내 속마음을 알게 된다면 페니스를 자르지 않을까'하는 거세 불안에 휩싸인다. 이에 공포를 느낀 남자아이는 어머니를 포기한 뒤 다른 여성으로 관심을 돌리게 되고, 자신을 아버지와 동일시하면서 콤플렉스를 해소하게 된다.

여성의 경우, 처음에는 어머니에게 애정을 느낀다고 프로이트는 생각했다. 하지만 이후 '나에게는 페니스가 없다'라는 사실에 대해 열등감을 가지게 된 여성이 자신을 그렇게 낳은 어머니에게 실망하여 아버지로 흥미를 돌린다고 여겼으며, 나아가 아버지에 대한 성적 감정이 사춘기에 이르러 다른 남성을 좋아하게 될 때까지 이어진다고 주장했다. 프로이트는 이러한 오이디푸스 콤플렉스는 모든 사람들이 겪는 것이라고 생각했으며 이것이 제대로 해소되지 않으면 **신경증**(불안 장애)^{p.232} 증상을 보이게 된다고 말했다.

오이디푸스 콤플렉스에서 마마보이로

오이디푸스 콤플렉스를 극복하지 못하고 성장할 경우 마마보이가 되기 쉽다.

5세 남자아이

어머니를 성적으로 동경하고 아버지를 증오한다.
= 오이디푸스 콤플렉스의 시초

일반	작고 약한 자신과 크고 강한 아버지를 비교하며 상대가 될 수 없음을 깨닫는다. 어머니에 대한 동경을 포기한다.
불행한 환경에서 자란 경우	· 부부의 사이가 좋지 않다. · 아버지가 가정을 돌보지 않는다. 등…… 엄마와 아들의 유대가 지나치게 강해진다. 오이디푸스 콤플렉스가 남기 쉽다. = 마마보이의 탄생

⊙ 오이디푸스와 엘렉트라

융은 오이디푸스 콤플렉스를 여성에게 대입한 것을 **엘렉트라 콤플렉스**라고 불렀다. 오이디푸스와 엘렉트라는 그리스 신화에 등장하는 왕자와 공주로, 오이디푸스는 자신의 아버지를, 엘렉트라는 자신의 어머니를 살해한다.

'너는 아들에게 살해당한다'는 신의 말을 믿은 라이오스 왕은 자신의 아들인 오이디푸스를 내다 버린다. 이웃 나라 코린토스 왕의 양자로 들어가 성인이 된 오이디푸스는 어느 날 '너는 친부모를 죽이고 네 어미와 결혼할 것이다'라는 신의 말을 듣고 두려워 왕국 밖으로 나갔으나 여행 도중 시비가 붙어 친아버지인 라이오스 왕을 살해하게 된다.

그 후, 자신이 태어난 고향에서 백성들을 괴롭히던 스핑크스를 퇴치해 영웅으로 칭송받으며 국왕의 자리에 오른 오이디푸스는 왕비가 자신의 친어머니인 줄 모르는 채로 결혼하여 아이를 낳았다. 시간이 흐른 뒤 자신이 예전에 살해한 사람이 친아버지이고, 현재 부인이 자신의 어머니라는 사실을 알고 절망에 빠진 오이디푸스는 스스로 목숨을 끊는다.

한편, 엘렉트라 공주는 아버지를 살해한 어머니와 그 정부에 대해 원수를 갚는다는 전설에 등장하는 인물이다.

06 프로이트의 뒤를 잇는 심리학자들

프로이트는 독일의 철학자 **마르크스, 니체**와 함께 21세기 문화에 지대한 영향을 미친 거장 중 한 명이다. 심리학 분야에서 그의 영향을 받은 학자들이 새로운 흐름을 연달아 탄생시키기도 했다. 그의 막내딸이자 신경 분석가 **안나 프로이트**(1895~1982)는 프로이트의 자아론을 발전시켰고 그 후 이 이론은 오스트리아의 심리학자 **하인즈 하트만**(1894~1970)에 의해 **자아 심리학**으로써 확립되었다.

이러한 흐름을 배경으로 빈에서 미국으로 옮겨 활동한 **에릭슨**p.158과 **자기 심리학**을 구축한 **하인즈 코헛**(1913~1981)이 등장했다. 영국에서는 빈 출신의 **멜라니 클라인**(1882~1960)이 **대상 관계론**을 탄생시켰다. 오스트리아 심리학자 **알프레드 아들러**(1870~1937)는 **개인 심리학**의 관점에서 개인은 태어날 때부터 전능한 존재가 아니라, 열등감을 가지고 태어난다고 생각했다.

이후 심리학의 거장으로 등장한 사람이 **융**p.119이다. 그는 프로이트의 **성욕 이론**을 부정하고, **무의식**에 존재하는 힘이 좀 더 보편적이고 신화적인 것과 연관되어 있다고 생각했다.

❗ 이것도 알아 두자

⊙ 자아 심리학과 개인 심리학

자아 심리학의 근본인 프로이트 이론에서는 **자아**가 **초자아**와 **이드**p.106를 조절하는 역할을 한다고 보았으나 **자아 심리학**에서는 '자아에는 보다 적극적인 작용이 존재'한다고 보았고, 자아를 자율적인 존재이자 인격을 형성하는 요소로 여겼다.

프로이트가 인간의 마음을 자아, 초자아, 이드 등의 요소로 구분한 것에 반해 **개인 심리학**에서는 인간의 마음은 쪼갤 수 없는 것이라 주장했다. 프로이트 이론에서는 '아기에게는 열등감이란 감정이 없으며 현실을 알게 될 때마다 열등감이 생겨난다'라고 보았으나, 개인 심리학에서는 '아이에게도 열등감이 존재하며 이 열등감을 원동력 삼아 성인으로 성장한다'고 보았다. 또한 프로이트 이론에서는 인간 심리에 영향을 주는 요인으로 부모와 자식 관계를, 개인 심리학에서는 형제 관계를 중시했다.

프로이트에서 탄생한 심리학

프로이트가 세상을 떠난 후, 그의 이론은 많은 심리학자들에게 영향을 주어 새로운 학파를 연달아 탄생시켰다.

분석 심리학	융	프로이트의 정신 분석학의 한 줄기로, 분석 심리학(융 심리학)을 확립했다.
개인 심리학	아들러	마음은 개별적으로 쪼갤 수 없다고 주장했다. 열등감을 극복함으로써 마음이 성장한다고 주장했다.
신 프로이트 학파	프롬, 호나이, 라이히	인간의 마음은 사회에 영향을 받는다고 주장했으며 사회가 마음에 미치는 영향을 무시하는 프로이트 이론을 일부 비판했다.
자아 심리학	A. 프로이트, 하트만, 에릭슨	프로이트의 딸인 안나 프로이트에 의해 탄생한 이론이다. 자아를 자율적인 존재로 보고, 인간은 정체감을 확립하기 위해 발달하는 것이라고 보았다.
자기 심리학	코헛	인간의 심리를 연구할 때 '자기'라는 개념을 이용해 '자기'는 타자와의 관계에서 발전한다고 보았다. 또한 치료자가 환자에게 공감을 하며 다가가면 그 사람의 마음을 이해할 수 있다고 주장했다.
클라인 학파	클라인	생후 1개월 된 아기와 어머니 사이의 관계를 단서로, 자아와 초자아를 발달시키기 위해서는 자신과 어떤 대상과의 관계성이 중요하다는 대상 관계론을 주장했다.
파리, 프로이트 학파	랑크	프로이트의 정신분석학을 구조주의적으로 발전시켜 프로이트 대의파를 확립했다. 또한 신 프로이트 학파와 자아 심리학에 반대하며 '프로이트를 따르라'고 주장했다.

융,
영혼의 발견자

01 무의식과 신화를 결합한 융의 심리학

융도 **프로이트**와 마찬가지로 **무의식**의 중요성에 주목한 인물이지만 그 방법은 전혀 달랐다. 프로이트가 무의식을 두고 억압된 기억과 행동을 받아들이는 장소라고 생각한 것에 반해 융은 무의식을 좀 더 넓고 큰 의미로 생각했다. **아리스토텔레스**[p.11]시대 이후, 시도된 적 없는 '영혼'에 주목한 것이 융의 심리학이라 할 수 있다.

융은 무의식을 **개인적 무의식**과 **보편적 무의식**(집단적 무의식)으로 구분했으며 보편적 무의식에는 인류 공통의 지식이나 역사가 귀결되어 있다고 생각했다. 또한 **전 세계의 신화에 공통적인 이미지가 엿보이는 것**도 보편적 무의식 때문이라고 생각했다.

더불어 융은 무의식 속에 의식과는 대조적인 또 한 명의 자신이 숨겨져 있다고 생각했다. 그 예로, 공부하는 것을 싫어했던 사람이 우연히 흥미 있는 분야를 발견한 뒤 공부를 재밌어하는 자신을 발견하는 것을 들 수 있다. 융은 인간의 마음에는 자신이 모르는 자신, 타인처럼 독립된 존재로서의 자신이 존재한다고 생각했다. 공부를 싫어하는 자신과 공부를 좋아하는 나, 상반된 자신이 존재함으로써 부족한 부분을 보완할 수 있으며 그러면서 인간의 마음은 완전해진다고 그는 설명했다.

융은 자신의 심리학을 두고 '의식의 과학이며, 무의식에 의해 탄생하는 것에 관한 과학'이라고 말했다. 신화와 연금술의 체계화, 보편적 의식과 **콤플렉스** [p.163, 332], **원형** [p.125], **꿈의 해석** [p.106,337]등 다양한 분야에 걸친 연구를 거듭하는 것도 마음의 다양한 모습을 찾아내기 위해서라고 할 수 있을 것이다.

융이 생각한 무의식

융은 인간의 마음을 아래 그림과 같이 구분하고 각각의 특성을 정의했다.

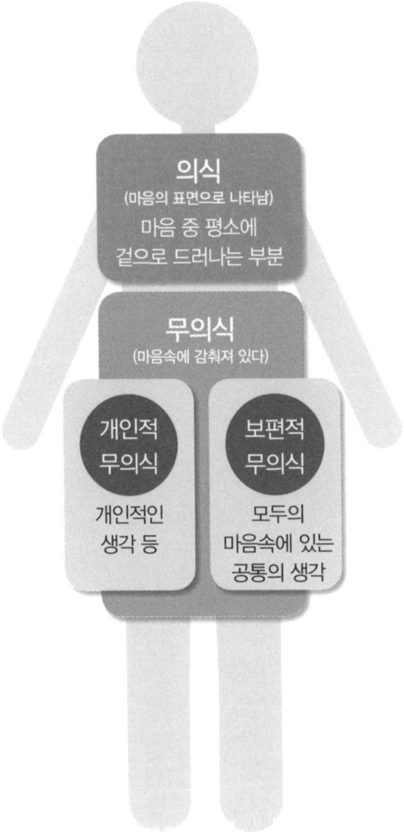

의식
(마음의 표면으로 나타남)
마음 중 평소에
겉으로 드러나는 부분

무의식
(마음속에 감춰져 있다)

개인적 무의식
개인적인
생각 등

보편적 무의식
모두의
마음속에 있는
공통의 생각

◎ 융은 마음에 피로가 쌓인 결과, 의식과 무의식의 균형이 깨지고 무의식이 폭주한 상태가 증상으로 나타난다고 생각했다.

❗ 이것도 알아 두자

◉ **칼 구스타브 융**

스위스의 심리학자(1875~1961). 바젤 대학, 취리히 대학에서 정신 의학을 공부하고 연구자의 길로 접어들었다. **프로이트**의 정신 분석에 매료되어 프로이트의 후계자로 총애를 받았으나 점차 독자적 이론을 전개해 후에 프로이트와 결별했다. 프로이트와의 차이점으로는 앞서 언급한 무의식에 관한 해석 외에도 삶의 본능, 즉 **리비도 p.110**에 대한 해석의 차이가 있다. 프로이트는 리비도를 성적인 에너지(성적 충동)라고 해석한 반면 **융**은 성적인 것 외에 일반적인 에너지도 리비도에 해당된다고 보았다. 결국 융은 자신의 독자적인 이론을 **분석 심리학**으로 확립시켰다.

02 의미 불명 행동에서 마음의 병의 원인을 찾은 융

융이 일하는 병원에 기묘한 손동작을 반복하는 노년 여성이 있었다. 이 여성은 **긴장증** 환자로 계속 같은 동작을 반복했다. 전임자의 이야기에 따르면 여성은 신발을 만드는 동작을 하는 듯 했는데, 어째서 그러한 행동을 하는지 융도 이해할 수 없었다.

결국 노부인은 사망하고, 장례식에 가족이 찾아왔다. 융은 그곳에서 그녀가 병원에 입원한 이유를 들을 수 있었다. 신발 가게를 하는 젊은이로부터 버림을 받아 발병했다는 것이었다. 즉, 노부인은 신발을 만드는 행동을 함으로써 그 젊은이와 자신을 **동일시**한 것이다.

융은 이러한 경험을 바탕으로 환자가 하는 의미 불명의 언동이나 비정상적인 행동에도 반드시 나름의 의미와 이유가 있다고 여겼고, 마음의 병이란 그 사람의 마음에 무리가 가해졌을 때 **의식과 무의식**의 균형이 깨져 나타난다고 보았다. 그래서 융은 대화와 **상정 만들기**[p.40]를 비롯한 **조형, 꿈의 해석**[p.339] 등을 통해 무의식이 전하는 병의 원인을 탐구했다.

마음의 치료에 특효약은 없다. 사람에 따라 원인이 다르고, 어떤 사람에게 효과가 있다 해도 다른 사람에게는 효과가 없을 수 있는 것이 심리 치료의 어려움이다. 또한 '당신이 이러한 병이니 이 방법으로 치료를 하자'고 정신과 의사나 임상 심리학자가 말해도 본인이 납득할 수 없으면 병세는 호전되지 않는다. 일방적인 강요는 환자의 반발심을 부르기 때문이다. 먼저 환자에게서 원인을 찾아내고, 이를 극복하려는 마음을 가지게 하는 것이 치료의 시작이라 할 수 있을 것이다.

동일화(동일시)가 나타나는 과정

자신에게 중요한 사람을 흉내 내고 같은 행동을 하는 동일화는 다음의 과정을 통해 일어난다.

1 대상을 동경하는 리비도*에 문제가 발생

좋아하던 신발 가게의 젊은이에게서 버림받았다.

2 대상을 동경하는 것을 포기

젊은이에 대한 마음을 끊을 수 없다.

3 대신에 그 대상을 자신에게 이입

젊은이가 구두를 만드는 행동을 흉내 낸다.

4 자아가 대상과 동일시를 시도

젊은이와 자신이 동일화된다.

5 대상과 연계시키려고 함

젊은이와 자신과의 결속이 확고해진다.

*리비도: 본능적인 에너지(성적 충동)

❗ 이것도 알아 두자

◉ **긴장증**

신경 분열증의 일종으로 누가 불러도 반응을 보이지 않고, 이상한 동작을 반복하며 경직된 자세를 유지하려는 행동 등이 나타난다. 반대로 격렬하게 흥분하거나 공격적인 행동을 보이기도 하며, 두 증상이 교차되어 나타나는 경우도 있다.

◉ **동일화(동일시)**

무의식중에 자신을 다른 것(사람, 사물, 장소, 생각 등)으로 투영하는 것을 말한다. 노래방에서 좋아하는 가수 흉내를 내며 노래를 부르는 행동을 동일화 현상이라 할 수 있다. 동일화가 극히 일반적인 현상인 것에 반해, 비슷한 점이 전혀 없음에도 마치 동일한 것처럼 행동하는 **동일성**은 동일화가 극단적으로 나타난 상태라 할 수 있다.

03 대화로 무의식을 깨우는 단어 연상 검사

융이 실시했던 치료법 중에서 특히 유명한 것이 **단어 연상 검사**이다. 이는 의사가 100개의 단어를 차례대로 던져 이에 대해 생각나는 단어를 환자에게 말하게 하는 검사로, 환자의 **무의식 영역의 심리 내용을 밝히는 검사**이다.

원래 연상 자체는 정신 의학의 분야에서 시행된 방법이었으나 융은 이 반응 속도에 주목했다. 기존에는 나온 단어의 내용에만 주목했던 것에 반해, 융은 그 단어가 나온 속도와 시간에 주목한 것이다.

던져진 단어에 대해 좀처럼 말이 나오지 않는 경우, 융은 그 사람에게 고통스럽거나 슬픈 **콤플렉스** p.163,332가 존재한다고 보았다. 또한 콤플렉스를 극복할 수 있다면 그 사람의 마음도 치료되어 갈 것이라고 생각했다(참고로 콤플렉스라는 개념은 융이 최초로 심리학에서 사용했다).

젊은 시절, 융은 취리히 부르크횔츨리 정신 병원에서 이 연구를 적극적으로 시행했다. 단어 연상 검사를 시행할 때에는 스톱워치로 시간을 측정했으며 동일한 검사를 반복했다. 그리하여 앞선 검사에서 나온 단어와 다른 단어가 나오는(재생 실패) 패턴을 분석해 마음의 병의 원인을 조사했다.

이 검사 방법은 현재 사용되는 **거짓말 탐지기**를 개발하는 계기가 된 것으로 알려져 있다.

단어 연상 검사란

아래의 단어 연상 검사를 시행해 보자. 자극단어를 본 뒤 연상된 단어를 하나씩 말하고, 그 반응어와 반응 시간을 기억하는 것이다. 두 번째에는 처음에 연상했던 단어를 대답한다(이 단어가 첫 번째와 다를 때를 주목하자).

검사에 사용되는 단어(자극단어)의 예시

머리	초록색	물	노래하다
죽음	기다란	배	지불하다
다정한	책상	질문하다	마을
추운	줄기	춤추다	바다
병든	자랑	요리하다	잉크
나쁜	바늘	수영하다	여행
푸르다	등불	죄를 짓다	빵

! 이것도 알아 두자

⊙ 로렐라이

융은 정신병을 앓는 한 여성 환자를 치료하면서, 언뜻 보면 아무 의미 없어 보이는 환자의 언동 중에도 무의식이 보내는 메시지가 감추어져 있다는 사실을 깨달았다.

그 계기는 "나는 로렐라이다"라고 하는 환자의 말이었다. 독일의 가곡 〈로렐라이〉의 가사에는 '그것이 무엇을 의미하는지 나는 알지 못한다'라는 부분이 있는데, 이 여성 환자의 경우 진찰을 받았을 때 의사에게서 그 가사와 똑같은 말을 들은 적이 있었던 것이었다.

의사는 여성이 하는 언동의 반복에 대해 그저 '모르겠다'라고 말한 것뿐이었으나, 그 말은 그녀의 마음속에서 〈로렐라이〉의 가사와 자신을 연결 짓는 계기가 되어버렸다(참고로 로렐라이는 요정의 이름으로, 여성은 자신을 요정이라고 착각한 것이다). 이에 융은 지금까지 망상에 지나지 않는다고 생각했던 정신병 환자의 언동에서 **의미성**을 도출했다.

망상 속에
인류 보편적인 이미지인 '원형'이 있다

다양한 민족 사회에는 종교와 신앙의 대상으로 기능하던 신화가 존재한다. 그 중에는 황당한 것도 있지만, **융**은 신화의 이미지와 환자의 치료에 공통점이 있다는 것을 발견했으며 인간의 **보편적 무의식**<u>p.119</u>에는 인류가 공통적으로 가지고 있는 보편적인 형태, 즉 **원형**이 있다고 생각했다.

대표적인 원형에는 **대모 원형, 늙은 현자 원형, 그림자, 아니마**(남성 원형), **아니무스**(여성 원형), **사기꾼, 페르소나**(가면) 등이 있다.

그림자는 인간 안에 있는, 본인이 받아들이기 힘든 악의 원형이며 페르소나는 조직 안에서의 역할을 받아들이는 마음이다. 회사에서의 모습과 가족, 연인에게 보여주는 모습이 다른 경우가 있는데 이는 인간이 각자의 환경과 역할에 따라 적절한 이미지를 만들어 낼 수 있는 페르소나를 가지고 있기 때문이다.

융 심리학에서는 이러한 원형이나 무의식의 상징인 심벌, 이미지를 기반으로 무의식의 세계를 탐구했다.

> **❗ 이것도 알아 두자**
>
> **⊙ 개성화의 과정**
>
> **대모**를 포함한 다양한 **원형**은 사람들의 **개성화 과정**p.315을 돕는다. 개성화 과정이란 의식과 무의식 사이의 상호 작용을 통해 형성되는 성장 과정을 말한다. 그러나 이 개성화를 진지하게 생각하기 시작하는 것은 인생의 후반기부터(인생의 오후)p.33이다.
>
> 어머니의 지나친 구속을 받아 온 여성의 경우를 생각해 보자. 그녀는 대모 원형과 일체화되어 살아가고 스스로에 대해 잘 모르는 상태에 있다. 그러나 반대로 원형을 받아들이는 것을 거부하면 이번에는 자신의 모성 본능이 약해지게 된다. 그 두 가지가 상호적으로 작용할 때야말로 **자기표현**, 개성화가 가능해지는 것이다. 즉 개인이 내면에 가지고 있는 가능성을 실현하는 것이 보다 좋은 인생을 살기 위한 조건이라 할 수 있다.

다양한 원형

융은 보편적 무의식 속에 존재하는 형태에 원형이라는 이름을 붙였다. 원형에는 많은 종류가 있는데, 아래의 내용은 그중 특히 유명한 원형들을 모아 둔 것이다.

대모		자신을 보호해 주지만 동시에 구속하는 존재. 온화한 어머니의 형상을 한 빗살무늬 토기의 토우 등은 이 원형을 나타내는 상징이다.
늙은 현자		멋있고 엄격한 존재. 방황하는 사람을 이끌어 주는 늙은 현자가 등장하는 옛날이야기(보편적 무의식)에 이 원형이 등장한다.
그림자		무의식중에 존재하는 자신의 패배적 이미지를 말한다. 칠칠치 못한 사람(자신에게 있어서의 그림자)을 보고 화가 나는 것은 '칠칠치 못한 자신'을 마음속에 품고 있기 때문이다.
아니마, 아니무스		아니마는 남성이 지닌 여성상, 아니무스는 여성이 지닌 남성상이다. 마초 아니무스를 가진 여성은 실제로 그러한 남성에게 매력을 느낀다.
사기꾼		권위를 타파하고 무질서한 상태로 만들려는 충동을 가진 것으로 신화나 전설에 등장하는 장난꾸러기나 피에로가 이에 해당한다.
페르소나		고전극에서 연기자가 쓰는 가면을 페르소나라고 부른 데서 유래했다. 사람이 사회에서 연기하는 역할을 의미한다. 남성은 남자다움, 여성은 여성스러움으로 표현된다.

05 의미 있는 우연, 싱크로니시티

융은 UFO, 심령과 같은 **오컬트 현상**에 관한 논문도 다수 발표했다. 그의 학위 청구 논문이《모든 오컬트 현상의 심리와 병리》라는 점을 통해서도 알 수 있듯이 이 분야에 대한 그의 관심은 지대했다.

또한 동양의 **역학** 우주관에도 동의한 그는 **공시성**, **싱크로니시티**(우연의 일치)라 는 개념을 주장했다. 이는 **의미 있는 우연**이라고도 한다. 일상생활에서는 원인과 결과가 눈에 보이는 형태로 연동되어 있으나, 융은 우연이라 할지라도 유의미한 경우가 있다고 여겼다.

예를 들어, 항상 타는 지하철에서 사고를 당하는 꿈을 꾼 당신이 찝찝한 마음 에 그 지하철을 타지 않았다고 하자. 그런데 실제로 그 지하철에서 사고가 났다. 이러한 상황은 우연이기는 하지만, 의미가 있는 우연이라 할 수 있다.

다음은 융의 자서전에 기록된 내용이다. 1909년, 융은 빈에 있는 **프로이트**의 집을 방문했을 때 신기한 체험을 했다. 그는 자신이 관심을 가진 초 심리 현상이 나 **예언**에 대해 프로이트의 의견을 구하러 갔으나 프로이트는 말도 안 된다며 거 절했다. 이때 융은 몸에서 이상한 느낌을 느꼈다. 그리고 바로 두 사람의 근처에 서 큰 폭음이 났다. "설마 이것이 이른바 모체에 의한 **외재화 현상**인가"하고 융이 말하자 프로이트는 다시 부정했다. 이에 융은 "아니, 선생님. 틀렸습니다. 그 증거 로 다시 한 번 큰 소리가 날 것이라고 예언하겠습니다"라고 말했다. 그러자 정말 다시 한 번 큰 폭음이 들렸다.

불길한 예감?
이것도 우연일까?

융은 '우연의 일치'라 불리는 상황에도 의미가 감춰져 있는 경우가 존재한다고 보았고 이를 공시성(싱크로니시티)이라 불렀다.

지하철이 탈선하는 꿈을 꾼다.

실제로 탈선 사고가 났다.

❗ 이것도 알아 두자

⊙ 역과 예지몽

융은 꿈에서 본 장면이 실제로 일어나는 **예지몽** 연구를 하던 중, 독일인 선교사 **리하르트 빌헬름** (1873~1930)이 번역한 중국의 《역경易經》을 접하게 되었다.

역易이란 고대 중국에서 국가의 대사를 정할 때 사용되었던 대나무 봉을 사용한 점성술이다. 역점易占에는 팔괘八卦라는 그림 패턴을 이용하는데, '맞는 것도 팔괘, 안 맞는 것도 팔괘'라고 알려져 있다.

융이 연구하던 예지몽이란 **공시성**을 가진 꿈을 말한다. 공시성이란 두 가지 이상의 사건이 의미 있는 연관성을 가지며 일어나는 일을 말한다. 우연이라고 생각해도 거기에는 의미가 있기 때문에 **의미 있는 우연**이라고도 불린다. 무의식중에 미래가 느껴지는, 이른바 **불길한 예감**은 예지몽으로 여겨졌다.

한편, 점을 체계화한 《역경》을 읽은 융은 거기에 예지몽, 즉 **원형 p.125**의 개념과 공통점이 있다고 생각했다. 역은 인위적으로 공시성을 만들어 낼 수 있는 것이며 인간의 심리적인 기본이 모두 포함되어 있다고 생각한 것이다. 참고로 **융 연구소 p.129**에는 역경에 관한 강의도 있다고 한다.

06 융에게서 계승되어 확산된 심리학

지론에 대한 반론을 허용하지 않고 다툼으로 인해 후계자와 잇달아 결별한 **프로이트**와는 달리 융은 1948년에 취리히에 **C·G·융 연구소**를 설립하고 연구자와 후계자를 양성했다. 현재 **융 학파** 분석가 자격을 보유한 분석가들은 전 세계에 2,000명이 넘게 존재하는데, 이 자격을 취득하기 위해서는 최소 4년의 시간이 걸리는 것으로 알려져 있다. 융 학파로써 활약한 심리학자로는 생텍쥐페리의 《어린 왕자》에 대해 연구한 스위스의 **M. L. 폰. 프란츠**(1915~1998)와 원형 심리학을 주창한 미국의 **제임스 힐먼**(1952~), 프로이트에 가까운 입장을 가진 런던 학파 **마이클 포드햄** 등을 들 수 있다.

또한 융의 심리학에 큰 영향을 받은 이론으로는 1960년대에 탄생한 **자아 초월 심리학**이 있다.

---

❶ 이것도 알아 두자

⊙ 자아 초월 심리학

자아 초월 심리학에서는 인간이 '자아 초월'의 단계까지 성장할 수 있다고 생각했다. 일본의 **불교**나 **티베트 불교**, 북방 민족의 **샤머니즘** 등 다른 문화와의 이상적인 융합도 이루어졌다.

이 학문은 **프로이트, 융** 등에 영향을 받았으며 이탈리아 심리학자 **로베르토 아사지올리**(1888~1974)와 **인간성 심리학**으로 알려진 **매슬로**p.328등이 발전시켰다. 인간성 심리학은 당시의 반전 운동, 대학가의 데모 등의 흐름을 바탕으로 생겨난 **자아실현**을 달성하기 위한 연구이다. 자아 초월 심리학은 단어보다 **기공, 명상, 요가** 등의 신체 체험을 통해 인간의 마음을 생각하거나 이성보다 감성을 중시한다는 점에서 동양적인 학문이라 할 수 있다.

융의 후계자들

융은 자신이 연구한 심리학을 후계자들에게 전하기 위해 융 연구소를 설립했다.

고전파	프란츠 등	환자가 말하는 꿈과 신화, 동화 등에서 나타나는 공통점을 찾아 심리 변화를 관찰한다. 예를 들어 환자가 신발을 벗는 꿈을 꾸면 신데렐라처럼 백마를 탄 왕자를 기다린다고 생각했다.
원형파	힐먼 등	심리 상태를 연구할 때 꿈 그 자체의 이미지에 집중한다. 예를 들어 살인 사건에 관한 꿈을 꾼 환자에 대해, 그것은 보편적 무의식에서 볼 수 있는 이미지이므로 특별한 것이 아니라고 말한다.
발달파	포드햄	유아기 때의 부모와의 관계가 성인이 되어서 그 사람의 인격 형성에 영향을 미친다는 이론이다. 융 학파 중에서는 프로이트 이론에 가깝다.
자아 심리학	A. 프로이트, 하트만, 에릭슨	프로이트의 딸인 안나 프로이트에 의해 탄생한 이론이다. 자아를 자율적인 존재로 보고, 인간은 정체감을 확립하기 위해 발달하는 것이라고 보았다.

부탁을 할 때, 올바른 행동은 무엇일까?

급하게 복사를 하고 싶은데 앞서 온 사람이 있다. 먼저 복사기를 사용할 수 있을지 부탁하는 말 중 허락을 구할 수 있는 말은 무엇일까?

1 "급해서 그러는데 먼저 써도 될까요?"

2 "꼭 복사를 해야 하는데 먼저 써도 될까요?"

3 "먼저 좀 써도 될까요?"

해설

정답은 ①또는 ②이다. ③처럼 갑자기 말을 하게 되면, 상대는 먼저 그 부탁 방식에 언짢음을 느끼고 만다. ②의 경우 먼저 쓰게 해 달라는 이유로는 부적합하지만 ①과 마찬가지로 '~해야 하는데'라는 말이 가진 효과로 인해 허락해 줄 확률이 높다.

'~해서'라는 말은 적당한 이유를 대며 부탁하는 방법이다. 이렇게 말하면 상대는 흔쾌히 승낙하는 경우가 많다. 즉 분명한 근거가 없더라도 그렇게 해 주는 게 좋겠다고 직감하는 것이다.

PART
4

인간의 성장과
함께하는 심리학

아기

스위스의 동물학자 **아돌프 포르트만**(1897~1982)에 따르면 포유류는 대형 동물처럼 태어나자마자 바로 부모처럼 행동할 수 있는 동물(이소성)과, 소형 동물처럼 출생 시에는 미숙하고 움직이지 못하는 동물(취소성) 두 가지로 구분했다. 인간은 대형 동물이긴 하지만 운동 능력이 미숙한 상태로 태어나기 때문에 같은 포유류임에도 2차적으로 보금자리에 들어가 **2차적 취소성**을 갖는 것으로 알려져 있다. 이는 원래 21개월에 태어나야 하는 것을 신체적 성장보다 대뇌의 발달을 우선해서 10개월 만에 태어나기 때문인데, 이를 가리켜 **생리적 조산**이라 한다.

태어난 후의 인간은 두부에서 하부로, 중심에서 말단으로 발달하는 성장 과정을 거친다. 예를 들어 아이들의 뇌 신경계는 **유아기**에 급격하게 발달하고 6세에 접어들면 거의 성인에 가까운 무게까지 성장한다. 목을 가누고, 몸을 뒤척이고, 앉고, 걷기 시작하는 아기의 발달도 위에서 아래로 발달해간다.

신생아는 태어날 때부터 웃는 얼굴을 하고 있는 것처럼 보이지만 갓 태어난 아기는 울거나 잠을 자는 것밖에 하지 못한다. 즉 웃는 것처럼 보이는 것은 **본능적인 미소, 생리적 미소**인 것이다. 주변의 반응해 웃는 얼굴을 하는 **사회적 미소**는 생후 3개월경부터 나타난다.

이러한 신체 기능의 발달 시기는 신체의 각 부분에 따라 다르며 천천히 단계를 밟아 발달해 나간다. 또한, 발달 정도에도 개인차가 존재한다.

이렇듯 생리적 조산으로 태어나는 인간은 동물 중에서 매우 특수한 존재라 할 수 있다.

신생아의 독립 보행

개인차는 있으나 일반적으로 아기의 운동 신경은 아래와 같은 단계로 발달한다.

신생아	입에 들어온 것을 빤다. 입술을 만지면 혀를 내미는 반사 운동을 한다(4개월째까지).
2개월	엎드린 채 머리와 어깨를 들어 올린다.
3개월	목을 가눈다. 사회적 미소를 시작한다.
4개월	무릎에 세우면 발에 힘을 주고 버틴다.
6개월	뒤집기를 한다.
7개월	앉는다.
9개월	잡고 일어난다.
10개월	기어 다닌다.
12개월	스스로 선다.
15개월	스스로 보행한다.
18개월	혼자서 논다.

⊙ 반사 운동

말초 신경에 자극을 받는 동시에 일어나는 반응으로, 지각이나 의사 등의 의식과는 관계없이 일어난다. 대표적인 반사 운동에는 놀랐을 때 동공이 커지는 동공 반사가 있다. 또한 신생아 시기에만 보이는 원시 반사에는 아래와 같은 것들이 있다. 이는 외부의 자극에 대응할 수 있도록 태어날 때부터 가지고 있는 능력이다.

o 파악 반사 : 신생아의 손바닥에 물건을 대면 강하게 쥔다.
o 흡철 반사 : 손가락을 입안에 넣으면 빤다. 자면서 엄마의 가슴을 빨려고 하는 것도 이 반사 작용 때문이다.
o 모로 반사 : 옷을 벗길 때나 큰 소리가 났을 때 만세를 하듯이 양손을 번쩍 올리고 나서 양손을 껴안으려고 한다.
o 바빈스키 반사 : 발바닥을 긁으면 발가락이 벌어진다.
o 견인 반응 : 양손을 잡고 일으키려고 하면 목, 팔, 다리를 구부려 일어나는 자세를 취한다.
o 자동 보행 반사 : 겨드랑이 밑을 받치고 앞으로 이동시키면 발을 교대로 움직여 걸으려는 동작을 한다.

02 부모와 아이의 유대 관계는 애착으로 형성된다

아이가 건강하게 성장하기 위해서는 애착을 기반으로 한 신뢰 관계를 형성하는 것이 필수적이다. 그중에서도 가장 중요한 것이 생후 3세 무렵까지 형성되는 부모 자식 간의 유대, 즉 **애착**이다.

이 말은 영국의 소아과 의사 **존 볼비**(1907~1990)가 연구 발표에서 처음 사용했다. 그는 애착이 형성되는 단계(부모와 아이가 강한 유대관계를 맺는 단계)를 연구하고, 그 단계를 네 가지로 구분하여 각각의 시기에 따라 상대방에 대한 애착을 느끼는 방식이 달라진다는 것을 발견했다. 특히 생후 3개월 무렵까지는 그 대상이 부모에 한정되지 않고 불특정 다수를 향하는 특징이 있었다. 처음에는 누구와도 잘 지내던 아이가(개인차가 있을 수 있다) 5개월 무렵에 접어들면서 급격히 낯을 가리는 것은 이러한 특징 때문이다.

아이는 부모의 주의나 관심이 자신에게 향하도록 울거나, 웃거나, 안아달라고 보채거나, 뒤를 따라다니는 등의 행동을 보인다. 이러한 것들을 애착으로 하여금 발현된 **애착 행동**이라 한다.

미국의 심리학자 **메리 에인스워스**는 애착을 세 가지로 분류했다. **A유형**(회피형)은 부모를 피하려는 행동이 관찰되며 부모와 상관없이 행동을 하려고 한다. **B유형**(안정형)은 부모와 만나면 적극적으로 다가가고 부모를 자신의 활동 거점으로 삼는다. **C유형**(양면형)은 부모에게 강한 애착을 요구하는 한편, 적의를 보이는 등 상반된 감정을 보인다.

아이의 성장기에 형성되는 애착은 우리의 인생 전체에 영향을 미친다. 이에 부모와 자식의 유대는 그 의미면에서도 매우 중요하다.

애착이 형성되기까지

볼비에 따르면 애착은 네 단계에 거쳐 형성된다.

1 단계 생후 3개월 무렵 까지	 **무차별적인 사회적 반응** 누구에게나 눈을 맞추고 미소를 짓는다. 아직 애착은 확인되지 않는다.
2 단계 3개월 ~ 6개월 무렵 까지	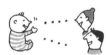 **차별적 사회적 반응** 사람을 곧잘 인식하게 되고, 엄마와 아빠 등 자주 접하는 사람에게만 반응한다.
3 단계 6개월 ~ 2세 무렵 까지	**진정한 애착 형성** 부모의 뒤를 따라다니고, 낯선 사람은 경계하며 두려워한다. 이 단계에서 애착이 형성된다.
4 단계 3세 이후	 **목표수정적 협조 관계** 부모가 하는 행동의 이유나 계획을 이해할 수 있게 되며, 짧은 시간 동안 부모가 보이지 않아도 기다린다.(자립 과정)

03 애착 이론에서 발전한 3세 신화는 진짜일까?

육아 경험이 있는 사람이라면 '**3세 신화**'라는 말을 한 번쯤 들어본 적 있을 것이다. 3세 신화란 부모가 만 3세까지 아이를 돌보지 않으면 아이의 발달에 좋지 않다는 육아관이다.

3세 신화가 나오게 된 계기는 영국의 소아과 전문의 **볼비의 애착 이론** p.137이었다. 그는 제2차 세계 대전에 의해 생겨난 전쟁고아에게서 정신 발달이 늦는 현상이 나타난다고 보고했으며, 그 요인으로 엄마와 따로 떨어져 있던 가정 환경이 큰 영향을 준다고 주장했다. 또한 그는 **로렌츠의 각인** p.138 행동에서도 **모성 박탈 이론**을 제안했고 **애착 행동**은 보다 생존에 적합한 행동으로써 선택되었다고 발표했다.

최근 이 3세 신화가 다시금 주목을 받고 있는데, 그 배경으로는 일과 육아를 병행하는 여성의 증가와 더불어 사회적으로 취직과 양육의 지원이 절실한 상황에서 아이들의 발달에 대한 영향이 우려되고 있다는 점을 들 수 있다.

그러나 3세 신화를 뒷받침하는 심리학적, 역학적 조사보고는 거의 존재하지 않는다. 다만 적절한 정서 발달에 있어 3세 무렵까지 엄마를 비롯한 가족의 애정 속에서 안정적인 정서를 형성하여 발달시키는 것이 바람직한 것으로 여겨진다는 보고 정도가 있을 뿐이다.

3세 신화의 배경

3세 신화는 엄마가 만 3세까지 아이를 돌보지 않으면 아이의 미래에 좋지 않은 영향을 끼칠 수 있다는 육아관을 말한다. 3세 신화의 배경으로는 아래 세 가지를 들 수 있다.

1 볼비의 애착 이론

부모와 자식의 애착은 3세 무렵까지 형성된다.

2 세 살 버릇이 여든까지 간다

속담으로, 어린 시절의 성격과 습관이 늙을 때까지 영향을 준다는 의미이다.

차 한 잔 하실래요?

3 뇌 과학

두뇌 발달은 생후 12개월 무렵에 정점에 이른다. 영유아기의 육아 환경이 중요하다.

이것도 경험이지

아이

01 놀이를 통해 아이의 상상력이 자라난다

아이는 놀이를 통해 어른들이 상상할 수 없는 기발한 발상과 행동을 습득한다. 이에 큰 영향을 준다고 알려져 있는 것이 **흉내 놀이**이다. 이는 **상징 놀이, 역할 놀이**라고도 불리우며, 대표적인 흉내 놀이로는 **소꿉놀이**가 있다.

아이는 영유아기를 통해 어른에 대한 **애착**을 형성한다. 이는 자신도 빨리 어른이 되고 싶다는 마음의 표현이다. 그러나 실제로 어른이 일상생활에서 하는 활동을 하기란 불가능하다. 그 간극을 메우는 최적의 놀이가 바로 흉내 놀이인 것이다. 스위스 심리학자 **장 피아제**(1896~1980)는 아이의 놀이 성장 단계의 변화를 세 가지로 구분했다. 이를 통하여 우리는 놀이가 아이의 중요한 학습 도구임을 알 수 있다.

① **기능적 놀이**(2세까지) : 목적 없이 손과 머리를 움직이며 논다. 아기가 누워있을 때 끈을 잡아당겨 장식을 흔드는 등의 놀이를 말한다. 이러한 종류의 놀이는 유아기에 국한되지 않는다. 성인이 되어 좋아하는 차를 샀을 때, 차를 타고 자신의 차에 대해 알아가며 기쁨을 느끼는 것도 이러한 놀이의 일종이라 할 수 있다.

② **상징놀이**(2~7세) : 기본적으로 혼자서 노는 것을 즐기고, 둘이 있더라도 각자 따로 노는 경우가 많다. 잘 때 곁에 인형을 두기도 한다. 흉내 놀이도 여기에 분류되었다.

③ **규칙이 있는 놀이**(7~12세) : 둘 이상이 필요한 놀이. 상징 놀이를 좀 더 규칙화한 놀이이다. 술래잡기나 숨바꼭질 등이 포함된다

피아제의 놀이 발달 단계

피아제는 아이들의 놀이를 세 단계로 구분했다. 이러한 놀이는 발달 단계에 따라 달라진다.

① 기능적 놀이 (2세 무렵까지)

목적 없이 손이나 머리를 움직인다. 후에 보이지 않게 된 물건을 찾는 행위로 발전한다.

② 상징적 놀이 (2~7세 무렵)

혼자 노는 것이 기본이다. 두 명이 있어도 각자 노는 경우가 많다. 흉내 놀이도 여기에 포함된다.

여보, 이거 드세요.

③ 규칙이 있는 놀이 (7~12세)

두 명 이상이 필요하다. 상징적 놀이를 규칙화한 것으로 숨바꼭질이나 술래잡기 등이 있다.

찾았다!

02 지배 욕구로 아이를 학대하는 부모

아동 학대 상담 건수가 나날이 늘어나고 있다. 가장 애정을 쏟아야 할 아이를 왜 학대하는 것일까.

'내 마음대로 누군가를 움직이고 싶다', '지배하고 싶다'······ 인간은 누구나 이러한 **지배 욕구**를 가지고 있는 것으로 알려져 있다. 스트레스와 **트라우마**(심리적 외상)p246에서 오는 고통이 커지면 이 지배 욕구가 자극되어 자신보다 약한 누군가를 복종시키거나 욕구를 분출하고자 하게 되는데, 이것이 **학대의 메커니즘**이다.

학대는 모든 관계에서 일어나지만 그중 특히나 심각한 것이 부모, 자식 간의 학대이다. 직장으로부터는 도망갈 수 있으나, 부모와 자식 관계에서는 도망을 치기도 힘들기 때문이다.

학대는 폭력과 언어와 같은 형태로 나타나는데, 때로는 아무것도 하지 않는 형태로 나타나기도 한다. 경제적으로 문제가 없음에도 아이가 성장하는데 필요한 식사나 옷 등을 챙겨주지 않고 학교에 보내지 않는 등의 학대로, 이를 **방임**이라 한다. 이처럼 학대는 다양한 형태로 일어나며 최근에는 보호자 외의 어른이 학대를 하는 **아동 학대**도 주목을 받고 있다.

아이는 학대를 당해도 대개는 그저 참을 수밖에 없는데, 그럼에도 부모의 애정을 갈구한다. 또한 학대를 당한 아이의 대부분은 이를 감추려 한다. 우리들은 스스로의 지배 욕구와 싸워야 하며 이를 극복하지 않으면 안 된다. 이는 아이에 대한 부모의 의무이기도 하다.

다양한 아동 학대의 유형

신체적 학대	아이에게 신체적 폭력을 행사함으로써 몸에 상처를 입게 하고, 사람에 대한 불신감을 안겨준다.
심리적 학대	정신적으로 충격을 줌으로써 아이에게 자괴감을 느끼게 한다.
성적 학대	아이를 성적 대상으로 보고, 아이가 자신의 몸과 마음이 더러워졌다는 생각을 갖게 한다.
방임	아이를 돌보지 않음으로써 아이가 생명의 위협을 느끼게 한다.

❶ 이것도 알아 두자

⊙ **안전 기지**

아이의 관점에서 본 엄마를 나타낸 단어로 **볼비**<u>p.137</u>가 주장했다. 엄마와 건전한 **애착 관계**가 형성된 아이는 정서적으로 안정되어 있기 때문에 처음에는 항상 엄마에게 달라붙어 떠나지 않으려하나, 그 후 엄마를 안전 기지로 삼고 탐색하는 등 활동 범위를 확장해 갈 수 있다.

아이가 거짓말을 하는 것은 건강하다는 증거

우리들은 어릴 때부터 '**거짓말**을 하면 안 된다'고 배웠다. 하지만 성인이 되면서 '거짓말도 필요하다'는 사실을 알게 되었다. 예를 들어, 같이 있고 싶지 않은 사람이 초대를 했을 때 "오늘은 바빠서요. 죄송해요"라고 핑계를 대며 거절하는 것은 인간관계에 지장을 주지 않기 위해 필요하고 볼 수 있다. 그 외에도 잘못에 대해 꾸지람을 당할 때 입에서 나오는 변명이나 자신을 좋게 봐주었으면 하는 마음에서 나오는 입 발린 말 등 자신을 지키기 위한 수단으로써의 거짓말도 마음의 건강을 지키는 의미에서 중요하다.

이와 마찬가지로 아이들도 거짓말을 한다. 이러한 **거짓말은 아이가 건전한 사회적 발달을 이루고 있다는 증거**이기도 하다. 미국의 심리학자 **마이클 호이트**는 '아이가 처음으로 부모에게 거짓말을 할 때, 아이는 절대적이었던 부모의 구속에서 자유로워진다'고 말했다.

아이들은 거짓말을 함으로써 자신을 주장하고 **자립을 위한 한 걸음**을 내딛는다. '어떻게 거짓말을 할 것인지'와 상대방의 거짓말에 대한 이해 역시도 성장을 위한 과정이라고 할 수 있다.

'왜 거짓말을 하느냐'며 부모는 아이를 꾸짖는다. 물론, 아이의 잘못된 점을 바르게 고쳐주는 것은 부모뿐 아니라 모든 어른의 역할이기도 하다. 하지만 '어떤 거짓말이든 다 안 돼'라며 무조건 혼을 내면 아이의 건전한 자아 성장을 방해할 수 있다. 단순히 '거짓말은 나쁘다'라고 하는 것이 아니라 그때의 상황은 보고 판단하는 것이 중요하다. 때로는 거짓말임을 알면서도 모르는 척해주는 것도 아이의 건강한 발달을 이루는 데 필요함을 기억하자.

인간은 12가지의 거짓말을 한다

인간은 발달 단계에 따라 다양한 거짓말을 한다.

1 예방선
약속 시간에 다른 일정을 잡는다.

2 합리화
실패했을 때 변명을 한다.

3 모면
무척 당황한 나머지 말도 안 되는 거짓말을 한다.

4 이해득실
자신이 금전적 이익을 얻을 수 있도록 거짓말을 한다.

5 관심 갈구
자신에 대해 알아 주길 바라며 거짓말을 한다.

6 은폐
죄를 감추기 위해 거짓말을 한다.

7 능력 · 경력
상대보다 우위에 서고 싶은 마음에 거짓으로 자신을 포장한다.

8 허세
허영심을 채우기 위해 하는 거짓말로, 자신을 꾸민다.

9 배려
상대에게 상처를 주지 않기 위해 하는 거짓말이다.

10 함정
놀리며 속인다. '함정 문제' 등이 있다.

11 착각
지식 부족에 의한 거짓말. 의도적인 것은 아니었으나, 결과적으로는 거짓말이다.

12 약속 어기기
의도적인 것은 아니었으나, 결과적으로 거짓말이다.

출처 : 시부야 쇼조 · 오노데라 아쓰코, 《비기너 심리학》(이다미디어, 2010)

Q&A 소소한 심리학

Q 딸은 시험 전에 평소에는 하지 않던 요리나 청소를 도와준다며 공부를 하지 않습니다. 그리고 시험 결과가 안 좋으면 집안일로 공부할 시간이 없었다고 변명을 합니다. 왜 그러는 걸까요?

A 성공을 회피하는 사람의 마음을 이론화한 **구실 만들기 전략**이 있습니다. 이는 무엇인가를 이룰 자신이 없을 때, 성공하기 어려울 정도로 지나치게 높은 목표나 불리한 조건(핸디캡) 등을 일부러 설정하여 자기변명을 하는 행위를 말합니다. 이렇듯 자기변명을 해 놓은 뒤 그 일에 성공을 하면 다른 사람으로부터 더 높은 평가를 받을 수 있게 되지요. 결국 아이는 "청소를 도와주느라 시간이 없었을 텐데도 시험 잘 봤네"라는 말이 듣고 싶었던 것입니다. 하지만 질문자의 자녀의 경우는 그렇지 못한 것 같군요. '구실 만들기'는 자신에게 거짓말을 하는 것입니다. 이를 자녀에게 일깨워 주는 건 어떨까요

04 자존감을 소중히! 당근과 채찍으로 의욕을 길러 주자

　부모는 자신의 아이가 잘못을 저지르면 혼을 낸다. 그리고 시험에서 100점을 맞거나 착한 일을 하면 칭찬을 한다. 꾸중이든 칭찬이든 일단 아이의 **자존감**(자존심이라고도 하며, 약점이나 단점 등도 부정하지 않고 자신을 좋아하는 감정이다)을 고려하는 것이 중요하다. 자신은 가치 있는 존재라고 하는 자존감이 아이에게 자신감을 불어넣어, 매사에 적극적으로 참여하는 자세를 길러주기 때문이다. **자존감은 인격 형성의 기반**이다.

　아이의 자존감을 기르는 것은 부모의 따뜻한 태도이다. 만약 꾸중을 했다면, 진심으로 애정을 가지고 무엇이 잘못된 것인지 설명해 주고 따끔하게 혼을 내는 것이 중요하다. 칭찬을 할 때에도 마찬가지로 이유를 설명하고 칭찬을 해 주자. 무턱대고 꾸짖기만 할 경우 아이가 수동적으로 변할 수 있으며, 반대로 칭찬만 해 줄 경우에도 거만해지는 경우가 있으니 주의해야 한다.

　자존감의 전제가 되는 것이 바로 **의욕**p.198이다. 칭찬을 하거나 꾸짖는 행위는 **외발적 동기 부여**라 하는데, 이는 외부로부터 받는 동기 부여를 말한다. 즉 **당근과 채찍**의 이론인 것이다. 한편, 외부로부터의 동기 부여만으로는 진정한 학습 습관과 의욕을 불러일으킬 수 없다. 아이는 눈앞의 공부와 인간관계의 소중함, 사회적 규범을 지키고자 하는 의식을 배움으로써 스스로 내발적 호기심 및 탐구심을 불러일으켜야 한다. 이것이 **내발적 동기 부여**이며, 내부로부터의 의욕의 원천이라 할 수 있다.

　자녀 교육에는 이와 같이 내발적 동기 부여를 길러줌과 동시에 외발적 동기 부여를 통해 목적 달성을 위한 의욕을 불러일으켜 주는 것이 필요하다.

아이의 의욕을 끌어내기 위해

아이의 성장과 발달에 있어 의욕은 매우 중요한 요소이다.

외발적 동기 부여

혼을 내거나 칭찬하는 등 외부로부터의 자극에 의해 의욕을 이끌어 내는 것.

내발적 동기 부여

호기심이나 관심으로 의욕을 이끌어 내는 것. 스스로 과제를 설정하고 이를 달성하려고 한다.

❗ 이것도 알아 두자

⊙ 피그말리온 효과

부모 또는 교사의 기대에 부응해 아이의 성적이 향상되는 심리적 효과이다. **교사 기대 효과**라고도 한다.

피그말리온의 어원은 다음과 같다. 그리스 신화에 나오는 키프로스의 왕 피그말리온이 사랑하는 여인의 조각상 갈라테이아를 실제 여성으로 만들어 달라고 소원을 빌었다. 이에 아프로디테가 그의 기도에 응답하여 여인상에 생명을 불어넣어 주었다. 피그말리온은 이처럼 여인상이 사람이 되었다는 전설을 모티브로 탄생한 말이다.

이 신화를 모티브로 한 **갈라테이아 효과**라는 말도 있다. 이는 부모와 교사가 아이에게 긍정적인 감정을 가지고 대하면 아이가 자기 성취를 이루게 되는 것을 의미한다. 반면, 부모나 교사가 아이에게 부정적인 감정만 가지고 있을 때 아이가 실제로 나쁜 길로 빠지는 것을 **골렘 효과**라 한다(골렘은 흙으로 만든 인형을 뜻한다).

⊙ 달성 동기

목표를 달성하고자 하는 동기 부여를 말한다. **달성 동기**가 높은 사람은 어려운 일이 있어도 이를 과제로 인식하고 극복하려고 노력한다. 독립적이며, 문제 해결을 위한 목표설정도 어려워하지 않는다. 즉 달성 동기는 의욕을 고취시키는 데 있어 매우 중요한 요소이다.

05 도당 시기, 놀이로 배우는 사회성

혼자 놀기나 **상징 놀이**[p.142]를 거쳐 7세가 되면, 아이는 마음이 맞는 친구와 함께 놀고 싶어 한다. 놀이의 내용도 혼자 즐기는 것에서 집단으로 즐기는 것으로 변한다. 경우에 따라서는 무리 안에서 다투는 경우도 있고, 다른 무리와 싸우는 경우도 있을 것이다. 아이들에게 있어 이는 매우 좋은 경험이 된다. 사람을 사귀는 법과 협동성을 배우는 계기가 되며 기본적인 사회적 규범을 몸에 익힐 수 있기 때문이다. 또한 부모로부터의 심리적 자립을 도울 수 있는 기회이기도 하다. 이 시기의 아이들을 **도당 시기**[Gang Age]라고 한다.

초등학교 고학년이 되면 집단의식이 강해지고, **폐쇄적 집단**을 형성하게 된다. 집단 안에서만 통하는 **은어**나 **암호**를 사용하거나 집단의 리더, 연락책과 같은 역할 분담을 한다. 《**톰 소여의 모험**》이나 《**소년 탐정단**》(에도가와 란포의 소설) 등은 도당 시기를 그린 전형적인 이야기라 할 수 있다.

최근에는 인터넷으로 손쉽게 할 수 있는 게임이 늘어나면서 집단에서 놀 필요성이 없어졌다. 때문에 안타깝게도 도당 시기라는 단어는 자취를 감추고 있다. 혼자 놀거나 소수의 친구들과 노는 아이가 늘어나고, 친구와 놀지 않는 아이들도 생겨나고 있기 때문이다. 아동기에 집단을 만들어 노는 훈련을 하지 않은 아이는 성인이 된 뒤 인간관계에서 어려움을 겪을 수 있다. 최악의 경우에는 회사의 규율을 지키지 않아 문제를 일으키는 경우도 있다. 이에 우리는 아동기의 집단 놀이의 경험이 매우 중요하다는 사실을 알 수 있다.

도당 시기는
사회화를 향한 첫걸음

도당 시기란 6~12세 미만까지의 아동기에 놀이를 통해 만들어진 집단을 말한다. 매우 폐쇄적이고, 그룹 외의 친구는 집단에 끼지 못한다. 반면 무리 안에서는 친구들 간의 강한 연대가 생긴다.

도당 시기

비밀 집합 장소, 은어, 암호, 특정 놀이 등을 공유하는 집단. 때로는 권위에 대한 반항이라는 형태로 일탈을 하기도 한다.

현대의 도시 아이들

지역 사회가 쇠퇴하고 놀이터가 사라지면서 게임과 인터넷에 의존하며 혼자 노는 아이들이 늘고 있다.

❗ 이것도 알아 두자

⊙ 사회화

한 인간이 사회생활에 적응하기 위해 필요한 지식, 가치, 관습, 공통어, 도덕 등을 익히는 과정을 말한다. **사회화**가 이루어지기 위해서는 가정이나 직장, 학교 등 주변 사람들이 영향을 준다는 것이 전제가 되어야 한다.

도당 시기에는 이러한 사회화가 일어난다. 아동 집단에 속해서 생활하면서 지금까지 부모에게 의존하기만 했던 아이가 보다 대등하고 상호적인 인간관계를 맺게 되는 것이다.

⊙ 탈중심화

아동기의 발달 단계에 관한 단어. **전조작기**(2~6세 전후)의 아이들에게는 **자기중심성**이라는 특징이 나타나는데, 그 특징이 사라지는 것을 **탈중심화**라고 한다. 여기서 말하는 자기중심성이란 이른바 '이기주의적'이라는 의미가 아니다. 유아에게는 자신과 타인을 구별하는 능력을 아직 가지고 있지 않아 타인의 감정을 이해하지 못하기 때문에 자기중심적 사고를 하는 것이다. 따라서 탈중심화를 거친 아이는 점점 타자의 존재를 인식할 수 있게 된다.

06 반항기야말로 아이들이 성장하는 시기

순수하게 자라야 할 아이들이 갑자기 골치 아픈 존재가 되고 마는 때가 있다. 이 시기가 바로 **반항기**이다. 그러나 그 속을 자세히 들여다보면 그렇게 걱정할 필요는 없다.

반항기라 불리는 시기는 인생에 두 번 찾아온다. **제1차 반항기**는 2~3세 무렵, 자아가 형성되는 시기에 나타난다. 자신의 욕구를 자기중심적으로 충족하려고 하는 반항기로, 부모의 입장에서 어찌할 수 없는 부분도 있다. 그러나 이는 발달의 상징이며 이 시기에 자신의 의사를 확실히 표현하는 아이는 **아동기**에 자신의 의사를 명확히 표현하는 아이로 성장한다는 사례가 소개되고 있기도 하다.

상상 활동에 관심이 생기기 시작하는 12~17세 무렵의 **청소년기**에는 **제2차 반항기**가 나타난다. 이 시기는 어른과 아이의 중간 지점에서 혼란스러워하는 시기이기도 하다. 때문에 청소년기 전반에는 모든 것에 부정적인 태도나 의사를 표현하는 경우가 종종 있다. 심리학에서는 이를 **네거티비즘 경향**이라 한다. 부모나 교사의 말을 무조건 부정하는 태도가 이에 해당하는데, 아동기의 사회성 발달에 대한 **안티테제**Antithese(반론)로 표현된다고 할 수 있다.

두 번째 반항기에는 부모에 대한 의존에서 벗어나 자립하려는 **심리적 이유**가 이루어진다. 자립에는 **정신적 자립, 경제적 자립, 생활의 전반에 관한 자립**이 있는데 반항기는 어른이 되기 위해 필요한 정신적 자립에 대한 준비가 이루어지는 시기라 할 수 있다.

그러나 최근에는 자녀가 부모에게서 독립하지 못하거나 혹은 부모가 자녀에게 자립심을 심어주지 못한 채 성인이 되는 경우도 있어 자녀의 자립이 늦어지고 있다는 우려의 목소리도 나오고 있다.

반항기는 누구나 겪는 일

반항기는 부정이나 거부의 태도와 행동이 나타나는 시기로 누구나 겪는 아이의 발달 과정이다. 자아의 발달에 깊이 관여하는 시기이기도 하다.

제1차 반항기 (2~3세 무렵)

모든 것에 '싫어!'라고 떼를 쓴다.

- 중요한 성장 과정이다.
- 언뜻 제멋대로 행동하는 것 같으나 이는 자주성과 표현력을 발산하는 것이다.

제2차 반항기 (12~17세 무렵)

권력에 대한 반항→부모나 교사가 대상이 된다.

- 동료, 친구와의 평등한 관계가 중요해진다.
- 어른이 되기 위해 필요한 단계이다.

---

❶ 이것도 알아 두자

⊙ 심리적 저항

자신의 의견이나 행동을 타인으로부터 억압받거나 강요당했을 때, 그에 대해 반발하고 자신의 의견을 고집하게 되는 것을 말한다. 특히 반항기의 아이에게 이 경향이 강하게 나타난다. 부모가 공부를 하라고 하면 할수록 반발하며 공부를 하지 않는 상황을 예로 들 수 있다.

⊙ 심리적 이유心理的 離乳

미국의 심리학자 **홀링워스**가 주장한 개념으로 **발달 단계**에 있는 **청소년기** 특유의 심리 상태를 말한다. 엄마가 실제로 수유를 하는 단계가 아니라, 심리적으로 부모로부터 '젖을 떼는' 상태를 의미하는 것으로 대부분은 **제2차 반항기**에 나타난다.
이 시기에 아이는 부모로부터 자립하고자 하는 마음으로 반발한다. 그 과정에서 정신적으로 불안하고 불안정해지기 쉬우나, 같은 고민을 하는 또래 친구와 고민을 공유하는 중요한 시기이기도 하다.

07 사춘기의 2차 성징, '성'에 눈뜨는 아이

사춘기에 접어들면서 신경 쓰이기 시작하는 것이 바로 '이성'이다. 은근히 이성을 의식하고, 어쩐지 심장이 두근거렸던 경험이 누구에게나 한 번쯤 있었을 것이다.

이 시기의 뚜렷한 특징은 **신체의 성적 성숙**이다. 남자아이는 어깨가 넓어지고 근육이 발달한다. 첫 사정을 하고 체모와 수염이 나며, 목젖도 커지고 변성기가 찾아온다. 여자 아이는 허리 사이즈가 늘어나고 피하 지방이 발달하며 전체적으로 여성스러운 곡선미를 갖게 된다. 더불어 가슴이 발달하고 초경(생리)을 하며 월경이 시작된다. 이러한 신체적 특징의 발육을 **2차 성징**이라 한다(참고로 1차 성징이란 아이가 태어나자마자 바로 알 수 있는 남녀의 차이이다).

2차 성징을 계기로 인간의 정신 상태는 아이에서 어른으로 성장하기 시작한다. 이제껏 느껴본 적 없는 이성에 대한 성적 흥미를 느끼게 되는 것이다. 이성을 좋아하는 감정으로 애타는 것도 이 시기부터이다. 좋아하는 사람에게 다가가고 싶고, 사랑받고 싶은 욕구도 생긴다. 특히 남성은 정자를 배출하려는 욕구로 인해 섹스에 대한 욕망이 강해진다. 신체적으로 조숙한 아이의 경우에는 우쭐해 하는 경향도 있으나 반대로 부끄러워하며 감추려고 하기도 한다. 한편, 발육이 늦은 아이의 경우에는 주변에 열등감을 느끼며 고민에 빠지기도 한다.

사춘기는 몸과 마음이 어른으로 성장하는 시기이다. **제2차 반항기** p.152와도 겹치기 때문에 이성에 대해 눈뜨기 시작하는 등 다양한 요인들이 복합식으로 발생하게 된다.

어른으로서의 준비를 시작하다

사춘기와 함께 아이들의 신체에는 변화가 찾아온다. 이를 2차 성징이라 한다.

남자아이

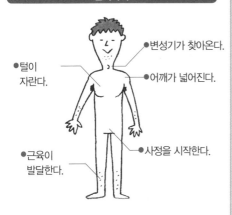

- 변성기가 찾아온다.
- 어깨가 넓어진다.
- 털이 자란다.
- 사정을 시작한다.
- 근육이 발달한다.

여자아이

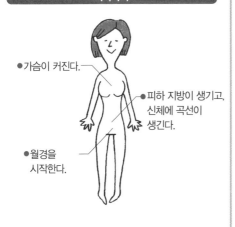

- 가슴이 커진다.
- 피하 지방이 생기고, 신체에 곡선이 생긴다.
- 월경을 시작한다.

---

❶ 이것도 알아 두자

⊙ **발달 가속 현상**

현대 아이들의 신체 성장 속도가 예전보다 빨라지고 있다. 초경과 사정을 시작하는 시기가 빨라지고 있는 것도 이러한 현상의 일례라 할 수 있다. 부모 세대보다 빠른 시기에 **성적 성숙**을 맞이하는 현상을 **성숙전경**成熟前傾이라 한다.

이와 같은 현상이 발생하는 이유로는 생활 양식의 서구화와 아이들을 둘러싼 식생활 환경이 향상되어 영양 상태가 좋아진 점, 도시화의 진행, 다양한 자극의 증가로 자율 신경을 자극하는 도시화 외상설 등을 들 수 있다. 그 외에, 국제 커플 등 출신 지역이 다른 사람들끼리 결혼하는(이형접합) 경우가 증가함으로써 태어난 아이에게 유전자 상의 변화가 나타나기(잡종강세) 때문이지는 않을까하는 의견도 제시되고 있다.

최근에는 발달 가속 현상이 이전보다 눈에 띄지 않는다는 특징이 있는데, 이는 발달 가속 현상을 일으키는 이유 자체가 일상화되었기 때문인 것으로 보인다.

08 영유아기에 우려되는 경도 발달 장애란

영유아기에는 다양한 원인으로 인해 발달이 늦어지거나 문제가 생기는 등 신체장애가 발생하는 경우가 있는데, 이것이 **발달 장애**이다. **경도 발달 장애**는 지적 장애를 수반하지 않은 발달 장애를 말하며 **아스퍼거 증후군**(고기능 자폐증) 등이 이에 해당한다.

명칭은 '경도'이지만, 지적 발달이 경도 혹은 '존재하지 않는다'는 것뿐이지 장애 그 자체는 경도가 아닌 경우도 있다. 이러한 장애를 가진 아이들은 겉으로 보기에는 일반 아이들과 다르지 않으나 주변 사람들이 상상하기 힘들 정도의 어려움에 직면하여 고립되어 있다. 경우에 따라서는 부모나 주변으로부터 학대를 받는 경우도 있다.

또한 비참한 기분이 축적되어 조그만 일에도 반사회적인 행동을 보이는 경우도 있다고 한다. 이러한 일을 미연에 방지하기 위해서라도 부모와 사회의 도움과 따뜻한 관심이 필요하다.

Q&A 소소한 심리학

Q 범죄를 저지른 소년이 발달 장애를 갖고 있으니 어쩔 수 없다고 넘어가는 것이 맞을까요?

A 소년 범죄에 대해서는 범죄인지 정신 질환인지를 두고 판단하기 어려운 부분이 있습니다. 일본의 사카키바라 사건(1997년에 발생한 아동 연쇄 살인 사건) 등 죄를 저지른 소년에게 흔히 내려지는 진단이 **행동 장애**이지요. 이는 경두 박달 장애 중 **주의력 결핍 및 과잉 행동 장애**를 가진 아이들에게 수로 나타나는 합병증으로 **반항성 도전 장애**에 의한 증상입니다. 게다가 일부 행동 장애는 **반사회적 인격 장애**p.253로 증상이 진행되는 경우가 있습니다.

행동 장애와 비행과의 차이는 명확하지 않으며, 이를 정신과 질환으로 보는 것에는 이견이 존재합니다. 또한 주의력 결핍 및 과잉 행동 장애를 가진 아동에 대한 사회적 편견도 강하므로, 이 병에 관한 올바른 지식을 알리려는 노력이 필요합니다.

발달 장애란

명칭은 '경도'지만 증상으로는 경도가 아니기 때문에 이 명칭에 대해서는 다양한 이견이 존재한다.

경도 발달 장애의 특징

❶ 유아기~청소년기 사이에 진단을 받는다.
❷ 정신적인 것인지, 신체적인 것인지, 언제까지 지속되는지 그 원인을 예단할 수 없다.
❸ 언어 기능, 자립 생활 능력, 자기 관리, 학습 등 몇 가지 영역에서 기능상의 제한이 발생한다.

주요 경도 발달 장애

광범위성 발달 장애	자폐증, 고기능 자폐증, 아스퍼거 증후군 등. 의사소통을 제대로 하지 못한다.
주의력 결핍 및 과잉 행동 장애 (ADHD)	ADHD는 Attention Deficit Hyperactivity Disorder의 약어이다. 한곳에 가만히 있지 못하고 돌아다니는 등 집중력이 결핍되었다.
학습 장애	말하고 읽고, 쓰고, 계산하는 능력 중 일부가 떨어진다. 중추 신경 기능 장애이다.
경도 지적 장애	이전에는 '정신 지체'라 불렸다. IQ가 50~75로 사회 적응 능력이 떨어진다.
발달성 협응 장애	선천적으로 뇌에 장애가 있어 서투르고 운동 기능이 떨어진다. 주로 주의력 결핍 및 과잉 행동 장애나 학습 장애의 합병증으로 발생한다.

09 정체감에 대한 자각과 모라토리엄

인간은 성장하면서 자신의 존재 의의에 대해 생각하게 된다. '나는 누구인가, 나는 앞으로 어떤 사람이 되고, 어떤 일을 하면 좋을까'와 같은 것에 의문을 품는 것이다.

이러한 의문에 진지하게 맞서 스스로 해답을 도출함으로써 우리의 마음에는 강한 자기가 형성된다. 미국의 심리학자 **에릭 에릭슨**(1902~1994)은 이러한 정체감을 **아이덴티티**라 불렀다.

청소년기의 정체감 확립은 인간의 발달 과정에서 필수적인 역할을 한다. 그러나 최근에는 성인이 되어도 정체감을 확립하지 못하고 부모로부터 자립하지 못하는 사람이 늘어나고 있다. 일본의 정신분석학자 **오코노기 케이고**(1930~2003)는 이러한 사람을 **모라토리엄 인간**이라 했다. 모라토리엄Moratorium이란 '당분간 그만두는 것'을 의미한다. 즉 지적, 신체적으로 어엿한 성인이면서도 사회인으로서의 의무나 책임을 회피하려는 것을 말한다. 원인은 사회 환경의 변화에 있는 것으로 알려져 있는데, 그 결과 정규직으로 일하려고 하지 않는 **프리터**Freeter나 **니트족**NEETp.167이 급증했다.

이전에는 일정한 나이가 되면 취직, 결혼, 양육과 같은 자아를 확립해야 하는 일들이 기다리고 있었다. 그러나 현대 사회는 성인으로서 자립해야 할 나이가 되어도 해야 할 일을 정하지 않는 사람들이 늘어나고 있다. 에릭슨은 이러한 사람들의 심리적 상태를 두고 **정체감 확산**(동의서 확산)이라고 했다.

모라토리엄 인간의 특징

예전의 젊은 세대의 의식은 어떻게 모라토리엄 인간으로 변화되었을까?

예전의 젊은 세대	모라토리엄 인간	
미숙 의식	전능 의식	자신이 부족하다고 생각하지 않는다. 무엇이든 할 수 있다는 근거 없는 자신감을 갖고 있다.
금욕적	해방적	금욕적인 생활을 하지 않고, 소비나 성에 문란한 생활을 한다.
수행 감각	놀이 감각	학업보다 여가를 즐긴다. 놀이가 가치를 지니기 시작했다.
동일화	관망	사회의 일원으로서 동일화하려 하지 않고, 차가운 시선으로 사회를 바라본다.
자기 직시	자아 분열	자신의 내면을 보지 않고 이상만 좇는다.
자립에 대한 갈망	무욕 일관	자립하려 하지 않고, 사회 활동에 무관심하다.

정체감 확산 상태
- - - - - - - - - - - - - - - -

ⓘ 이것도 알아 두자

⊙ **정체감 확산**

에릭슨이 주장한 인격 발달에서 사춘기의 심리사회적 위기를 말한다. 이러한 상태에 놓인 사람들을 **모라토리엄 인간**이라 한다. 에릭슨은 사춘기 청소년들에게 아래와 같은 특징이 나타난다고 했다.

- 정체감(자기동일성) 의식 과잉 : 스스로에게 지나치게 집착(자의식 과잉)하기 때문에 자신감을 잃는다.
- 부정적 정체감을 선택 : 사회적으로 바람직하다고 여겨지는 생각을 거부하려 한다.
- 시간적 전망의 확산 : 시간 감각이 둔해지고, 미래를 그리지 못한다. 자살 충동이 든다.
- 양성적 확산 : 성적 동일성이 확립되었는지를 고민하고, 이성에 대해 공포를 느끼는 일이 생긴다.
- 이상의 확산 : 삶의 보탬이 되는 이상을 너무 많이 가지고 있기 때문에 오히려 가치관의 혼란을 겪는다.
- 권위의 확산 : 조직이나 권위에 복종하거나 소심하게 반항하는 등 적절한 역할을 확립하지 못한다.
- 노동 마비 : 취미 등에 몰두하면서 학업 등의 과제를 신경 쓰지 않는다.

청년·성인기

상대와 사귀고 있다고 생각했는데, 알고 보니 상대는 자신을 단순한 친구라고 생각하고 있었다. 이것은 본인에게 있어 마냥 웃을 수만은 없는 이야기이지만 그만큼 **좋아하다**(호감)와 **사랑하다**(연애)의 차이를 구분하기가 어렵다는 방증이기도 하다.

누구나 알고 싶어 하는 이 차이를 분석한 사람이 미국의 심리학자 **지크 루빈**이다. 그의 말에 따르면 '좋아하다'는 존경과 단순한 호감, 친근감으로 대표되는 감정이다. 즉 상대에게 존경심을 느끼거나 자신과 닮았다고 느끼고, 단순히 좋은 사람이라고 생각하는 것이 '좋아하다'라는 감정인 것이다.

반대로 사랑은 독점, 의존, 자기희생과 같은 키워드로 형성되어 있다. 상대가 없는 자신의 삶은 상상할 수도 없고 누구에게도 양보하고 싶지 않으며 상대를 위해서라면 어떠한 일도 할 수 있다는 강한 열정이 포인트이다.

루빈은 실제 커플들을 대상으로 이것이 사실인지 조사했다. 그 결과, 호감과 사랑은 별도의 감정이라는 사실이 밝혀졌다. 또한 남성의 경우에는 상대 여성이 친구에서 연인으로 발전하는 경우가 있는 것에 비해 여성은 사랑과 우정을 명확히 구분한다는 사실을 알 수 있었다.

호감의 대상이 아닌 사랑의 대상으로 발전하고 싶어 하는 남녀가 많을 것이다. 이때 도움이 되는 것이 **아하 경험**이다. 업무를 할 때나 놀 때도 '해냈다!'라는 생각이 드는 순간이 있다. 남녀 관계에서도 상대의 마음에 급속히 가까워지는 순간이 있다. 이것이 아하 경험이다. 상대의 사소한 변화를 알아채고, 그때 확실히 반응해 줄 수 있다면 **호의의 반보성**[p.17]이 작동하여 사랑으로 발전하게 만들어 줄 것이다.

루빈의 호감과 사랑 구별법

루빈의 심리 테스트를 살펴보자. 1~6번의 질문이 '호감', 7~12번의 질문이 '사랑'에 관한 항목이다. 7번 이후의 질문에 ○가 많을수록 상대를 진심으로 사랑하는 것이다.

호감과 사랑을 구별하는 심리 테스트

상대 이성의 이름을 질문지의 괄호 안에 넣고, 질문에 맞는 것에 ○, 맞지 않은 것에 ×를 한다.

❶ ( )는 순응성이 있다고 생각한다.
❷ ( )는 타인으로부터 좋은 평가를 받는 사람이 될 것이라 생각한다.
❸ ( )의 판단력을 신뢰한다.
❹ ( )를 그룹 대표로 추천하고 싶다.
❺ ( )와 나는 서로 많이 닮았다고 생각한다.
❻ ( )와 함께 있으면, 둘이서 같은 기분을 느낀다.
❼ ( )와 함께 할 수 없다면 비참해질 것이다.
❽ ( )가 없는 생활은 굉장히 괴로울 것이다.
❾ ( )가 기분이 안 좋을 때 힘을 주는 것이 나의 임무라고 여긴다.
❿ ( )를 위해서라면 무엇이든 할 수 있다.
⓫ ( )에게는 무엇이든 말할 수 있을 것 같다.
⓬ ( )와 함께 있을 때, 오랫동안 그(그녀)를 그저 바라보기만 해도 좋을 때가 있다.

◎ 호감은 '존경'과 '신뢰', '유의성 인지'의 감정이다. 사랑을 느끼면 상대의 실패가 자신의 일인 것처럼 괴롭고, 실망하는 등 일체감이 강해진다.

❗ 이것도 알아 두자

⊙ 아하 경험

사람은 마음에 안고 있는 문제를 해결할 때까지 아래의 네 가지 단계를 거친다.
① 준비기
② 부화기
③ 개화기
④ 검증기
기획서가 잘 정리되지 않아 일단 아무 내용이나 종이에 적고 있는 시기는 ①또는 ②이다. 그러다가 ③의 단계가 되면 갑자기 '아, 그랬구나!'하며 머리를 망치로 맞은 듯 깨닫는 시기가 온다(영어의 감탄사 'aha'가 '아, 역시!'라는 의미로 사용된다는 점에서 '아하 경험'이라고 부른다). 이를 경험하는 순간, 0.1초 사이에 뇌 안의 신경 세포가 일제히 활성화된다고 한다.
아하 경험은 스포츠, 음악, 연애, 발명 등 문제를 창의적으로 해결해야 하는 다양한 순간에 일어나는 감동 체험이다. 이를 많이 체험하기 위해서는 평소에 그 과제에 대해 계속적으로 생각하는(스포츠나 음악에서는 지속적인 연습) 준비기와 부화기가 중요하다.

02 젊은 세대를 성장시키는 좌절 콤플렉스

청년기에 들어서면 자립을 위한 여러 **갈등**이 생기는데, 거기에 **열등감**이나 **좌절감**이 더해지면 우울의 정도가 커지는 경향이 있다. 특히 그 목표가 그 시점의 자신에게 있어서 유일무이한 것인 경우 당분간은 다시 일어서지 못할 정도의 정신적 충격을 받게 된다. 꼭 들어가고 싶었던 대학 입시에 실패했을 때 등이 그런 경우에 해당한다. 곧장 기분을 바꿔 다시 목표를 향해 노력할 수 있다면 좋겠지만, 좀처럼 그러지 못해 괴로워하는 사람도 있다.

사람은 좌절감을 맛보았을 때 자신이 보잘것없거나 쓸모없는 인간이라는 생각을 하게 된다. 이러한 생각에 사로잡히는 것을 **열등 콤플렉스**라 한다.

좌절감이나 열등 콤플렉스는 성인에게도 괴로운 감정이지만 그렇기 때문에 '이런 것에 굴복하지 않겠다'는 마음을 싹트게 만들어 인간을 성장시키는 계기가 되기도 한다. 또한 **방어 기제**(방어 반응)라고 해서, 콤플렉스 p.163,332를 극복하기 위해 다른 것을 열심히 한 결과 큰 성취를 이루는 경우도 있다.

반대로 좌절 체험을 맛보지 못한 청년들은 **좌절 내성**이 낮아 위기의 순간에 버티지 못하고 약한 면을 노출하기도 한다. 이러한 의미에서 보더라도 좌절 체험은 청년들을 성장시키는 영양제와 같다고 할 수 있다. 눈앞에 닥친 좌절을 잘 극복함으로써 더욱 강해지고 사회생활에 필요한 능력을 갖추게 되는 것이다.

열등감의 근본이 되는 요소

열등감은 다양한 요인이 복합적으로 작용하여 나타난다.

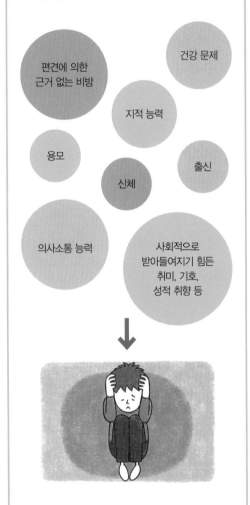

- 편견에 의한 근거 없는 비방
- 건강 문제
- 지적 능력
- 용모
- 출신
- 신체
- 의사소통 능력
- 사회적으로 받아들여지기 힘든 취미, 기호, 성적 취향 등

03 등교 거부의 원인은 학교, 가정, 그리고 나

병이나 경제적 이유 등의 타당한 이유 없이 학교를 가지 않거나 혹은 가려고 하지 않는 상태를 **등교 거부**라 한다. 일요일에는 건강했던 아이가 월요일 아침만 되면 두통이나 복통을 호소해 학교에 가려고 하지 않는 유형이 전형적인 케이스이다. 등교 거부의 유형으로는 **신경증적 등교 거부, 무기력형 등교 거부, 탈학교형 등교 거부** 등이 있다.

등교 거부의 원인은 다양하지만, 주로 세 가지로 나누어 볼 수 있다. 첫 번째는 교우 관계나 교사와의 트러블, 성적 부진 등 **학교생활**에 원인이 있는 경우이다. 두 번째는 **가정 환경**으로, 부모의 실직이나 가정 내의 불화 등이 원인이다. 세 번째는 질병으로 일한 장기 결석이나 극도의 불안, 무기력 등 **본인에게 문제**가 있는 경우이다. 초등학생의 경우 본인의 문제로 등교 거부를 하는 경우가 많았고, 중학생의 경우 교우 관계를 둘러싼 문제가 중요한 요인으로 작용했다. 또한 불안정한 정서적 혼란과 무기력 등의 증상 역시 세대를 초월하는 원인으로 작용했다.

교내 상담사 배치와 같은 행정적 대책이 이루어지고 있으나, 그럼에도 불구하고 등교 거부가 좀처럼 개선되지 않는 것은 가정 환경과 본인의 생활에 원인이 있는 경우가 많기 때문이다. 이에 학교, 가정 외의 시설과 의료기관이 연계하여 대책을 강구할 필요가 있다.

늘어나는 등교 거부

등교 거부의 원인

학교생활
친구와 선생님과의 관계, 성적 부진, 따돌림 등

가정 환경
부모의 실직, 가정 내의 불화 등

본인의 문제
질병으로 인한 장기 결석, 극도의 불안, 무기력 등

Q&A 소소한 심리학

Q 학교 공부에 뒤처지지 않기 위한 효과적인 방법이 있을까요?

A 미국의 심리학자 **크론바흐**는 **적성-처치 상호 작용 이론**을 발표했습니다. '가장 학습 효과가 높은 교육법은 학습자(학생)마다 다르다'는 이론이지요. 이에 크론바흐는 학생 개개인에 맞는 교육법을 찾아야 한다고 말했습니다. 예를 들어 학생을 **노력형, 순종형, 이반형**으로, 교사를 **자발형, 질서형, 공포형**으로 구분하고, 나아가 교육 방식 또한 우수와 미흡으로 구분합니다. 이 유형 분류를 통해 아이의 성격에 맞는 교사 유형을 찾을 수 있는 것이지요.

❶ 이것도 알아 두자

⚙ 등교 거부 유형

○ 신경증적 등교 거부 : 무기력형과 구분이 어렵다. 학교에 가고자 하는 의욕은 있으나 갈 수 없는 유형이다. 학교에 대해 강한 불안을 보이고, 친구들과 교류가 없으며 기분 변화가 뚜렷하다는 특징이 있다.

○ 무기력형 등교 거부 : 등교하려는 의욕과 학교에 대해 불안, 학교에 가지 않았다는 죄책감이 없다. 친구들과 편하게 만나는 등의 특징이 있다.

니트^{NEET}라는 말은 'Not in Employment, Education or Training'이라는 영어의 약자에서 따온 말로 영국 정부가 노동 정책상의 인구 분류로 16~18세를 정의한 말이었다. 즉 '교육을 받지 않고, 일을 하지 않으며 직업 훈련도 받지 않는 사람'이라는 의미인 것이며, 현재는 대학이나 고등학교를 졸업한 후 취업이나 진학에 대한 의지가 없는 젊은이를 가리키는 용어로 사용되고 있다.

니트족이 빠르게 확산된 일본의 경우, 니트는 '~을 하려는 의지가 없다'는 인식이 강하다. 2005년 이후의 《노동경제 백서(노동경제의 분석)》에서는 니트를 '**피고용자 인구 중 15세~34세, 학업이나 집안일을 하지 않는 사람**'이라고 정의했으며 일본 내각부는 니트 인구가 약 85만 명에 이르는 것으로 조사되었다고 밝혔다(2002년 기준). 어째서 니트족이 증가한 것일까. 일반적으로 일본의 니트족은 거품 경제가 붕괴한 후부터 증가한 것으로 알려져 있다.

니트족은 **비구직형**과 **비희망형**으로 구분할 수 있다. 전자는 취업을 하고 싶으나 실제로 취업 활동은 하지 않는 사람, 후자는 취업 자체를 희망하지 않는 사람이다.

니트족은 **은둔형 외톨이**와 혼동되는 경우가 많다. 실제로 일부 심리학자들은 니트족을 **어덜트 칠드런**(유아기를 유아기답게 보내지 못하고 그대로 성인이 된 사람들)이 진화한 유형이라고 여기기도 한다. 하지만 니트족이 전부 게으른 집단이라고 치부하는 것은 경솔한 생각이다. 니트족이 되는 이유에는 개인마다 다양한 배경이 있기 때문이다.

데이터로 보는 니트족의 실태

니트족에게는 몇 가지 공통적인 특징이 존재한다.

지금까지 어떤 생활 경험을 했는가?

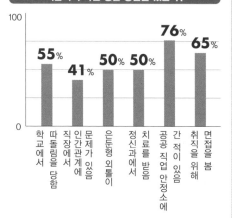

노동에 필요한 기술 중 자신이 서툰 것은?

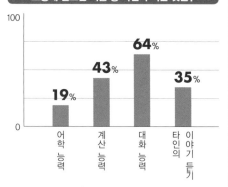

◎ 의사소통 능력이 부족하다는 의식을 갖고 있다.

2007년, 일본의 사회 경제 생산성 본부가 실시한 조사를 바탕으로 작성

---

❶ 이것도 알아 두자

⊙ **정체감 지위**

심리학자 **제임스 마샤**가 주장한 개념으로 사회적 역할이나 가족·연인·회사 등의 소속 관계를 상실했을 때, 위기감을 느껴 정체감을 재구축하기 위한 행동을 한다는 이론이다. 그때의 접근을 구성하는 요소로는 다음 네 가지 지위(상태)가 있다.

① 정체감 성취(동일성 달성) : 자신의 가능성과 선택에 대해 탐색하고, 이를 극복하여 자기 나름대로의 신념을 가지고 행동하는 상태.

② 정체감 유예 : 정체감을 아직 모색하는 상태.

③ 조기 종결 : 정체감을 탐구하지 않고, 부모나 선생님 등 주변 사람들이 제시하는 가치관에 따라 지내는 상태.

④ 동일성 혼미(정체감 혼미) : 과거에 정체감을 탐색한 경험의 결과가 명확한 신념이나 행동으로 이어지지 않은 상태.

최근 들어 사소한 일에 쉽게 분노하거나 문제를 회피하여 숨어버리는 등의 행동이 사회적 문제로 부상하고 있는데, 그 원인으로 ③의 '조기 종결형'이 지적되고 있다.

결혼하지 않는 사람이 증가하는 사회적 배경과 남녀의 생각

예전에는 '결혼 적령기'라는 것이 존재했다. 이에 사람들은 모두 그 시기에 결혼을 하고 아이를 낳는 것이 당연하다고 여겼다. 본래 결혼 제도에는 자손 번식이라는 사회적 기능이 존재했기 때문이다. 단, 이때에는 단순히 아이를 낳고 키우기만 하면 되는 것이 아니라 전혀 다른 인격을 가진 두 사람이 지금까지 속해 있던 가정으로부터 독립하여 새로운 가정을 만드는 것이 무엇보다 중요했다. 또한 사회를 구성하는 단위로써 가정을 만들어 사회를 유지하고 발전시키는 것에 큰 의미가 있었다. 이는 청년기의 발달 과제이기도 했다.

현대에 이르자 이러한 생각에 변화가 나타났다. 여성의 사회 진출이 증가하면서 결혼을 미뤄도 된다고 생각하는 사람들이 늘어나기 시작한 것이다. 혼자 살거나 부모와 함께 살면서 느끼는 안락함을 포기하기를 거부하는 이들도 나타났으며 앞서 말했던 사회적 통념이 약해짐과 함께 단지 '함께 있고 싶어서' 혹은 '사회생활 속에서 쉴 곳을 찾기 위해' 결혼을 하고자 하는 사람도 나타나기 시작했다. 이른바 **만혼화, 비혼화**가 진행되고 있는 것이다.

일본의 가족 사회학자 **야마다 마사히로**(1937~)는 **자기실현 의욕의 고취**가 결혼을 늦추고 있다고 주장했다. 지금까지의 사회에서는 누구나 해야 할 일과 생활 양식이 비슷했으나, 최근에는 **라이프 스타일의 다양화**가 진행되면서 기존의 획일적인 생활이 무너졌다. 자신만의 라이프 스타일을 즐기되, 상대방의 방식 또한 세심하게 배려해야 할 필요가 있는 것이다.

또한 사회 경제의 침체와 격차 사회의 진행이 결혼을 늦추는 것을 가속화시키고 있기도 하다.

데이터로 보는
만혼화와 비혼화

라이프 스타일의 변화와 함께 매년 미혼율이 증가하고 있고, 50세가 될 때까지 한 번도 결혼한 적 없는 사람의 비율(생애 미혼율)도 향후 꾸준히 증가할 것으로 예상되고 있다.

미혼율

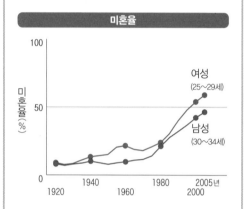

생애 미혼율

1995년	남	2.2%	여	1.8%
2005년	남	12.4% ←	여	5.8% ←

2006년, 일본 총무성 통계국 조사를 바탕으로 작성

Q&A 소소한 심리학

Q 결혼하면 정말 행복할까요?

A 미국의 심리학자 **타먼**은 결혼 생활에서의 행복도에 대한 실험을 실시하고, **결혼의 행복 점수**를 측정했습니다.

일본에서도 타먼의 실험 항목을 이용하여 결혼 후의 행복도와 혼인 유지 기간의 관계를 조사했지요. 일본의 경우, 결혼 초기에는 남편보다 부인의 행복도가 높았지만 그 후에는 점차 남편보다 낮아졌습니다. 또한 결혼 후에도 높은 행복도를 유지하기 위해서는 '교제할 때부터 미래에 대한 불안이 없었다', '결혼에 부모가 찬성을 했다' 등 몇 가지의 조건이 필요한 듯 보였습니다.

❗ 이것도 알아 두자

⊙ **기회비용**

경제학에서 사용되는 용어로 어떤 것을 선택했을 경우, 포기한 것으로부터 얻게 되는 이익을 말한다(법학에서는 일실 이익이라 한다). 출산하지 않은 여성이 증가하는 것에 대입해 보면, 이는 출산함으로 인해 얻을 수 없게 된, 원래라면 일을 함으로써 얻을 수 있었던 연봉에 해당한다. 이렇듯 기회비용은 우리들의 마음속 상황을 반영하고 있는 것이다.

중·장·노년기

01 인생의 변화에 찾아오는 중년기의 위기

사람은 **중년기**에도 다양한 갈등과 조우한다. 미국의 심리학자 **다니엘 레빈슨**은 중년기에는 애착과 이별, 파괴와 창조, 남자다움과 여성스러움, 젊음과 노화와 같은 대립이 마음속에서 일어나는 시기라고 주장했으며 이러한 마음의 양극성을 받아들이고 통합해 가는 것이야말로 중년기의 과제라고도 말했다. 또한 **융** p.119은 이 시기를 가리켜 **인생의 오후** p.33라고 했다.

즉 중년기란 마음이 성숙되어 갈 것인지, 아니면 퇴보하여 파멸적인 방향으로 진행될 것인지를 가르는 시기이자 이후의 노년기를 얼마나 충실하게 보낼 수 있을지를 결정하는 중요한 시기이다.

그만큼 중년기에는 다양한 위기가 찾아온다. 대표적인 예로는 **출근 거부**나 **번아웃 증후군** p.242이 있다. 출근 거부는 회사 내에서의 다양한 스트레스가 한계를 넘었을 때 발생한다. 정신적인 증상으로는 **우울증** p.228과 **심신 장애** p.239가 나타나고, 신체적으로는 두통과 복통, 혹은 설사 증상 등이 나타난다. 번아웃 증후군은 일에 대해 성실하고 열정적인 사람일수록 걸리기 쉬운 것으로 알려져 있다. 높이 내걸었던 이상에 지칠 대로 지쳐 강한 무력감과 피로감을 호소하며 아무것도 할 수 없는 상태에 이르는 것이다. 그 결과 사람들은 우울증에 걸리거나 술에 의지하는 알코올 중독이 되기도 한다. 또한 가정에서의 신뢰 관계가 무너지면서 생기는 **귀가 거부증**이나, 육아가 끝나 자식이 독립한 후에 급격히 의욕이 없어지는 증상인 **빈집 증후군** 등에 시달리기도 한다.

이러한 위기로부터 자신을 지키기 위해서는 이전의 가치관을 고집하지 않고 새로운 생활과 가능성을 추구할 필요가 있다.

중년기에 발생하기 쉬운 마음의 병

중년기는 직장에서 중심적 역할을 한 세대이나, 그만큼 스트레스에 취약하기 때문에 다양한 심신 장애를 호소한다.

번아웃 증후군	탈진하듯이 의욕을 잃고 우울한 상태에 빠진다.
조간 신드롬	아침에 신문을 보는 것도 힘들 정도로 기력이 없어진다.
출근 · 귀가 거부	우울증으로, 출근하기 싫거나 귀가하기 싫을 정도로 업무 스트레스를 받는다.
샌드위치 증후군	중간 관리직에서 주로 관찰된다. 상사와 부하 사이에 끼어 우울해지는 증상을 보인다.
승진 우울증	승진한 후 중압감으로 괴로워한다.
상승 정지 증후군	라이벌이나 부하가 자기보다 먼저 승진해 우울증에 빠진다.
빈집 증후군	자녀를 독립시킨 엄마에게 주로 나타나는 우울증으로 마음의 공허함을 느낀다.

① 이것도 알아 두자

⊙ 성 역할 스트레스

여성이라는 이유로 꺼안게 되는 스트레스를 말한다. 일을 하는 기혼 여성은 가사와 육아를 병행해야 하고, 전업주부의 경우에는 가사와 육아에 치여 사회 참여의 폭이 좁아짐으로써 고립감을 느끼는 경우가 많다.

성 역할 스트레스는 나이를 불문하고 여성에게 주로 나타나는 증상으로, 월경 전 증후군 등 여성 특유의 다양한 질환을 호소하는 사람도 있다. **갱년기**를 맞은 여성이 원인이 확실하지 않은 여러 가지 신체적 불편을 겪는 것도 성 역할 스트레스라 할 수 있다.

⊙ 생성감

미국의 심리학자 **에릭 에릭슨**p.158이 만든 단어로, '다가오는 시대의 가치를 이끄는 행위에 적극적으로 참여하는 것'을 의미한다. 인간의 정신적 발달을 8단계로 구분한 에릭슨은 일곱 번째 중년기 이후를 **생성감**이라 했다. 즉 다가오는 시대를 이끌어 가는 것에 관심을 갖게 되는 시기라고 할 수 있는 것이다. 또한 '다음 세대를 육성하는 마음의 **위기**'를 **생성감의 위기**라 했다.

심리학에서 **발달**이란 수정에서 죽음에 이르기까지의 인간의 심신, 나아가 이를 둘러싼 다양한 관계의 변화를 말한다. 미국의 심리학자 **에릭 에릭슨**[p.158]은 발달은 **성장, 성숙, 학습**의 세 가지로 구성되어 있다고 말했다. 성숙이란 성 교섭에 의해 생식이 가능해지는 것으로 여성은 **폐경**으로 그 끝을 맞는다. 또한 성숙의 마지막에는 남녀 모두 **갱년기**를 맞이하게 된다.

갱년기(45세부터 50세)가 되면 신체적·정신적 증상으로 **갱년기 장애**가 나타나는 경우가 있다. 특히 여성에게 흔하게 나타나는데, 신체적 증상으로 홍조, 체력 저하, 어지러움, 저림 등의 증상이 나타나며 정신적으로는 불면증과 심한 분노, 정서 불안 등의 증상이 나타난다. 이러한 현상의 원인으로는 난소의 작용 저하로 호르몬 균형이 깨져 자율 신경 계통 및 감정 기능이 불안정해지는 것이 지적되고 있다.

최근에는 남성중에서도 갱년기 장애의 증상을 보이는 이들이 늘어나고 있다. 여성의 폐경처럼 생식 기능의 뚜렷한 저하가 나타나지는 않기 때문에 급속한 변화로 나타나는 경우는 없으나, 여성과 마찬가지로 두통과 구토 등의 증상이 나타난다. 또한 초로기에 자율 신경과 관련된 증상을 호소하는 경우가 많은데, 우울증과 심신 장애, 혈관 장애 등이 그 대표적인 증상이다.

갱년기에는 자녀의 독립과 결혼, 부모의 간병 등 환경의 변화가 이루어지면서 가정과 직장에서의 스트레스가 심해진다. 사회적·경제적으로도 부하가 많은 시기이므로 가족과 주변이 도움을 줄 수 있는 환경을 만드는 것이 바람직하다.

갱년기 증상은 중년기 특유의 증상

갱년기란 임신이나 출산을 위한 난소의 기능이 서서히 저하되는 시기(폐경)를 말한다. 호르몬의 균형이 깨지면서 다양한 갱년기 증상이 나타나기 시작한다.

남성의 갱년기 증상

- 불안감
- 두통
- 어지러움
- 구토감
- 어깨 결림
- 성욕 감퇴

여성의 갱년기 증상

- 발한
- 두통
- 현기증
- 분노(짜증)
- 어깨 결림
- 불면증
- 자궁암
- 동맥 경화
- 골다공증
- 손발 저림

Q&A 소소한 심리학

Q 미국인 친구는 확실히 긍정적입니다. 얼마 전 사업에 실패했을 때에도 실망한 기색이 없더라고요. 중년이 되어 인생에 피로를 느낄 법도 한데 어째서 이렇게 긍정적일 수 있을까요?

A 다른 사람보다 **긍정적 환상** p.321이 강한 유형인 것 같습니다. 긍정적 환상이란 자신이 다른 사람보다 뒤처진 경우 그 사실을 인정하기 싫어하는 심리가 작용하여 실제의 자기보다 뛰어난 자기상을 만들어 평가하는 것을 말합니다. 좌절을 겪었을 때는 자신감의 회복을 위해 이런 환상을 적당히 가지고 있는 것도 좋습니다. **갱년기**를 맞아도 건강하게 극복할 수 있는 비결 중 하나라 할 수 있지요.

❗ 이것도 알아 두자

⊙ 폐경

마지막 월경을 말한다. **폐경**은 중년기에서 노년으로 넘어가는 시기로서 중요한 의미를 가진다. 또한 **노화**를 나타내는 상징적인 의미로도 인식되며, 여성으로서의 가치 저하 등의 편견으로 이어지기도 한다. 중년기 여성은 이를 어디까지나 일시적인 현상으로 여긴다는 조사 결과도 보고되고 있다.

03 성공적 노화와 생산적 노화

평균 수명이 늘어나면서 우리는 정년 후에도 또 한 번의 인생을 살 수 있게 되었다. 그렇다면 남은 인생을 어떻게 보내야 할까. **성공적 노화**라는 개념이 그에 따른 힌트가 될 수 있을 것이다.

성공적 노화는 노화의 과정에 잘 적응하면서 행복한 노후를 보내는 것을 말한다. 여기에는 **활동 이론, 이탈 이론, 연속성 이론**이라는 세 가지의 개념이 존재한다. 활동 이론은 정년 후에도 이전과 마찬가지로 활동을 함으로써 행복한 노화를 지향하자는 것인데, 이 배경에는 이때껏 많은 시간을 보내며 인생에 의미를 주었던 것은 개개인이 지금까지 영위해 온 '직업'이라는 사고방식이 자리하고 있다. 반대로 이탈 이론은 사회적 이탈을 하여 자신을 위한 시간으로 노후를 보내며 행복해지자는 이론이다. 더불어 연속성 이론은 인간의 변화를 각각의 발달 단계에서 변화의 연속이라고 보고, 행복의 가치는 개인의 성격에 따라 좌우된다는 이론이다. 최근에는 **생산적 노화**가 새롭게 부상하고 있다. 이는 사회 속에서 생산적으로 살아가는 것이 노후를 보내는 데 있어 중요하다는 개념이다.

행복한 노년을 맞이하기 위해서는 자신이 가진 **인격**p.305도 지대한 영향을 미친다. 일반적으로 노년에는 **원숙형, 안락의자형, 분개형, 장갑차형, 자책형**의 다섯 가지 인격이 존재하며, 각각의 인격에 따라 노후의 생활이 달라진다.

행복한 노후를 위해 필요한 것

행복한 노후를 보내려고 노력하는 것을 성공적 노화라 한다. 이를 이루기 위해 필요한 세 가지 이론은 아래와 같다.

성공적 노화

세 가지 개념	활동 이론	정년 후에도 계속해서 일하고, 활동적으로 지낸다.
	이탈 이론	정년 후에는 자신을 위한 시간을 보낸다.
	연속성 이론	정년 후의 행복의 가치는 그 사람의 인생의 연장선상이다.

◎ 사회에서 생산적으로 살아가는 생산적 노화도 있다.

노년기의 다섯 가지 인격

원숙형
미래지향적으로 적극적으로 지낸다.

안락의자형
안정적, 소극적으로 지낸다.

자책형
과거를 후회하며 지낸다.

분개형
젊음을 유지하려고 발버둥 친다.

장갑차형
노화를 받아들이지 못하며, 타인에게 공격적이다.

일본에서 며느리를 의미하는 한자인 '시집갈 가嫁'는 '여자女'가 '집家'에 들어온다는 한자로 되어 있다. 그러나 시댁에는 오래전부터 그곳을 지키고 있던 시어머니가 있다. 간단히 말하면 **고부 갈등**은 '집'을 두고 벌이는 며느리와 시어머니의 권력 다툼이라 생각할 수 있는 것이다.

최근에는 아내와 자식들에게 있어서 남편이자 아버지인 남성의 존재와 권한이 약화되고 있다. 그 결과 현대의 가정에서는 기존에 아버지가 가지고 있었던 존재감이 사라지고, **엄마와 자식의 사이가 더 밀접해지는** 상황이 발생하고 있다. 즉 가족이라는 관계에서 남편-부인보다 아내-자녀 관계의 결속이 더 강해지고 있는 것이다. 이러한 관점에서 보았을 때, 며느리와 시어머니는 **아들(남편)을 사이에 두고 삼각관계를 형성**하게 된다. 시어머니에게 있어 며느리는 주부로서의 자신의 권한을 침해하고 소중한 아들까지 빼앗은 존재가 되는 것이다. 불편한 관계가 되는 것이 이상하지 않을 정도이다. 이에 대한 해결책으로는 주부의 권한에 대해 서로 이야기하여 풀어나가는 것이 있다. 이때에는 서로가 자신의 고집을 굽히지 않으면 안 된다. 더불어 모자간의 결속력 강화에 대해서는 시아버지와 남편의 협조가 필요하다. 시어머니와 아들이 지나치게 가까워지지 않도록 각자가 노력해야 하는 것이다.

무엇보다 중요한 것은 **부부간의 관계를 보다 성숙한 쪽으로 발전시키는 것**이다. 시어머니는 자신과 남편과의 관계가 개선되면 필요 이상으로 아들을 간섭하지 않을 것이며, 적절한 거리를 유지할 것이다. 그 결과, 며느리와 시어머니는 자신의 영역을 확립하기 쉬워지고 고부간의 신뢰 관계를 구축할 수 있을 것이다.

어머니와 아들의 결속이 고부 갈등을 낳는다

집에서 아버지의 존재가 약화되고 엄마와 아들의 관계가 끈끈해지면, 나중에 아들이 결혼을 했을 때 고부 갈등이 발생할 가능성이 크다.

남편의 유·소년기	 결속이 강하다. 아버지가 주로 밖에서 시간을 보내면 엄마와 아들의 유대가 강해진다.
결혼 후	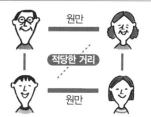 대립 삼각관계 며느리와 어머니가 아들을 두고 삼각관계를 형성한다.
해결책	원만 적당한 거리 원만 고부 갈등을 막기 위해서는 시아버지와 시어머니의 사이가 좋고, 아들과 어머니가 적당한 거리를 유지하는 것이 바람직하다.

❗ 이것도 알아 두자

⊙ **가부장적 사고**

우리들이 무의식중에 갖는 '가정이란 무릇 이래야 한다'라는 이미지를 말한다. 조상과 가풍, 가장, 후계자인 장남을 중시하는 의식이다. 즉 부모와 자식 내외, 거기에 손주가 한 지붕 아래서 생활하는 것을 이상적으로 생각하는 **직계 가족 제도**가 이른바 **가부장적 사고**에 해당한다.

이에 반해 **핵가족화**가 진행된 현대 사회에서는 부모와 아들 내외가 각각 다른 가정을 만들어 생활하는 것이 새로운 가족의 모습으로 자리 잡았다. 이에, 구세대가 가지고 있던 '바람직한 가족상'에 균열이 생기게 되었다.

가부장적 사고는 전통적으로 **고부 갈등**의 온상으로 지적받아온 제도이다. 특히 며느리는 지금까지 자라온 가정과는 전혀 다른 곳으로 옮겨 오는 것이기 때문에 심적 부담을 갖기 쉬웠다(하지만 직계 가족 제도에서는 시어머니의 노하우를 전수받을 수 있기 때문에 핵가족에서 주로 관찰되는 육아 스트레스가 덜하다).

가부장적 사고를 완전히 부정하는 것이 아니라, 젊은 세대의 독립성을 보장하면서 윗세대와의 교류를 지속하는 유연한 사고를 가질 필요가 있어 보인다.

05 죽음을 받아들이고 온화하게 지내는 노년기

  사람은 언젠가는 반드시 죽음을 맞이한다. 의학의 발달로 수명이 연장된 지금도 죽음을 막을 수 있는 기술은 개발되지 않았다. 모든 사람은 인생에서 수많은 죽음과 직면한다. 부모, 형제, 배우자, 때로는 자식이 먼저 부모 곁을 떠나는 경우도 있다. 우리들은 죽음을 극복하며 살아가고 있는 것이다.

  노년에는 자신의 죽음을 받아들이고 평온하게 지내는 것도 중요한 일이라 할 수 있다. 스위스의 정신과 의사 **로스**는 죽음을 선고받은 사람이 **죽음을 받아들이는 과정**을 다섯 가지 단계로 구분하여 설명했다.

   ① **부정** : 처음에는 죽음을 믿지 않는다.
   ② **분노** : 왜 자신에게 이런 일이 일어난 것인지에 대한 분노가 치민다.
   ③ **타협** : 연명을 위해 갖은 방법을 강구한다.
   ④ **깊은 우울** : 생각이 많아지면서 마음이 우울해진다.
   ⑤ **수용** : 죽음을 받아들이기로 결심한다.

  물론 마지막 단계에 이르기까지는 혼자만의 노력뿐 아니라 가족과 주변 사람들의 지지가 필요하다. 로스는 이 조사에서 자신의 주변 사람들을 지배해 온 사람은 좀처럼 죽음을 받아들이지 못하고, 반대로 자신의 일에 만족감을 가지고 성취해 온 사람이나 자식을 다 키운 사람은 편안히 죽음을 맞이한다고 주장했다.

  최근에는 **종말 의료**, 즉 터미널 케어에 대한 관심도 높아지고 있다. 심각한 고령화 사회 속에서 '죽음을 어떻게 맞이할 것인가'는 피할 수 없는 문제이다.

죽음을 받아들이는 다섯 가지 단계

로스는 사람이 죽음을 받아들이기까지 아래와 같은 다섯 가지 단계를 거친다고 생각했다.

① 부정 충격적인 사실을 듣고 사실을 부정하려 한다.

앞으로 3개월 남았다고요? 거짓말이지요?

② 분노 분노와 원망을 느끼고 주변에 쏟아 낸다.

신은 불공평해.

③ 타협 연명을 위한 갖은 치료 수단을 찾는다.

이 치료법이라면 나을 수 있을지도 몰라.

④ 깊은 우울 연명 수단이 없다는 것을 깨닫고 슬픔에 잠겨 우울한 감정에 빠진다.

이제 됐어.

⑤ 수용 자신의 마지막을 평온하게 받아들인다.

남은 시간을 소중히 보내자.

❗ 이것도 알아 두자

⊙ 엘리자베스 퀴블러 로스

스위스의 정신과 의사(1926~2004). 취리히 대학 의학부에서 알게 된 미국인 유학생 마니 로스와 함께 미국으로 건너갔다. 이후 미국에서 죽음을 앞둔 환자를 돌보는 병원의 상태를 보고 충격을 받은 뒤, 죽음을 주제로 한 책을 저술하고 전 세계 각지에서 강연을 했다. 저서 《죽음의 순간》에서 **퀴블러 로스 모델**(죽음 수용의 과정)을 주장했다. 더불어 로스는 자신의 돈을 투자하여 죽음을 맞이하는 환자를 위한 시설을 지었다. 이것은 후에 **호스피스 운동**으로 이어졌다.

Q&A 소소한 심리학

Q 말기 암 환자인 아버지에게 필요한 일에는 무엇이 있을까요?

A 환자인 아버님과 주치의와의 신뢰 관계가 필요합니다. 고령자 중에는 식물인간 상태로 링거에 의지해 생명을 연명하는 경우도 많습니다. 건강할 때 '연명 치료 거부 동의서'를 쓰는 사람도 있지요. 이는 의식 불명이 되었을 때 일체의 연명 치료를 거부하겠다는 의견을 쓴 문서로 살아있는 동안에 써두는 유언장으로, **리빙 윌**Living Will이라고 합니다.

친해지기 위해서는 어디에서 만나야 할까?

A그룹인 당신은 B그룹의 실력자를 당신 쪽으로 영입하려고 한다. 그를 설득하기 위해서는 어디에서 이야기를 하는 것이 좋을까?

당신의 능력을 저희 그룹에서 발휘해 주셨으면 해요.

① 저 가게는 어떨까요?

두 사람 모두 처음 가는 장소에서 만난다.

② 사장님, 안녕하세요.

당신이 자주 가는 가게에서 만난다.

③ 당신이 좋아하는 가게에서 봐요.

상대가 고른 장소에서 이야기한다.

해설

정답은 ②이다. 홈그라운드 효과가 적용될 수 있기 때문이다. 상대를 자신이 익숙한 장소(홈그라운드)로 부를 수 있다면 당신은 한층 편안한 상태에서 활동할 수 있으며, 이야기도 물 흐르듯 진행할 수 있게 될 것이다. 또한 상대의 페이스에 말려들지 않을 가능성도 높다(상대와 어색할 경우에는 더욱 그렇다).

③의 경우, 반대로 상대에게 주도권이 넘어갈 가능성이 높다.

①은 ② 다음으로 효과적인 장소이다. 두 사람 모두 같은 조건에서 이야기를 나눌 수 있기 때문이다.

PART
5

··········

조직에서의
인간 행동

집단 심리학

01

반대 의견을 말할 수 없는 집단 사고와 도덕적 환상

"빨간 신호등이라도 다 함께 건너면 무섭지 않다"라는 말이 있다. 이는 개인이 집단에 속하게 되었을 때 빠지게 되는 심리적 행동 중 하나로 **집단 사고**에 해당된다. 집단 사고 연구로 유명한 미국의 심리학자 **어빙 재니스**(1918~1990)는 집단 사고의 가장 큰 원동력으로 **도덕적 환상**을 꼽았다. 자신이 속해 있는 집단이야말로 힘이 있고, 개개인도 이를 위해 열심히 일하고 있다고 생각하기 때문에 '우리 집단은 어떤 일도 다 극복할 수 있다'라는 환상을 가지게 되는 것이다.

도덕적 환상이 그 집단을 지배하게 되면 집단의 결속을 약화시키려는 반대 의견은 묵살된다. 항상 만장일치를 원칙으로 삼기 때문에 새로운 문제가 발생할 경우 대처가 늦고, 좋은 방법이 있어도 다수의 의견이 아니면 묵살되어 효율적인 방법을 취할 수 없게 된다.

최악의 경우 무리에 의한 집단 폭행으로도 번질 수도 있다. 이러한 행동에는 평소의 **욕구 불만**이 원인으로 작용한다. 분출구를 찾던 축적된 욕구 불만이 한꺼번에 터져 나와 끔찍한 행동으로 치닫는 것이다.

특히나 모르는 사람들끼리 구성된 집단은 책임의 소재가 불분명하다. 누구나 같은 행동을 하기 때문에 나쁜 일이 아니라고 생각하는 것이다. 이를 **보편 감정**이라 한다. 본래 인간에게는 다수의 가치관에 따르는 것이 정답이라고 생각하는 심리가 작용하는데, 빨간 신호등이 켜져 있을 때 집단 전체가 길을 건너는 행동이 여기에 해당한다.

집단 사고에는 많은 문제점이 존재한다는 사실을 이해하여, 서로가 자유롭게 의견을 말할 수 있는 환경을 조성하는 것이 중요하다.

집단이 갖는 무서운 힘

집단이 폭주하면 소수의 의견이 묵살되어 비참한 결과를 초래하기도 한다.

반대 의견을 말할 수 없는 도덕적 환상

이게 좋다!

맞아~

맞아!

그런가……?
하지만
다른 사람들의
의견을 따르자.

집단주의에서는 도덕적 환상이 발생하기 쉽다.

집단 사고로 인한 최악의 상황

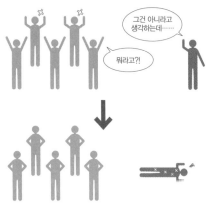

그건 아니라고
생각하는데……

뭐라고?!

극단적인 경우, 반대 의견을 말하기는커녕 희생양 p.75
이 되는 경우도 있다.

p.75

❗ 이것도 알아 두자

⊙ 어빙 재니스

재니스는 일본의 **진주만 공격** 가능성을 과소평가한 미 육해공 지휘관과 **한국 전쟁**에서의 트루먼 정부, **베트남 전쟁**에서의 존슨 정부, **워터게이트 사건**에서의 닉슨 정부 등에서 잘못된 정책 결정으로 이어진 집단 심리를 연구했다.

Q&A 소소한 심리학

Q 회의에서 만족스러운 결과가 나오지 않습니다. 항상 다수결로 정하기 때문일까요?

A 의견이 나오지 않아 결론을 낼 수 없다는 등의 이유로 다수결에 의지할 경우, 최선의 방법이 아닐 가능성이 있습니다. 가령, 집단의 **응집성**이 높으면 다수결로 정해도 만장일치를 우선하기 때문에 반대 의견을 말하기가 어려워집니다.

또한 다수결로 인해 집단의 의견이 과격한 방향으로 흘러가는 **모험 이행**이나 집단이 아무런 결정을 하지 못하는 **보수 이행**이 발생할 가능성도 생기지요. 이러한 현상들을 막기 위해 진행자는 반대 의견도 수용하는 자세를 취해야 합니다.

02

때로는 한 사람의 의견이
다수를 바꾸기도 한다

집단의식은 분명 큰 영향을 발휘하지만, 때로는 소수의 의견이 집단에 영향을 주는 경우도 있다. 이것이 프랑스 심리학자 **세르주 모스코비치**(1925~)가 실증한 **소수의 영향**이다.

소수의 영향에는 두 가지 방법이 있다. 첫 번째 방법은 **홀랜더의 책략**이다. 이는 과거에 집단에 크게 공헌한 적이 있는 사람이 그 업적을 바탕으로 집단의 이해와 승낙을 구하는 방법으로, 이른바 위로부터의 변화를 촉구하는 접근법이라 할 수 있다. 새로운 프로젝트를 시작할 때 모든 사람들이 리더로 인정하는 어떤 사람이 "곤란한 안건이라도 모두가 힘을 합치면 해결할 수 있다"고 긍정적으로 독려하는 경우가 이에 해당한다.

반대로 아래로부터의 변화를 촉구하는 것이 **모스코비치 책략**이다. 업적이 없는 사람이더라도 자신의 의견을 끈질기게 주장하면 다수의 의견을 무너뜨릴 수 있다는 것이다. 몇 번이나 무시를 당한 뒤에도 "이것은 반드시 소비자들에게 좋은 반응을 얻을 것이다"라며 일관적으로 같은 기획을 주장해 결국 다수의 사람들을 설득시키는 경우가 이에 해당한다. 이때, 다수는 '혹시 우리가 잘못 생각한 것이 아닐까'라는 의구심이 생겨 재검토를 하게 된다.

또한 다수의 사람들이 **소수**의 행동과 의견에 설득되었을 때, 소수의 영향은 막강한 효과를 발휘해 큰 지지를 얻게 된다. 다만 의견과 현실 사이에 괴리가 지나치게 크면 소수의 영향은 작용하지 않는다고 한다.

소수의 영향

소수의 영향에는 두 가지 방법이 존재한다.

① 홀랜더의 책략

지난날의 업적으로 집단의 이해와 신용을 얻고, 그 힘으로 주변을 설득한다.

나를 따르라!

② 모스코비치 책략

힘이 없는 사람일지라도 반복해서 주장하면 주변을 설득해 변화시킬 수 있다.

이것은 반드시 성공할 겁니다!

그렇게까지 말한다면……

흥미롭군!

❗ 이것도 알아 두자

⊙ 에드윈 홀랜더

사회 심리학자 **홀랜더**는 **특별 신용 이론**을 주장했다. 잠재적으로 **리더십**을 발휘할 수 있는 능력이 있는 사람은 먼저 집단의 규범에 따라 업적을 쌓으며 충분한 신용을 축적한다. 그 결과, 집단에서 변혁이나 혁신을 일으켜 주길 바라는 기대가 생겨난다는 것이다.

Q&A 소소한 심리학

Q 예전 회사 동료가 현재 다니고 있는 회사의 자랑만 하는데, 사람이 참 우스워 보입니다.

A 이는 **집단 동일시**라는 행동입니다. 자신이 속한 집단에 높은 가치를 두고, 그 회사의 직원인 자신을 자랑스럽게 여기는 것이지요. 심리학적으로 말하면 집단(사회)에 의존하고 있는 상태입니다. 이런 상태에서는 회사가 부도덕한 일을 저질러도 '회사가 곧 나'라는 생각 때문에 자기 자신을 변호하듯 문제를 숨기게 됩니다. 나아가 회사 외의 집단을 수용하지 않거나 차별을 한다는 특징도 있지요.

비즈니스의 기본은 **협상 능력**이다. 조직 안에서 자신의 생각에 동조하도록 만들기 위해서는 찬성을 하게끔 사전에 공작을 해 두는 편이 좋은데, 그것이 바로 협상이다. 협상은 그룹의 권력관계를 파악해 행동하는 것이 기본이다. 이 권력 구조를 **소시오메트릭 테스트**Sociomatric Test라는 방법을 이용해 심리학적으로 분석해 확립한 사람이 오스트리아의 정신분석 의사인 **제이콥 모레노**(1892~1974)이다. 소시오메트릭 테스트는 다음과 같이 이루어진다.

먼저, 그룹 멤버에게 자신이 끌리는 사람이나 선택하고 싶은 사람과 반대하고 싶은 사람을 각각 지명하도록 한다. 그런 뒤 이 결과를 바탕으로 집단의 구조를 파악하고, 어떠한 점을 개선하면 조직이 더 잘 운영될지를 분석한다. 이때, 테스트의 결과를 도출하는 데 사용되는 것이 **소시오그램**Sociogram이다.

소시오그램을 보면 누가 누구와 사이가 좋고 나쁜지와 누가 인기가 많고 소외되고 있는지를 한눈에 알 수 있다. 이를 파악하면 집단 내의 권력관계를 파악할 수 있고, 어떻게 집단을 움직여야 하는지를 알 수 있다.

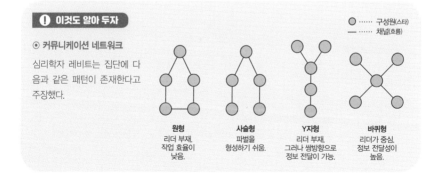

❶ 이것도 알아 두자

○ ····· 구성원(스타)
— ····· 채널(흐름)

⊙ 커뮤니케이션 네트워크

심리학자 레비트는 집단에 다음과 같은 패턴이 존재한다고 주장했다.

원형
리더 부재.
작업 효율이
낮음.

사슬형
파벌을
형성하기 쉬움.

Y자형
리더 부재.
그러나 쌍방향으로
정보 전달이 가능.

바퀴형
리더가 중심.
정보 전달성이
높음.

소시오그램으로 인간관계를 파악할 수 있다

한 그룹 내에서의 인간관계를 도식화하여 파악하는 소시오그램을 통해 집단에 어떠한 하위 집단(사이 좋은 그룹)이 있는지, 하위 집단에도 속하지 않은 고립 및 배척자가 존재하는지, 나아가 가장 인기 있는 구성원은 누구인지 등을 파악할 수 있다.

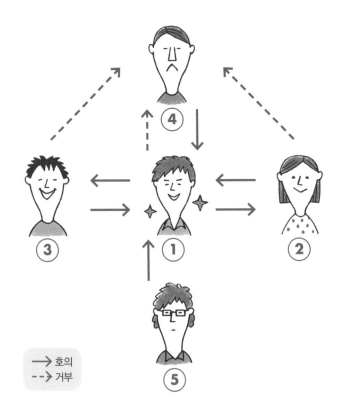

→ 호의
--→ 거부

○ ①은 누구에게나 인기가 많은 인기인(스타)
○ ④는 ①, ②, ③에게 거부당하는 사람
○ ⑤는 누구나 상대하고 싶어 하지 않아 고립되어 있으나 반대로 말하면 독립적인 사람

04 집단 공황, 폭동을 일으키는 집단 심리

　인간은 불안과 공포(스트레스)등으로 인하여 혼란한 심리 상태에 빠지거나 패닉, 즉 **집합적인 도주 현상**을 보이는 경우가 있다. 특히 **평소와는 다른 상태에 놓였을 때 올바른 정보가 빠르게 전달되지 않으면** 그 위험성이 증가한다.

　1938년, 미국에서 〈우주 전쟁〉이라는 라디오 드라마가 사람들을 패닉에 빠트린 사건이 있었다. 그날의 드라마는 화성인이 지구를 침공하는 내용의 뉴스 속보로 시작되었는데, 긴박한 상황의 연출로 인해 1,200만 명이나 되는 시청자가 실제 상황이라 착각하며 패닉에 빠졌다.

　이처럼 패닉이란 눈앞에 피할 수 없는 상황이 일어나거나 그 상황으로 인해 자신의 생명이나 재산 등 다른 것으로 환원할 수 없는 것을 빼앗길 것이라는 두려움에서 비롯된다. 그러나 오늘날에는 텔레비전과 라디오, 인터넷이 발달해 있고 재해나 큰 사고가 발생했을 시 신속하고 정확하게 정보를 얻을 수 있는 시스템이 갖춰져 있기 때문에 패닉이 발생할 가능성이 낮다.

　또한 패닉은 확대되면 폭동으로 발전한다. 어떤 계기만 있으면 패닉은 바로 **폭동**으로 발전한다고 할 수 있다.

　폭동은 불만이 축적되어 일어난다. 처음에는 개인적이었던 불평과 불만이 점점 주변으로 확산되며 증폭되기 시작한다. 이와 동시에 억제하는 힘이 약화되고, 반대로 공격성이 높아지면서 결국 폭동이라는 반사회적 행동으로 치닫게 되는 것이다. 이 도화선을 만든 사람을 **선동가**라고 한다. 선동가가 된 사람은 원래 공격적인 성향을 가진 사람으로 사회에 큰 불만을 가진 사람들이 대부분인 것으로 알려져 있다.

최근에 발생한 패닉의 사례

패닉(공황)이란 사람들이 비상사태나 사회적 불안 등에 직면했을 때 취하는 무질서적인 행동을 말한다. 패닉 발생 시, 통솔자가 없으면 사태는 점차 혼란에 빠진다.

금융을 둘러싼 패닉

강대국이 인플레이션 등에 빠지면 전 세계에 금융 불안이 확산되고 경제가 기능을 멈춘다. 불특정 다수의 사람들이 은행 예금을 인출하기 위해 몰려든다.

식품을 둘러싼 패닉

국내외의 식품 위조, 위생 불량이 집중 보도되면서 소비자들의 공포와 불안이 확산되고 있는 가운데 국내산 식품의 가치가 지나치게 올라가는 현상이 지적되고 있다.

청소년 범죄를 둘러싼 패닉

최근 청소년 범죄의 증가를 배경으로 여론이 과열되어 처벌 강화에 대한 이슈가 뜨겁다.

소년A

금연을 둘러싼 패닉

담배가 건강에 나쁘다고 생각하는 사람들이 늘어나고 있는 현대 사회에서 애연가에 대한 편견이 확산되고 있다.

리더의 심리학

01 PM이론으로 검증하는 이상적인 리더

조직에는 그 집단을 이끄는 리더가 존재하고, 그의 능력에 따라 조직이 얻을 수 있는 이득의 양이 달라진다. 그렇다면 유능한 리더에게는 어떤 요소가 필요할까. 일본의 심리학자 **미스미 지후지**(1924~2002)는 집단 기능의 관점에서 **PM이론**을 이용하여 리더의 행동 특성을 유형화했다.

미스미 지후지는 집단 기능이란 목표 달성을 위해 사람을 움직이게 하거나 계획을 세우게 하는 **P기능**Performance(목표 달성)과 편안한 분위기를 만들어 집단행동을 원활하게 진행하여 결과를 내게 하는 **M기능**Maintenance(집단 유지)으로 성립된다고 했다.

더불어 리더는 목표 달성을 위해 직원에게 지시·명령을 하는 P기능뿐 아니라 현장의 입장을 이해하여 지시하고, 문제를 중재하거나 특정 인물을 편애하지 않으며 모두를 평등하게 대해야 한다는 M기능을 두루 갖추어야 한다고 했다. 또한 이 두 기능의 강약에 따라 **리더십**을 네 가지 유형으로 분류했다.

그의 연구에서 직원의 만족도를 높이고 생산성이 좋았던 쪽은 P기능과 M기능이 모두 높은 수치를 기록한 **PM형 리더**가 있는 집단이었다. 또한 M기능이 P기능의 촉매 역할을 할 때 집단의 생산성이 최고조에 이른다는 결론도 도출되었다. 리더의 입장에서 고민하는 사람이거나 앞으로 리더가 되고자 하는 사람이라면 이 법칙을 기억해두도록 하자.

PM이론으로 보는 네 가지 리더 유형

리더의 유형을 네 가지로 분류한 것이 PM이론이다. 세로축에 M기능(집단 유지 기능), 가로축에 P기능(목표 달성 기능)을 두고 도식화한 것이다.

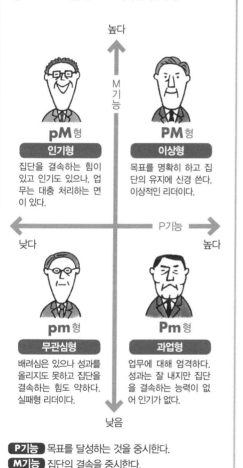

pM형
인기형
집단을 결속하는 힘이 있고 인기도 있으나, 업무는 대충 처리하는 면이 있다.

PM형
이상형
목표를 명확히 하고 집단의 유지에 신경 쓴다. 이상적인 리더이다.

pm형
무관심형
배려심은 있으나 성과를 올리지도 못하고 집단을 결속하는 힘도 약하다. 실패형 리더이다.

Pm형
과업형
업무에 대해 엄격하다. 성과는 잘 내지만 집단을 결속하는 능력이 없어 인기가 없다.

P기능 목표를 달성하는 것을 중시한다.
M기능 집단의 결속을 중시한다.

❶ 이것도 알아 두자

⊙ **리더십 관리격자 이론**
Managerial Grid Theory

미국의 심리학자 **블레이크**와 **무톤**이 1964년에 발표한 조직 개발을 위한 리더 유형에 관한 이론이다. Managerial이란 '경영자', Grid는 '격자'를 의미한다. 다음 그림과 같이 세로축에 **사람에 대한 관심도**를, 가로축에 **업적에 대한 관심도**를 1부터 9까지 나타내고 있으며, 자신의 위치를 확인하여 리더로서의 자격을 알아볼 수 있다.

1·1형은 사람과 업적에 대해 무관심한 리더, 5·5형은 균형이 잡힌 리더, 9·9형은 슈퍼맨형 리더라 할 수 있다. 이 이론은 **PM이론**과 함께 잘 알려진 리더십 이론이다.

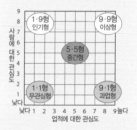

02 의욕 없는 부하를 일으키는 '선언'의 힘

어디에나 **의욕**[p.148] 없는 사람은 존재하기 마련이다. 그가 다른 사람에게 피해를 끼치지 않는다면 내버려둬도 상관이 없겠으나, 직장이나 학교 등 공동 작업이 필요한 장소라면 이야기가 달라진다. 때문에 우리에게는 의욕을 북돋아 주는 효과적인 방법이 필요한데, 그중 하나가 바로 '공적인 장소에서 자신의 목표를 선언하기'이다.

사람은 어떤 행동을 할 때 목표를 세우지만 혼자서 할 경우에는 금세 게을러지고 만다. 그러나 많은 사람들 앞에서 목표를 **선언**하면 본인이 선언한 목표를 위해 노력할 확률이 높아진다. 큰 책임감을 느껴 자신의 행동력을 강화하기 때문이다. 이와 같은 심리적 현상을 **공적 약속**이라고 한다.

이 방법은 비즈니스 현장에서 종종 사용된다. 상사가 부하에게 **목표를 설정하여 발표하도록 하는 것**도 여기에 포함되며, 각 부문의 매출 목표를 발표하게 하거나 기한을 정해 실행해야 하는 일을 발표하게 하는 것도 이 때문이다.

단지 비즈니스 현장에서 매출 향상을 위해 발표시키는 것이라면 지시에 따를 수밖에 없지만, 취미를 즐기고자 모인 그룹이나 학부모회 등에서는 강제력이 없어 실행에 옮기는 것이 힘들다. 물론, 선언 자체를 주저하는 사람도 있다. 이러한 경우 혼자가 아닌 그룹에 속한 멤버 전체가 자신의 목표와 역할에 대해 선언을 하도록 이끌면 된다.

선언하면
하지 않을 수 없다

공적 약속을 이용하면 의욕이 없던 사람도 발등에 불이 떨어져 바로 행동에 옮기게 된다.

공약

정치인의 공약은 공적 약속을 제도화한 것이다.

이것을 꼭 실현하겠습니다!

킥오프 미팅

프로젝트의 개시를 선언하기 위한 모임이다. 연초에 실시하면 회사 전체의 목표가 확실해진다.

올해는 이룹시다!

네!

학부모회 활동

학부모회 위원은 역할을 분담하게 된다. 각자 해야 할 일을 선언하면 역할을 수행하지 않을 수 없다.

회장을 맡겠습니다!

청소 위원을 하겠습니다!

❗ 이것도 알아 두자

⊙ 부메랑 효과

설득하면 할수록 설득당하는 쪽이 반발해 역효과를 내는 심리적 현상을 말한다. 특히 자신과 관계가 깊은 경우 **부메랑 효과**에 의한 저항이 강해진다. 앞으로 공부를 열심히 하기로 마음먹었을 때 부모님이 "공부해"라고 말하면 반발하고 싶은 마음이 드는 것도 부메랑 효과의 일종이다. 심리학자 **잭 브렘**은 설득에 대한 저항은 자신의 태도와 행동의 자유를 지키기 위해 일어나는 것이라는 **심리적 저항 이론** p.153 을 주장했다.

한편, "너한테만 알려줄게"와 같이 상대의 심리를 자극하여 특별한 존재로 인식시키는 방식의 경우, 이를 들은 사람은 고마움을 느끼게 되는데 이를 **호의의 반보성**이라 한다.

실력은 있지만 게으른 부하에게 **대조 효과**를 이용하는 경우도 있다. 이는 심적으로 부담이 큰 조건을 먼저 제시한 이후에 비교적 쉬운 조건을 제시하는 방법으로, 상대적으로 따져 보았을 때 후자를 선택하게 만드는 심리적 효과를 이용한 것이다.

03 보수는 평등하게 분배되어야 할까, 공평하게 분배되어야 할까?

명예나 지위, 사회적 기여가 중요하다고 해도 보수가 너무 낮거나 공평하지 않게 분배되면 일할 의욕을 잃게 된다.

보수의 분배 방법에는 두 가지 종류가 있다. 첫 번째는 **평등 분배**로 개인의 성과와 매출과 상관없이 일률적으로 분배하는 방법이다. 두 번째는 개인의 실적과 매출에 비례해 보수를 차등 지급하는 **공평 분배**로, 이른바 능력주의이다.

개인주의 문화권인 미국이나 영국, 오스트리아 등에서는 공평 분배 원칙이 주로 사용되며 이것이 정당하다고 여겨지고 있다. 한편 한국이나 일본과 같은 **집단주의 문화권**에서는 평등 분배 원칙이 주로 사용되는 경향이 있다. 이때, 후자의 경우는 화합과 인간관계의 유지가 중시되는 경향이 강하다고 할 수 있다.

그러나 최근에는 공평 분배 원칙을 채택하는 경우가 크게 늘고 있다. 열심히 하면 그만큼 높은 보수를 받을 수 있기 때문에 평등 분배 원칙에 비해 노동자의 만족감을 고취시켜, 생산성이 향상되기 때문이다.

영국의 경제학자 **애덤스의 공정성 이론**에 따르면 인간은 자신이 일한 노동량에 비해 보수가 적다고 생각될 때 그 보수에 맞춰 일을 한다고 한다. 즉 노동량을 줄여 대충 일을 한다는 것이다. 또한 자기보다 노동량이 훨씬 적은 사람이 보수를 많이 받는다고 느꼈을 때 노동 의욕이 급속히 저하되어 의욕을 완전히 상실하고 마는 사람도 있다. 가령, 퇴직한 임원이 부당하게 보수를 얻고 있다는 사실에 대한 분노는 이러한 공정성 이론에서 나온 것이라 할 수 있다.

의욕을 이끌어내기 위해서는 '평등' 보다는 '공평'

업무의 성과와 실적에 따라 금액이 달라지는 인센티브 제도가 있다. 자기가 일한 만큼 평가를 받기 때문에 공정한 분배라 할 수 있다.

	A	B	C
실적	◎	○	△
평등 분배			

A는 열심히 일했음에도 다른 사람과 같은 금액을 받아 불만이다. C는 실적이 좋지 않아도 받은 금액이 다른 사람과 같아 기쁘다. B와 같은 평균적인 직원은 공평, 평등 어느 쪽이라도 상관이 없다.

| 공평 분배 | | | |

A는 능력이 있고 높은 실적을 올려 가장 많은 보수를 받는다. C는 실적이 좋지 않아 보수를 많이 받지 못했다. B는 실적이 보통이었기 때문에 그에 맞는 보수를 받는다. 서로 납득할 수 있는 분배 방법이다.

---

❶ 이것도 알아 두자

⊙ 링겔만 효과

독일의 심리학자 **링겔만**(1861~1931)이 **줄다리기 실험**으로 증명한 현상이다. 한 사람이 줄다리기를 할 때와 두 명이 할 때, 나아가 참여하는 사람의 수가 증가할 때마다 개인이 발휘하는 힘에 어떤 차이가 발생하는지 실험한 결과, 참여한 사람이 증가할수록 개인이 줄다리기에 들이는 힘이 적어진다는 사실을 밝혀졌다. 혼자서 일할 때보다 집단으로 일할 때 개인의 노력이 상대적으로 낮아진다는 것이다. 이는 집단에서는 한 사람이 게으름을 부려도 티가 나지 않고, 노력에 합당한 보수를 받기 어렵기 때문에 발생하는 현상으로 알려져 있다. **링겔만 효과**가 **사회적 태만, 무임승차 현상**이라고도 불리는 것도 이러한 이유에서이다.

조직 내에서 링겔만 효과를 없애기 위해서는 어떻게 해야 할까? 먼저 '나 하나쯤이야'라는 생각을 '나 하나라도'로 바꾸는 것이 있다. 즉, 개인의 역할에 대해 자부심을 느끼게 하는 것이 중요하다.

조직의 심리학

01 보다 나은 경영 방법을 고민하는 X·Y이론

인간의 본성에 관하여 **성선설**과 **성악설**이 제기되었듯, 경영 방법에서는 미국의 경영학자이자 심리학자인 **더글라스 맥그리거**(1906~1964)가 주장한 대립적인 개념인 **X이론**과 **Y이론**이 존재한다. X이론이란 원래 인간은 일을 하기 싫어하고 상사의 명령과 통제가 없으면 일하지 않는다는 이론이며 Y이론은 환경만 갖춰지면 스스로 일을 한다는 이론이다. 즉 **X이론은 노동자를 신뢰하지 않는 입장, Y이론은 노동자를 신뢰하는 입장**이라 할 수 있다.

원래 인간은 식욕과 성욕과 같은 본능적인 욕구뿐만 아니라 자신의 이상을 실현하고 더 인정받으려는 욕구를 가지고 있다. 어떠한 명령도 없이 자신의 욕구를 쫓아 일을 성취하고, 책임도 스스로 지려고 하는 것이다. 즉 직원의 힘을 이끌어내기 위해서는 강요가 아닌 적당한 욕구를 자극하여 **의욕**을 고취시키는 것이 일의 수행에 있어 무엇보다 좋은 기폭제로 작용된다.

예전의 미국 기업들은 X이론으로 직원을 관리했다. 하지만 그 결과 여러 가지 문제가 발생한다는 사실을 깨달았다. 이에 따라 최근의 경영자들은 Y이론에 근거하여 직원의 자주성을 존중하는 관리 방법으로 조직을 운영하고 있다. 더불어 그들은 기업의 발전은 직원의 행복에 있으며 이를 위한 환경을 구축할 필요가 있다고 생각하게 되었다.

참고로 Y이론은 미국의 심리학자 **매슬로** p.328가 주장한 **욕구 단계 이론** p.328에 근거하고 있다. 또한 미국의 심리학자 **윌리엄 오우치**(1943~)는 인간 존중, 평등주의, 상호주의를 기초로 **Z이론**을 주장했다.

X, Y, Z이론

맥그리거, 매슬로, 오우치는 일에 대한 인간의
태도를 각각 X, Y, Z이론이라 생각했다.

X이론(성악설)

인간은 본래 게으르며 방치하면 일을 하지 않는다는
생각. 때문에 상사가 강제로 부하를 통솔해야 한다.

당근과 채찍을
이용한 경영 방법

얼른 해!

……네.

Y이론(성선설)

인간은 본래 진취적으로 일을 하려고 한다는 생각. 일
을 통해 인정받고 싶은 욕구가 있으며 자발적으로 일
을 할 수 있다.

노동자의 자주성을
존중하는 경영 방법

Z이론

X이론과 Y이론의 중간. 개성보다 집단주의와 안정성
을 중시하는 경영 방법에 주목했다.

책임과 합의를
중시하는 경영 방법

믿고 있겠네.

열심히
해야지!

ⓘ 이것도 알아 두자

⊙ 성선설과 성악설

성선설은 유교에서 맹자가 사용한
말로 인간의 본성은 기본적으로
선하다는 주장이다. 후에 유학자인
주자가 이 주장을 완성시켰다.
한편, **성악설**은 맹자보다 십여 년
늦게 활약한 순자가 성선설에 반
대해 주장한 것으로 인간은 후천
적 노력에 의해 선을 배우며, 예의
를 몸에 익힌다는 주장이다.

Q&A 소소한 심리학

Q 부하에게 일을 가르쳐 주는 것
보다 스스로 하게 하는 것이 효율
적일 것 같은데요.

A 미국의 심리학자인 **리피트**와
화이트는 리더십을 **민주형, 전제
형, 방임형** 세 가지로 분류했습니
다. 민주형 리더를 둔 집단은 불만
이 적고 일에 대한 동기 부여도 높
은 것으로 알려져 있지요. 전제형
리더를 둔 집단은 작업의 효율은
올라가지만 구성원의 창의력은 낮
아지는 경향이 있었습니다. 방임형
의 경우, 구성원의 결속이 약화되
고 동기 부여가 낮아졌지요.
당신은 방임형이라고 여겨집니다.
먼저 부하와 이야기를 나누어 보
는 게 어떨까요?

02 '나는 할 수 있다!'라는 자기 효능감이 출세를 앞당긴다

한꺼번에 300개의 영어 단어를 외우는 것은 누구에게나 어려운 법이다. 하지만 하루에 3개씩 100일 동안 나누어서 외운다면? 왠지 모르게 할 수 있을 것 같다는 생각이 들게 된다.

캐나다의 심리학자 **앨버트 반두라**(1923~)는 '나도 할 수 있을 것'이라고 확신하는 감정을 **자기 효능감**이라고 말했다. '나는 여기까지 할 수 있다'라는 생각이 다음 행동을 유발한다는 것이다. 자기 효능감이 높은 사람은 '좋아. 해 보자'라며 긍정적으로 생각하는 것이 가능하다. 한편 자기 효능감이 낮은 사람은 '나에게는 무리야'라는 부정적인 생각을 하며 더 이상의 행동을 하지 않는다.

자기 효능감을 높이기 위해서는 어떻게 해야 할까. 반두라는 네 가지의 원천을 들었다. 가장 중요한 첫 번째는 수행 행동의 달성으로, 스스로 행동하여 **성취하는 경험**을 말한다. 두 번째는 **대리적 경험**이다. 타인의 성취 경험을 관찰한 뒤 '나도 할 수 있다'는 생각을 하는 것이다. 세 번째는 **언어적 설득**으로 '너는 능력이 있어'라는 주변의 격려를 받는 것이다. 마지막 네 번째 원천은 **생리적이고 정서적인 고양**으로 난제를 극복함으로써 자기 효능감이 강해지는 것을 말한다.

자기 효능감의 고취는 **자존감** p.148,319의 향상으로 이어진다. 자존감이 향상되면 자신감이 생기고 나아가 성공으로 이어지는 행동에 탄력이 붙는다. 결국 출세가 빠른 사람은 성실하게 **성공 경험**을 축적함으로써 긍정적인 자신을 형성하고, 이로 인해 더 큰 도전을 쟁취하는 사람이라 할 수 있는 것이다.

자기 효능감의 네 가지 원천

행동을 유발하기 위해서는 나도 할 수 있다는 생각, 즉 자기 효능감이 필요하다.

1 수행 행동의 달성

스스로 행동하고 무언가를 달성하는 성취감을 갖는다.

2 대리적 달성

주변 사람이 달성하거나 성공한 경험을 관찰한 뒤 '나도 할 수 있다'는 마음을 갖는다.

3 언어적 설득

"너라면 할 수 있어"라고 주변에서 반복해서 말해 준다. 다만, 이 방법만으로는 자기 효능감이 유지되지 않는다.

4 생리적이고 정서적인 고양

부족하다고 생각했던 일을 차분하게 잘 해내거나 얼굴이 빨개지지 않은 채로 단상에서 이야기를 해내는 등 자신 없던 경험을 극복한다.

협상과 설득의
심리학

01 사람을 설득하기 위해 필요한 기술

사람을 **설득**하기까지의 과정과 내용을 **설득적 커뮤니케이션**이라고 한다. 설득적 커뮤니케이션에는 **일면 제시**와 **양면 제시**의 두 가지 방법이 있다. 일면 제시는 추천하는 것의 좋은 점만을 상대에게 전달하는 방법이며 양면 제시는 좋은 점과 나쁜 점을 모두 제시하는 방법이다.

신작 게임이 나왔다고 해 보자. 일면 제시는 신작 게임의 장점만을 강조할 것이다. 하지만 양면 제시는 '훌륭한 게임이지만 가격이 매우 비싸다. 조금만 기다리면 좀 더 저렴한 가격에 다양한 종류가 발매될 예정'이라는 내용을 전달하게 된다. 장점만 전달하는 일면 제시의 경우에는 나중에 클레임이 들어올 가능성도 있으며 생각지도 못한 이유로 인해 상대가 의견을 바꾸는 **부메랑 효과**^{p.199}에 당할 수도 있다.

상대가 게임 마니아여서 가격을 상관하지 않는다면 일면 제시만으로도 충분할 것이다. 하지만 그렇지 않은 경우라면 양면 제시로 단점도 함께 전하여 판매자의 성의를 보이는 것이 더 좋은 방법이다.

결론을 먼저 말할 것인지, 나중에 말할 것인지도 설득의 중요한 포인트이다. **판매자의 의견에 긍정적이고 설득이 쉬운 상대의 경우**에는 결론을 나중에 말하는 것이 좋다. 반대로 **판매자의 의견에 부정적이고 설득이 어려운 상대의 경우**에는 먼저 결론을 말하고 나서 그 이유를 말하는 것이 설득하기에 수월하다. 물론, 어떤 방법이든지 소비자의 입장에 서서 생각해야 함은 잊어서는 안 된다.

설득을 위한 두 가지 방법

사람이 설득당하는 심리적 효과를 알아 두면 다양한 상황에서 도움이 된다.

설득적 커뮤니케이션

일면 제시	 장점만 말하여 상대를 설득한다.
양면 제시	장점과 단점을 모두 이야기하면 상대의 신뢰를 얻을 수 있다.
부메랑 효과	 설득에 성공했다고 여겼지만, 상대가 갑자기 마음을 바꾸는 경우도 있다.

❗ 이것도 알아 두자

⊙ 클라이맥스 법

심리학에서의 설득법으로, 무난한 이야기를 한 뒤에 중요한 이야기를 꺼내는 방법이다. 이와는 반대로 처음에 중요한 이야기를 한 뒤 무난한 이야기를 하는 **안티 클라이맥스법**도 있다. 상대방의 관심도가 높을 때에는 **클라이맥스 법**을, 그렇지 않을 경우에는 안티 클라이맥스 법을 사용하자.

⊙ 풋 인 더 도어 테크닉
Put In The Door Technic

단계적 요청법이라고도 한다. 상대의 승낙을 얻고자 할 때, 승낙받을 것이 분명하다고 여겨지는 쉬운 부탁을 먼저 한 뒤에 어려운 부탁을 하면 받아들여질 가능성이 더 높아진다는 것이다. 이 경우, 상대는 쉬운 부탁을 들어주었기 때문에 두 번째의 어려운 부탁을 거절하기가 어렵게 된다. 반대로 어려운 부탁을 거절 당한 뒤에 본론인 쉬운 부탁을 하는 것을 **도어 인 더 페이스 테크닉**Door In The Face Technic, **양보적 요청법**이라고 한다. 이 경우, 상대는 처음의 어려운 부탁을 거절했기 때문에 다음에 제시한 쉬운 부탁은 승낙하려는 심리를 띠게 된다.

02 게임 이론으로 분석하는 승자와 패자

게임 이론은 원래 헝가리의 수학자 **존 폰 노이만**(1903~1957)이 게임을 모델로 인간이 현실에서 경제 활동을 영위할 때의 행동 패턴을 분석한 것이다.

그 후 미국의 수학자 **존 내쉬**(1928~)가 **비협력 게임**이라는 개념을 추가했고, 거기서 탄생한 **내쉬의 균형 이론**이라는 개념이 경제 이론으로 발전했다.

게임 이론의 대표적인 것으로는 **제로섬 게임**과 **비 제로섬 게임**이 있다. 제로섬 게임은 한쪽이 승자가 되면 다른 한쪽은 반드시 패자가 된다는 것으로, **양쪽의 손실의 합계는 항상 제로**가 된다는 이론이다. 경마 등의 도박은 패자로부터 모은 돈을 승자에게 몰아주는 것이기 때문에 여기에 해당한다고 할 수 있다. 언제나 대립 관계에 있으며, 협력할 수 없다.

반대로 비 제로섬 게임은 어느 한 사람의 이익이 반드시 누군가의 손실을 의미하지는 않는다는 것이다. 또한, 전원이 패할 가능성도 있다. 이를 설명하는데 이용되는 것이 **죄수의 딜레마**이다. 경찰은 두 명의 죄수에게 자백을 받기 위해 '자백하면 형량을 감해준다'는 조건을 내건다. 두 사람은 여기서 '공범과 협조해 입을 다물지, 공범을 배신하고 자백해야 할지'의 사이에서 딜레마를 겪는다.

이 딜레마는 정치와 경제를 분석할 때도 빼놓을 수 없다. 가격 파괴 경쟁으로 기업이 가격 인하 경쟁을 하여 함께 무너져버리는 경우나 핵 개발이나 핵 개발 저지를 둘러싼 각국의 논쟁 등이 이에 해당한다. 이처럼 게임 이론은 본래 가지고 있던 틀을 넘어 다양한 분야에서 응용되고 있다.

승패가 나지 않는 게임이 있다

한쪽이 이득을 보면 다른 쪽이 손해를 보는 제로섬 게임은 득과 실의 합이 제로가 된다. 한편, 반드시 한쪽이 이득을 보게 되지는 않는 것이 비제로섬 게임이다.

제로섬게임

A \ B	✊	✌	🖐
✊	0	1	–1
✌	–1	0	1
🖐	1	–1	0

비 제로섬 게임(죄수의 딜레마)

A \ B	자백(배신)	묵비(협조)
자백(배신)	4년 / 4년	5년 / 무죄
묵비(협조)	무죄 / 5년	3년 / 3년

협조할 것인가, 아니면 배신할 것인가. 맞다고 생각해 고른 것이 틀린 선택이 될 수도 있다.

❶ 이것도 알아 두자

⊙ 치킨 게임

치킨Chicken이란 영어로 겁쟁이를 의미한다. 치킨 게임이란 두 대의 차량이 마주 보며 돌진하다가 충돌 직전에 한 명이 핸들을 꺾으면 패하게 되는 게임이다. 이 게임은 언덕에서 떨어지면 죽게 된다는 것을 알면서도 상대에게 겁쟁이라는 말을 듣기 싫어 누구도 물러서지 않고 돌진하는 심리적 상황을 보여주고 있다.

이를 게임 이론에 적용하면 다음과 같다. 두 명 모두 핸들을 꺾으면 비긴다. 한 명이 핸들을 꺾으면 그 사람은 지고 다른 한 명은 승자가 된다. 두 명 모두 핸들을 꺾지 않으면 둘 다 죽는다.

현재 미국은 막대한 빚을 안고 있으나 미국에 돈을 빌려준 국가들은 미국으로부터 언제 자금을 받아야 할지 망설이고 있다. 너무 늦으면 자금을 받지 못할 우려가 있고, 너무 빨리 핸들을 꺾으면 경제 성장의 기회를 놓칠 수도 있기 때문이다. 또한 어느 국가가 먼저 핸들을 꺾는다고 했을 때, 다른 국가들도 연쇄적으로 차례차례 핸들을 꺾을지 모르는 일이다. 현재의 세계 경제는 말 그대로 거대한 치킨 게임에 빠져있다고 할 수 있다.

앉는 자리에 의미가 있는 회의의 심리학

모든 일에 꼭 따라오는 것이 **회의**이다. 영업 회의, 부처별 회의, 전략 회의, 팀 회의 등 사람은 지위가 올라갈수록 더 많은 회의에 참여하게 된다. 이러한 회의에서는 앉는 자리에 따라 다양한 역할이 부여되는 경우가 있다.

회의의 전체를 파악할 수 있는 자리에 앉는 사람이 **리더**(다음 페이지의 그림으로 제시된 직사각형 테이블의 A와 E)이다. 이 자리에 앉은 리더는 회의를 이끌고 주도적으로 결정을 내린다. C나 G에도 리더가 앉는 경우가 있으나, 굳이 말하자면 평등을 중요하게 생각하는 유형의 사람이 앉는 자리이다. 때문에 A나 E에 리더가 앉고, C나 G에 믿을 만한 부하나 2인자가 앉으면 회의가 원활하게 진행된다. 또한 남은 B, D, F, H에 앉는 사람은 회의에 소극적으로 참여하는 이들이다.

미국의 심리학자 **스틴저**는 소규모 집단의 생태를 연구한 뒤 다음의 세 가지 효과를 발견했다. 첫 번째는 논쟁을 한 경험이 있는 이들은 회의에서도 서로를 정면에 두고 앉는다는 것이다. 두 번째는 어떠한 발언 뒤에 오는 발언이 대부분의 경우 반대 의견이라는 것이며, 세 번째는 리더의 힘이 약할 때에는 정면에 앉은 사람끼리 사담을 하고, 강할 때에는 옆 사람과 사담을 한다는 것이다. 이를 정리한 것이 **스틴저 효과**이며, 이 효과는 국회에서도 적용된다고 한다.

회의 테이블의 모양에도 의미가 있다. 전체적으로 의견을 낼 때에는 둥근 형태의 테이블이 좋다. 둥근 테이블의 경우 직사각형 테이블과 같은 모서리가 없기 때문에 위치에 따른 권력관계가 반영되지 않아 자유롭게 의견을 이야기할 수 있기 때문이다.

회의의 흐름은 앉는 자리에서 결정된다

회의실의 어느 자리에 앉는지에 따라 그 사람의 자질을 알 수 있다. 또한 회의를 원활하게 진행하기 위해서도 자리는 중요하다.

직사각형 테이블

A나 E는 주목을 받기 쉽고 전체가 한눈에 들어오기 때문에 주로 리더가 앉는다. 또한 C나 G에는 리더를 보좌하는 사람이 앉는 경우가 많다.

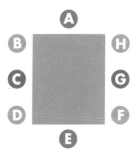

원형 테이블

둥근 테이블은 특정한 곳에 주목이 집중되는 경우가 없기 때문에 구성원 모두가 의견을 내기에 용이하다.

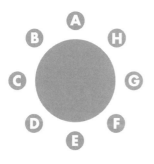

기회주의자는 어느 것도 얻지 못한다?

굶주린 당나귀가 있다. 당나귀로부터 3미터 떨어진 곳에 물이 가득 찬 통과 먹이가 산더미처럼 쌓인 통이 놓여 있다. 당나귀는 어디로 갈까?

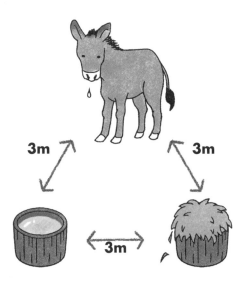

3m   3m

3m

해설

당나귀는 그 자리에 선 채 물도 먹이도 선택하지 않고 결국 굶어 죽는다.
이는 〈뷔리당의 당나귀〉라는 우화이다. 물과 먹이를 모두 원하지만 무엇을 어떻게 해야 할지 선택하지 못한 당나귀가 결국 굶어 죽는다는 이야기로, 인간이 가진 '결단'의 원형을 표현하고 있다. 빼어난 팔방미인 두 명을 앞에 두었을 때, 결국 어느 쪽도 얻지 못하고 사랑이 끝나버리는 경우도 있다. 인생은 이와 같은 양자택일의 연속이다. 인생의 기로에 설 때어느 쪽을 선택하더라도 후회가 남을 수 있다는 사실을 기억하자.

PART
6

. . . .

건강과
심리학

현대인의 적,
스트레스

01 과도한 스트레스는 만병의 근원

    스트레스를 받지 않는 사람은 없을 것이다. 스트레스란 **몸과 마음에 부하가 걸린 상태**를 말한다. 캐나다 생리학자 **한스 셸리에**(1907~1982)는 스트레스를 일으키는 요인을 **스트레스원**이라고 하고, 이로 인해 일어나는 몸과 마음의 변화를 **스트레스 반응**이라 했다.

    스트레스는 자극에 대한 반응이라고도 한다. 살아있는 한 스트레스로부터 자유로울 수는 없다. 스트레스에는 **좋은 스트레스**와 **나쁜 스트레스**가 있는데, 전자는 자신을 분발하게 하거나 용기를 주는 자극과 상태를 말하며 후자는 나쁜 인간관계와 불안, 과로 등 자신의 몸과 마음에 나쁜 영향을 주는 자극과 상태를 말한다. 장기간 나쁜 스트레스를 받거나 매우 강한 스트레스원을 얻게 되어 지쳐버린 우리들의 마음은 그 결과로 병에 걸리게 된다. 직장에서 많은 스트레스를 받는 현대인은 일에 대한 의욕을 잃은 채 **우울증**[p228]에 걸리며 불안이 심해진 젊은 여성들은 거식증이나 과식증과 같은 **섭식 장애**[p238]를 겪게 되기도 한다. 더불어 갑자기 식은땀이 나며 호흡이 곤란해지는 **공황 장애**[p236] 등도 스트레스가 원인인 것으로 알려져 있다

    스트레스원은 크게 네 가지로 분류할 수 있는데, 첫 번째는 **물리적 스트레스원**(추위, 소음, 방사선 등)이며 두 번째는 **화학적 스트레스원**(산소의 결핍과 과잉, 약물, 영양부족 등), 세 번째는 **생리적 스트레스원**(병원균, 염증 등)이며 네 번째는 **정신적 스트레스원**(인간관계에서의 문제, 분노, 불안, 증오, 긴장 등)이다. 대개 마지막의 정신적 스트레스원에 시달리는 경우가 가장 많으며 해결도 어려운 것으로 알려져 있다.

스트레스가 일어나는 원리

스트레스원에 계속해서 노출되어 몸과 마음이 지치면 다양한 병이 발생한다.

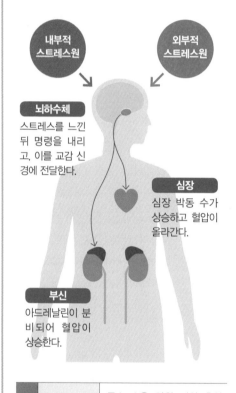

내부적 스트레스원

외부적 스트레스원

뇌하수체
스트레스를 느낀 뒤 명령을 내리고, 이를 교감 신경에 전달한다.

심장
심장 박동 수가 상승하고 혈압이 올라간다.

부신
아드레날린이 분비되어 혈압이 상승한다.

스트레스원	외부적 스트레스원	독소, 소음, 악취, 더위, 추위 등 물리적·과학적·생물학적 자극.
	내부적 스트레스원	야근, 불규칙한 식사, 출산, 인간관계 등에서 오는 피로.

스트레스로 괴로워하는 사람과 웃어 넘기는 사람의 차이는 무엇일까. 미국의 심리학자 **리처드 라자루스**(1922~2002)는 와세다 대학에서 다음과 같은 실험을 실시했다. 그는 피험자를 네 가지 유형으로 구분하여 호주 원주민의 할례 의식을 담은 영화를 보여주고 심리 상태를 분석했다. 그 결과, 사전에 '이 의식은 소년에게 있어 기쁨이다', '학문으로서 하나의 문화를 관찰하는 것이므로 냉정하게 봐야 한다'라는 말을 해 준 그룹과 그렇지 않은 그룹 중 전자가 스트레스 반응이 적다는 것을 밝혀냈다.

즉 **스트레스는 받아들이는 방법에 따라 경감시킬 수 있다는 것**이다. 라자루스는 스트레스에 대한 구체적인 상황에서 행해지는 **대처법**이 있다고 했다. 예를 들어, 업무상의 스트레스는 노력하여 실력을 쌓음으로써 극복할 수 있다. 그리고 나아가 정말로 실력을 쌓아 그 문제를 극복하게 된다면 우리는 뭐라 말할 수 없는 쾌감을 얻게 된다. 과도한 스트레스를 받는 것은 좋지 않지만, 이와 같은 적당한 스트레스는 오히려 의욕을 이끌어 내는 원동력이 되기도 한다.

❗ 이것도 알아 두자

⊙ 스트레스 대책

셀리에p.220가 주장한 **스트레스 반응 이론**에서는 스트레스 반응을 일으키지 않도록 함으로써 스트레스를 막고자 했다. 또한 심리학자 **홈즈**는 **스트레스-자극설**을 주장하여, 스트레스원(자극)이 되는 환경을 조정하면 스트레스를 막을 수 있다고 했다. **라자루스**가 주장한 **스트레스-관계설**은 스트레스원으로 작용하는 환경을 인지하고 조절하여 스트레스에 대처하는 방법을 수정함으로써 중장기적으로 스트레스 반응을 경감시키고자 했다. 여기서 나온 것이 대처Coping라는 개념으로, 이 말의 어원인 cope는 '대처하다'라는 의미를 가지고 있다.

받아들이는 방법에 따라 스트레스의 정도가 다르다

라자루스는 네 그룹에게 각기 다른 사전 설명을 해준 뒤, 호주 원주민의 할례 의식과 관련된 충격적인 영상을 보여 주었다. 이에 각 그룹이 보인 스트레스 반응의 차이는 다음과 같았다.

실험 결과			
	A그룹	**B그룹**	**C그룹**	**D그룹**
사전 설명	'할례는 소년에게 고통을 준다'고 설명	'이는 하나의 문화를 관찰하기 위한 영상'이라고 설명	'할례 의식은 소년에게 기쁨'이라고 설명	아무런 설명 없이 영상을 보여줌
스트레스	높음	낮음	낮음	높음

스트레스 반응의 정도는
사전에 어떤 이야기를 했는지에 따라 달라진다.

◎ 할례 의식이란

호주 등의 원주민이 종교상의 이유로 성년이 된 남자아이에게 시행하는 통과 의례로 성기의 일부를 절단하는 의식이다. 여성의 성기를 절개하는 의식도 있다.

라자루스의 여덟 가지 대처 : 스스로 할 수 있는 스트레스 대처법

❶ 스트레스에 정면으로 맞서, 상황을 변화시키기 위해 적극적으로 행동한다.
❷ 스트레스가 되는 상황에서 벗어나 스트레스를 최소한으로 줄인다.
❸ 스트레스 상황에 대한 자신이 간정과 행동을 통제한다.
❹ 스트레스 해소를 위해 정보를 수집하고 상담 등의 지원을 받는다.
❺ 스트레스 상황에서 자신이 가지는 책임을 인식하고, 상황을 조정한다.
❻ 스트레스를 느끼는 상황에서 벗어난다.
❼ 스트레스를 해소하기 위한 생각을 한다.
❽ 스트레스를 느끼는 환경을 변화시켜 성장의 발판으로 삼는다.

스트레스에 취약한 사람과 그렇지 않은 사람이 있다. 미국의 의학자 **마이어 프리드먼**과 **레이 로젠먼**은 심장병을 앓는 환자에게 몇 가지 공통된 행동 패턴이 있다고 생각하여 그 성격을 **A유형**과 **B유형**으로 나누었다. A유형은 야심적, 공격적으로 혈압의 상승과 심장 질환에 걸리기 쉬운 성격이며 B유형은 비공격적으로 병에 잘 걸리지 않는 성격이다. 나아가 미국의 심리학자 **리디아 테모쇼크**는 암에 걸리기 쉬운 사람의 공통된 성격을 **C유형**이라 하고, 자기희생적이며 주변을 배려하고 인내심이 강한 사람이라 했다.

A유형은 스스로 스트레스가 많은 환경을 선택하고 스트레스에 대해 별로 자각하지 않으며 생활하는 사람들이다. B유형은 이기적인 성향의 사람이다. 이때, A유형 사람은 B유형의 사람보다 훨씬 심장병에 걸리기 쉽다는 연구 보고도 나와 있다. 더불어 C유형은 인간관계에서 상당한 스트레스를 받는 유형이라 할 수 있다. 이렇듯 같은 스트레스 상황이라 해도 성격에 따라 스트레스에 대한 감정과 대처법이 다르다.

Q&A 소소한 심리학

Q 남편은 야근을 하느라 집에 매일 늦게 들어옵니다. 일 때문이니까 어쩔 수 없다고 하는데 괜찮을까요?

A 전형적인 **워커홀릭** 상태입니다. **번아웃 증후군**p.242과도 관계가 있는데, 이 증상은 과도한 업무량을 짊어진 채로 휴식도 취하지 않고 일만 한다는 특징이 있습니다. 이들이 어쩌다 업무 중독에 빠지게 되었는지를 살펴볼까요? 바로 '일이 무엇보다 중요하다'는 가치관에 세뇌되어 업무 외의 일을 하면 불안해져 정신적으로 지쳐 버리기 때문입니다. 위의 **A유형**의 행동을 보이는 사람에게 자주 관찰되는 상황이지요.
가정과 자신의 건강을 돌보지 않으면 최악의 경우 **과로사**할 위험도 있습니다. 즉시 상태를 회사에 알리고 상황을 개선시키세요.

당신은
A, B, C유형 중 어느 쪽?

스트레스에 취약한 성격을 A유형이라 하고, 반대로 강한 성격을 B유형이라 한다. 또한 암에 걸리기 쉽고 인간관계로 스트레스를 받는 성격을 C유형이라 한다. 이 유형들에는 각각 아래와 같은 특징이 있다.

☐ 일을 척척 해내는 것을 좋아하고, 일중독이다.	☐ 업무를 과도하게 하지 않는다.	☐ 부정적인 감정을 쌓아둔다.
☐ 경쟁을 좋아하고, 목표 달성에 대한 열망이 강하며 야심가이다.	☐ 가족과 취미 등 사생활을 중요하게 생각한다.	☐ 대인 관계에 상처를 많이 받는다.
☐ 말, 걸음, 식사를 빨리한다.	☐ 온화한 성격이다.	☐ 주변 사람의 말을 잘 따르며 주장이 강하지 않다.
☐ 타인의 평가를 신경 쓴다.	☐ 타인의 평가를 신경 쓰지 않는다.	☐ 타인을 위해 자신을 희생한다.

↓ | ↓ | ↓

A유형 | **B유형**  | **C유형**

내가 제일 열심히 했는데!

까칠하게 굴지 말고……

이제 틀렸어……

스트레스도 **높음**

스트레스도 **낮음**

스트레스도 **높음**

이토록 다양한
마음의 병

적응 장애의 원인, 환경의 변화에 의한 스트레스

사람은 인생의 고비마다 환경의 변화를 경험한다. 사회인이 되어 회사에 취직을 했을 때나 전근이나 이직을 하게 되었을 때가 그럴 것이다. **적응 장애**란 이러한 환경 변화로 발생되는 **스트레스**로 인해 심신에 장애가 발생하여 사회생활에 지장을 초래하는 상태를 말한다. 정신적인 증상으로는 우울감과 불안, 신체적인 증상으로는 섭식 장애, 경련, 두통이 나타나며 행동 증상으로는 무단결석과 허언증 등 극단적인 변화가 일어난다.

신입 사원이나 신입생 등에게서 보이는 **무기력증**이 그 대표적인 예라고 할 수 있다. 지금까지와는 전혀 다른 환경에서 낯선 사람들 사이에 끼어 일을 하는 것은 몸과 마음을 지치게 한다. 또한 사회에 나온 지 얼마 되지 않은 사람들은 자신이 '할 수 있는 일'과 '해야 할 일'의 차이를 배우는 시기이기도 하다.

이러한 환경에 적응하기 위해 **방어 기제**p.164가 작동하는데, 스트레스가 한계에 달하면 그 기능이 제대로 작동하지 않게 된다. 그 결과 무기력증과 같은 형태로 발현되는 것이다. 적응 장애는 정신 질환 중에는 경도로 분류되지만, **우울증**을 비롯한 질병의 원인이 되는 경우도 있어 가볍게 넘겨서는 안 된다.

---

❶ 이것도 알아 두자

⊙ 남편 재택 스트레스 증후군

일본의 심리 내과 의사인 **구로카와 노부오**는 정년퇴직을 한 남편이 매일 집에 있는 것에 대해 스트레스를 받은 아내의 심신에 변화가 생기는 상태를 **남편 재택 스트레스 증후군**이라 명명했다(이 증후군의 사례 중에는 프리랜서로 전향한 남편이 집에서 근무를 시작한 경우도 있다고 한다).

아내들은 집에서 텔레비전만 보는 남편의 삼시 세 끼를 챙겨야 하는 번거로움과 자신의 일에 일일이 참견을 하는 것에 대해 강한 구속감을 느끼고 있었다. 이러한 여성들의 경우 가부장적인 남편을 둔 경우가 많았고, 남편에게 자신의 기분을 제대로 표현하지 못해 우울증을 호소하거나 위장병, 고혈압, 과민성 대장증후군, 무력감 등의 신체적 증상들을 겪고 있는 것으로 알려졌다. 이 또한 적응 장애의 일종이라 할 수 있다.

적응 장애를 겪는 시기

진학, 취직, 결혼 등 인생의 고비에서 겪게 된 환경 변화에 적응하지 못한 스트레스로 적응 장애 증상이 나타나는 경우가 있다.

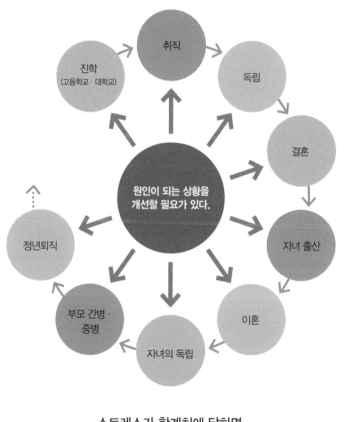

스트레스가 한계치에 달하면

방어 기제가 작동하지 않는다.

02 누구에게나 찾아올 수 있는 마음의 감기, 우울증

우울증이란 우울함, 무기력, 불안 등의 기분 장애가 지속되어 주관적으로 강한 고통을 느끼게 되는 질환이다. 정신적으로는 기분이 침울해지고 흥미를 느끼지 못하며 집중력이 저하되고 자신감 결여, 자살 충동 등의 증상이 나타난다. 더불어 신체적으로는 수면 부족, 식욕 부진, 체중 감소 등의 증상이 나타난다.

일본의 **우울증 발생률**은 약 1~5퍼센트로, 100명 중 1~5명이 우울증을 앓고 있다. 게다가 병원에서 진료를 받지 않는 사람을 포함하면 그 수는 더욱 늘어날 것으로 보인다. 그만큼 우울증은 누구나 걸릴 수 있는 질환이며 자살과도 커다란 관계가 있다.

우울증의 원인은 아직까지 분명히 밝혀지지는 않았지만 **스트레스 등의 외적 요인**이 큰 것으로 여겨지고 있다. 아내나 남편과의 사별, 이혼, 퇴직 등과 같은 인생의 중대한 사건이나 승진, 이주, 출산 등과 같은 일상적인 사건 등이 스트레스의 요인으로 작용하는 경우가 많은 것으로 나타났다. 또한 세로토닌이나 노르아드레날린과 같은 **신경 전달 물질의 조절 장애**가 영향을 준다는 설도 유력한 것으로 알려져 있다.

성격적으로는 ①성실, 근면, 양심적, 주변을 배려하는 사람 ②비관적이고 사소한 것에 신경 쓰는 사람 ③자기애가 강하고 정신적으로 미숙한 사람에게 나타나기 쉬운 경향이 있다.

우울증은 **주기성 질병**으로 수개월에서 수년에 걸쳐 증상이 호전되기도 하지만, 발견이 늦거나 의사에 따라서는 위염이나 **갱년기 장애**등으로 진단을 내리는 경우도 있다. 내면의 고통을 의사에게 충분히 이야기하는 것이 증상을 개선하는 지름길이다.

기분 장애란

기분의 변화를 장기간 제어하지 못해 심한 고통을 느껴 사회적 활동이 어려워지는 상태이다. 미국의 정신의학회가 만든 정신장애 진단 통계 편람DSM-IV-TR의 분류를 아래에 제시했다.

기분 장애

우울증성 장애	**주요 우울 장애**MDD	우울 증상이 나타난다.
	감정 부전 장애 Dysthymia	주요 우울 장애보다 가벼운 만성적 우울증. 비정형 우울증p.230이 여기에 포함된다.
	특정 불능 우울성 장애	월경 전 증후군 등이 포함된다.
양극성 기분 장애		조울증이라고도 하며 조증 상태와 우울증 상태가 반복된다. 회복되어도 재발하는 경우가 많다.

◎ 주요 우울 장애는 경도, 중등도, 중도로 나뉜다.

❗ 이것도 알아 두자

⊙ **양극성 기분 장애**

기분이 침체되고 활동성이 떨어지는 우울 상태와 기분이 좋아지고 활동성이 활발해지는 조증 상태가 번갈아 나타나는 정신 장애로, 일반적으로 **조울증**이라 부른다. **기분 장애**의 하나이다.

양극성 기분 장애는 조증 상태와 우울 상태가 확연히 구분되어 나타나는 I형과 대부분은 우울 상태를 유지하고 이따금 조증이 약하게 나타나는 II형이 있다. 우울증은 식욕 저하, 불면증 등의 증상이 수반되어 나타나며 완치되는 경우도 많은 반면, 양극성 기분 장애는 I형과 II형 모두 식욕 저하와 수면 부족의 증상이 수반되면서 만성으로 발전하기 쉽다는 특징이 있다.

조증과 우울증을 반복하는 주기는 개인마다 차이가 있으며, 수개월에서 수년 주기부터 수일 주기로 반복되는 경우도 있다. 때문에 주변 사람들의 관심 어린 관찰이 필요하다.

⊙ **인지 부조화**(망상적 인지)

모든 일을 흑백으로 구분해야 직성이 풀리는 **이분법적 사고**나 한두 번의 실패로 다음에도 그럴 것이라고 단정 짓는 **과잉 일반화** 등 사물을 보는 시각이 극단적인 경우를 말한다. 우울증을 앓고 있는 사람들에게서 주로 관찰된다.

03 제멋대로인 사람이 걸린다? 증가하는 비전형 우울증

최근에는 새로운 유형의 우울증인 **비전형 우울증**(신형 우울증)이 증가하고 있다. 아직까지 분명한 정의가 없어 편의상 비정형 우울증이라 불리고 있으나, 미국의 정신의학회가 만든 **DSM-IV-TR**(2000년 지침)에서는 우울증과 마찬가지로 **기분 장애**의 하나로 소개되고 있다.

증상으로는 기분이 가라앉거나 불안, 초조, 두통과 구토 등 기존의 우울증과 비슷한 증상이 나타난다. 특징적인 점은 **자신에게 유리하거나 좋아하는 상황을 맞으면 기분이 좋아진다는 것**이다. 직장이나 학교에 가기 전에 우울 증상이 나타나는 것에 반면, 퇴근이나 하교를 하면 급격하게 기분이 좋아지며 쉬는 날에는 여기저기로 놀러 나가기도 한다. **과식과 지나친 수면**을 호소하는 것도 비정형 우울증의 특징이다. 또한 다른 사람에게 거절당하는 일에 민감해지는 등 **대인 공포**를 포함한 불안 증세가 나타난다.

이와 같은 독특한 증상 때문에 비정형 우울증을 앓고 있는 사람은 주위 사람들로부터 '자기 멋대로 행동하는 사람' 혹은 '미성숙한 사람이 걸리는 병'이라는 편견에 시달릴 가능성이 있다. 하지만 비정형 우울증은 본인도 어찌할 수 없는 괴로운 병이다.

기업의 관리직이나 직원의 정신 건강을 담당하는 사람은 우울증에는 일반적인 우울증(주요 우울 장애)뿐 아니라 이러한 유형의 우울증도 있다는 사실을 알아 두기 바란다. 더불어 '게으름을 피우고 있다'고 생각하며 무조건 질책하기보다, 상담을 받게 하거나 의사에게 진료를 받게 하는 등 마음의 병을 치료하는 데에 힘을 실어 주어야 한다.

게으른 사람으로 오해받는 비정형 우울증

비정형 우울증은 기존의 우울증과 다른 증상들을 가지고 있기 때문에 질환이라 생각하지 못하고 간과하기 쉽다.

	일반 우울증	비정형 우울증
식생활	식욕이 없다.	과식한다.
수면	불면증에 걸린다.	잠을 지나치게 많이 잔다.
기분 상태	계속 기분이 우울하다.	좋아하는 일을 하면 기분이 좋아진다.

❗ 이것도 알아 두자

⊙ **감정 부전 장애와 멜랑콜리 친화형 우울증**

감정 부전 장애는 **기분 변조증**이라고도 하며 **신형 우울증**의 일종이다. 이전에는 **우울 신경증**이라 불리기도 했다.

자기애성 인격 장애에 가깝고 다른 사람을 탓하는 회피성 성격이 관찰된다. 30대 이전의 젊은 세대에서 많이 관찰된다는 특징이 있다. 과잉보호를 하는 가정 환경에서 자라 자아를 제대로 형성하지 못한 상태에 처해 있으며 타인과의 커뮤니케이션에 어려움을 겪음에 따라 증상이 나타나는 것으로 알려져 있다.

멜랑콜리 친화형 우울증은 독일의 정신과 의사 **텔렌바흐**가 **우울증**에 걸린 사람들의 성격에는 몇 가지의 특징이 있다고 주장하며 명명한 것으로, 중·장년기 이후의 근면 성실한 사람들에게서 주로 관찰된다고 한다.

⊙ **감정 표현 불능증**

커뮤니케이션을 하지 못하고 융통성이 없으며 상상력이 부족하고 인간관계에 있어 서툴 뿐 아니라 사물을 세세하고 기계적으로 설명하한다는 특징이 있다. **감정 표현 불능증**을 앓는 사람은 우울증으로 발전하기 쉽다고 알려져 있다.

마음의 균형이 깨졌을 때 나타나는 신경증

과도한 스트레스와 피로가 누적되어 심신에 다양한 증상이 나타나는 것을 **신경증**(불안 장애)이라고 한다. 예전에는 **노이로제**라고도 불렸는데 정신병으로 혼동하는 경우가 많았다. 이는 물론 정신병이 아니며, 건강한 사람이 평소에 경험하는 심신의 감각이나 감정이 도를 넘은 상태가 되는 것을 말한다. 몇 번이고 손을 씻지 않으면 참지 못하는 **결벽증**도 그중 하나이다.

신경증에는 주로 사회 상황과 행위로부터 벗어나려고 한 결과 사회생활에 지장이 생기는 **사회 불안 장애**(공포증)[p234] 외에도 특정 상황에 한정되지 않고 불안 증세를 보이는 **공황 장애, 강박성 장애, 기분 변조증**[p231], **해리 장애**(히스테리성 신경증), **건강 염려증**[p244], **이인 신경증, 기분 장애**(조울증)[p228] 등이 있다.

일반적으로 신경증을 앓는 사람은 내성적인 성향이 강한 것으로 알려져 있다. 또한 이성적이고 집착이 강하며 감수성이 예민하고, 상승 욕구가 있는 사람이 걸리기 쉽다. 이러한 성향이 지나치게 편중되면 조화가 깨져 신경증으로 발전하는 것이다.

❗ 이것도 알아 두자

◉ **강박성 장애**(강박 신경증)

특정 사고나 이미지가 떠올라 머리에서 떠나지 않는 강박 관념 또는 행동을 반복하지 않으면 불안해서 견디지 못하는 **강박 행동**을 보이는 것이 특징이다. 강박 관념에 수반하여 나타나는 불안을 없애기 위해 스스로 바보 같다고 생각하면서도 계속 반복하지 않고는 참지 못한다.
문단속을 제대로 했는지 반복적으로 확인하는 **확인 강박, 정리 정돈 강박** 등 다양한 유형이 있다.

◉ **이인성 신경증**

이인증(離人症)이라고도 한다. 자신이 현실 세계에 살고 있다는 실감을 하지 못하는 증상으로 외부에서 자신을 지켜본다는 생각이나 꿈을 꾸는 것 같은 감각, 풍경을 스크린을 통해 보는 것 같은 감각을 느낀다. 많은 사람들 사이에 있어도 고독감을 느끼는 특징이 있다.

신경증에 잘 걸리는 사람은?

신경증은 스트레스와 피로 누적으로 일어나는 다양한 정신 장애를 말한다. 신경증에 잘 걸리는 사람에게는 어떤 특징이 있을까.

내성적, 논리적, 의식적인 성격

장점 : 성실하고 책임감이 강하다. 자기반성 능력이 뛰어나다.

단점 : 작은 결점도 지나치지 못하고 열등감으로 이어진다.

집착이 심한 성격

장점 : 사물에 집착하고 근성이 있으며 모든 일을 열심히 한다.

단점 : 고집이 세고 융통성이 없다.

감수성이 예민한 성격

장점 : 사람을 돌봐주는 것을 좋아한다. 세심하고 배려심이 있다.

단점 : 걱정이 많고 작은 일에도 불안해한다.

성취욕이 높은 성격

장점 : 목표를 향해 노력을 아끼지 않는다.

단점 : 완벽주의 성향으로 조금이라도 완벽하지 않으면 의욕을 잃는다.

05 어린 시절의 경험으로 생기는 대인 공포증

대인 공포증은 일상생활조차 제대로 하지 못할 정도로 심각한 질환이다. 사람과 만났을 때 긴장하여 떨거나 전화를 받기 힘들어하는 등의 증상을 보인다. 이 증상으로 고민하는 사람들은 대부분 여성들이며, 남성의 약 두 배에 달하는 것으로 알려져 있다. 특히 2, 30대 여성은 취직을 해서 사회에 나가 새로운 환경에 노출되거나 결혼과 출산으로 엄마들끼리의 인간관계에 대해 고민하는 시기이기도 하다. 때문에 지금까지 느껴본 적 없는 고통과 문제에 휩싸이게 된다.

대인 공포증의 배경에는 어린 시절의 경험이 영향을 주는 것으로 알려져 있다. 원래부터 예민한 성격이었던 아이가 학교에서 선생님에게 꾸중을 들은 친구를 보고 사람들 앞에 나서기를 두려워하게 되거나, 발표회에서 실수로 웃음거리가 된 경험으로 인해 사람들 앞에서 이야기를 하지 못하게 되는 등 저마다의 고통스러운 경험이 영향을 주는 것이다.

과거에는 이러한 증상을 두고 '마음먹기에 달린 것'이라며 무시하는 경우가 많았으나, 현대 사회에서는 **사회 불안 장애**(공포증)로 분류되어 도움이 필요한 질환으로 여겨지고 있다. 그러나 본인이 먼저 도움을 청하지 않는 경우가 대부분인 것도 사실이다. 때문에 **은둔형 외톨이**p240로 발전할 가능성도 적지 않다. 그러므로 대인 공포증을 질환이라고 인식한 뒤, 이러한 증상으로 괴로워하는 사람이 긍정적으로 살아갈 수 있도록 치료를 받을 수 있게끔 도와주는 것이 중요하다.

치료 방법에는 **약물 요법**과 **인지 행동 치료** p265가 있는데, 실제로는 이 두 가지를 병행하는 경우가 많다. 또한 동시에 다른 정신 질환을 앓는 경우도 많기 때문에 가급적 빨리 진찰을 받는 것이 좋다.

대인 공포증의 유형

대인 공포는 타인의 존재를 지나치게 의식해 일어나는 것으로, 성실하고 완벽주의 성향을 가진 사람일수록 걸리기 쉽다. 대인 공포증은 다음과 같은 유형으로 나눌 수 있다.

홍조 공포 사람들 앞에 서면 얼굴이 빨개진다.	**스피치 공포** 회의나 피로연에서 앞에 나가 말을 할 때 심한 압박을 받는다.

시선 공포 타인의 시선에 공포를 느낀다.	**식사 공포** 먹고 있는 모습을 누군가가 보면 잘 먹지 못한다.
전화 공포 전화벨이 울리면 긴장되어 전화를 받지 못한다.	**글씨 공포** 사람 앞에서 글씨를 쓰려고 하면 손이 떨린다.

❶ 이것도 알아 두자

⊙ 사회 불안 장애 평가 척도

사회 불안 장애의 중증도를 평가하기 위해 사용된다. 일반적으로 LSAS Liebowitz Social Anxiety Scale라고 한다. LSAS에는 24가지 항목의 질문이 있으며 그에 대한 대답을 '공포심·불안감'은 0~3점, '회피'는 0~3점의 4단계로 점수화한 것이다. 또한 건강한 사람, 경계인, 경증, 중등도, 중증으로 평가한다. LSAS의 질문에는 아래와 같은 항목이 있다.

① 남 앞에서 전화를 한다.
② 소수로 이루어진 그룹 활동에 참여한다.
③ 공공장소에서 식사를 한다.
④ 사람과 함께 공공장소에서 술(음료)을 먹는다.
⑤ 권위 있는 사람과 이야기를 나눈다.
⑥ 관중 앞에서 어떠한 행위를 하거나 말을 한다.
⑦ 파티에 참가한다.
⑧ 사람들에게 보이는 장소에서 일(공부)을 한다.
⑨ 사람들이 보는 가운데 글씨를 쓴다.
⑩ 잘 알지 못하는 사람에게 전화를 건다.

06 극심한 공포에 노출되면 나타나는 공황 장애

공황 장애는 어느 날 갑자기 극한의 불안을 동반한 **공황 발작**(불안 발작)을 일으키는 병이다. 급격한 심장 박동, 호흡 곤란, 발한, 구토, 어지럼증 등의 증상이 발생하면 '이대로 머리가 이상해지는 것이 아닐까', '죽는 것이 아닐까' 등의 강한 공포심에 휩싸이며 괴로움을 느낀다.

공황 발작에는 반복성이 있다. 빈도는 개인마다 차이가 있는데, 하루에 몇 번이나 발작 증세를 보이는 사람도 있는가 하면 일주일에 한 번 정도의 주기로 발작을 일으키는 사람도 있다. 또한 발작을 수차례 경험하면서 '또다시 그런 고통이 찾아오는 것은 아닐까', '사람들 앞에서 발작이 일어나면 어쩌지'하는 **예기 불안**에 시달린다. 스스로 증상을 제어하지 못한다는 공포심이 이 질환의 큰 특징이라 할 수 있다.

광장 공포증(넓은 장소에 혼자 있을 때 까닭 없이 두려움을 느끼는 증상)을 수반하는 경우도 많으며, 엘리베이터나 지하철, 택시 등 쉽게 도망칠 수 없는 장소에서 갑자기 공황발작이 찾아온다. 때문에 외출을 꺼리게 되고 행동 범위와 생활 환경의 폭이 좁아져 **우울증**으로 발전하기도 한다.

최근 들어 증가하고 있는 공황 장애는 환자의 대부분이 여성인 것으로 알려져 있다. 원인으로는 공황 장애에 취약한 체질(가족력이 있는 경우 확률이 높아진다), 스트레스와 과로, 중추·말초 신경의 조절 장애가 지적되고 있다. 어린 시절 부모를 여의었거나 생이별한 경험 등의 환경적인 요인도 발병의 원인으로 여겨지고 있다.

죽음의 공포에 사로잡히는 공황 장애

최초의 공황 장애 발작은 아무런 전조 증상 없이 찾아온다. 문자 그대로 '공황 상태'가 되면서 구급차를 부르는 경우도 있다.

공황 발작

발작은 보통 30분에서 1시간 정도가 지나면 안정되지만, 반복성이 있어 다시 발작을 일으킬지 모른다는 예기 불안을 겪게 된다.

광장 공포

지하철이나 엘리베이터 등 혼잡하여 도망치기 힘든 장소에 공포심을 느끼고 외출을 꺼린다.

❗ 이것도 알아 두자

⊙ 노출 요법

공황 장애와 외상 후 스트레스 장애p.246의 치료법 중 하나로, 환자를 고통을 주는 대상과 일부러 접촉하게 함으로써 마음의 상태를 정상적으로 되돌리는 요법이다. 외상 후 스트레스 장애의 경우 외상 체험(육체적·정신적 충격에 장시간 노출된 상태)에, 공황 장애는 공황 발작의 근본 원인이 된 자극과 상태에 조금씩 익숙해지도록 한다. 사람들 앞에서 공황 발작을 일으키는 환자의 경우, 사람들 무리에 조금씩 적응할 수 있도록 훈련을 시키는 것이다.

Q&A 소소한 심리학

Q 언니가 몇 년 전에 공황 발작을 일으켰습니다. 증상의 개선을 위해 집에서 할 수 있는 일이 있을까요?

A 심신의 긴장을 완화하는 효과가 있는 자율 훈련법이 있습니다. 먼저 의자에 앉거나 침대에 누운 상태에서 '손발이 무거워지고 점점 따뜻해진다'라고 자기 암시를 겁니다. 그런 후에 '심장 박동이 규칙적으로 뛰고, 호흡이 편해진다'라고 암시를 겁니다. 이러한 암시에는 자율 신경계가 정상적으로 기능하도록 하는 효과가 있습니다.

07 살찌는 것에 대한 두려움으로 생기는 섭식 장애

사춘기나 청소년기의 여성에게서 흔히 볼 수 있는 **섭식 장애**는 문자 그대로 섭식에 문제가 생기는 질환이다. 증상에 따라 **신경성 대식증**(과식증)과 **신경성 무식욕증**(거식증)이 있다.

과식증은 끊임없이 음식을 섭취하거나 한꺼번에 많은 음식을 먹는 행동을 반복한다. 그러나 그런 **자신에 대한 죄책감**을 갖기도 하고 비만에 대한 공포를 느껴 단식하거나 구토, 설사, 관장을 하는 등 살이 찌는 것을 막으려고 한다. 이러한 행위가 반복되면 식도염이나 치아 손상, 저칼륨 혈증 등을 일으킬 수 있다.

거식증은 자신이 살이 쪘다는 강박증에 사로잡혀 마른 체형임에도 체중을 계속 줄이려고 하는 증상이다. 거식증의 경우 무월경, 저체온 등에 이어 최악의 경우 아사餓死에 이를 가능성도 있다.

두 증상 모두 다이어트가 계기가 되어 일어나는 경우가 많으며, 성적으로 성숙해지는 것에 대한 갈등과 거부감에서 발생하는 경우도 있다. 성격적으로는 성실하고 완벽주의 성향이 강한 여성에게 주로 나타나며, 환경적으로는 인간관계로 인한 **심리적 스트레스**를 안고 있는 사람에게 나타나는 것으로 알려져 있다. **어머니와의 관계**도 영향을 주는 것으로 여겨지는데, 어머니의 말을 곧이곧대로 들으며 착실하게 자라지만 성장한 후에 그것을 견디지 못해 다이어트를 계기로 섭식 장애에 걸리는 사례도 있고, 반대로 충분한 애정을 받지 못하고 자라나 그에 대한 반발심으로 자신의 몸을 극도로 통제하려는 욕망이 생겨나는 경우도 있다

치료 방법으로는 **행동 치료, 인지 치료, 정신분석적 심리 치료, 가족 치료**등이 있는데, 치료 목적이 무엇인지와 섭식 장애를 보는 관점에 따라 방법이 달라지게 된다.

섭식 장애의 진행 과정

과식증과 거식증 모두 다이어트로 인한 다양한 스트레스가 섭식 장애를 유발하는 것으로 알려져 있다.

과식증	거식증
음식을 지나치게 많이 섭취하고 그에 대한 죄책감으로 구토 행위를 반복한다.	몸이 아무리 말라도 자신은 살이 쪘다고 생각하며, 음식을 입에 대지 않는다.

음식에 대한 강한 충동	스트레스로 인한 식욕 저하 또는 다이어트
↓	↓
단기간에 많은 양의 음식을 섭취	의도적으로 음식을 거부
↓	↓
단식 또는 구토와 설사 등 정화 행동	음식을 먹으려 해도 먹을 수 없게 된다.

❗ 이것도 알아 두자

⊙ 가족 치료

섭식 장애 치료에는 환자 본인뿐 아니라 환자의 가족도 같은 문제를 가진 존재로 보고 **심리 치료**를 시행하는 경우가 있는데 이를 가족 치료라고 한다. **가족 치료**의 대상이 되는 가족은 일반적으로 **가문의 전통**이 강한 경우가 많은 것으로 알려져 있다.

예를 들어, 명문가에서 태어난 아이가 인생에 실패해 좌절감을 이기지 못하고 **거식증**에 걸렸을 경우 '우리 집안의 아이는 이래야만 한다'는 가풍에 압박을 느꼈을 것이라고 생각하는 것이다. 가족 치료에서는 은연중에 자녀에게 영향을 미친 가풍을 가족 전체에게 인식시키고, 가족 간의 갈등을 해소시키는 방법을 채택하고 있다.

⊙ 심신 장애

섭식 장애와 마찬가지로 스트레스로 인해 일어나는 다양한 내과적 질환의 총칭을 **심신 장애**라고 한다. 심신 장애에는 **과민성 대장염, 편두통, 기관지 천식, 고혈압, 당뇨, 원형 탈모, 메니에르병** 등 다양한 종류가 있으며 증상이 나타나는 부위는 전신에 이른다.

08 사회와 가족을 거부하는 사회적 은둔형 외톨이

우울증[p228]이나 **신경증**[p232]을 앓는 사람 중 심한 불안 증상과 공포심으로 인해 밖으로 나오지 않는 사람을 **은둔형 외톨이**(히키코모리)라고 한다. 은둔형 외톨이란 대부분의 시간을 자신의 방 혹은 집에 틀어박혀 지내고, 사회적인 활동을 하지 않는 상태를 말한다. 최근에는 정신적인 질환이 없음에도 은둔형 외톨이가 되는 사람들이 증가하고 있다. 이를 **사회적 은둔형 외톨이**라 한다. 현대 사회에서 은둔형 외톨이는 주로 사회적 은둔형 외톨이를 말하며, 사회적 은둔형 외톨이 중 60~80퍼센트는 남성이었다. 참고로 '은둔형 외톨이'라는 용어는 2000년 이후에 탄생했다.

일본의 정신과 의사인 **사이토 다마키**(1961~)는 사회적 은둔형 외톨이에 대해 '20대 후반까지 발생하여 6개월 이상 집에 틀어박혀 사회에 참여하지 않는 상태가 지속되며, 다른 정신 장애가 선행 원인이라고 보기 어려운 것'이라 정의했다. 또한 **등교 거부**가 장기화되어 은둔형 외톨이로 이어지는 경우도 다수 엿보였다.

은둔형 외톨이들은 은둔 기간이 장기화됨에 따라 부모와의 대화를 피하려 하고, 컴퓨터 게임을 하며 **밤낮이 바뀐 생활**을 보내게 된다. 이와 더불어 **퇴행**[p113]이 일어나는 경우도 있다. 퇴행이 일어날 경우 벽을 치고 큰소리로 소란을 피우며 유리창을 깨는 등의 폭력적인 행위를 종종 일으키게 된다.

일반적으로 은둔형 외톨이의 상태가 길어질수록 스스로의 힘으로 사회에 복귀하는 것이 어려워진다. 가족의 힘만으로 문제를 헤쳐나가기 어려운 경우도 있기 때문에 정신과를 방문해 상담을 받는 것이 중요하나, 그전에 **정신 건강 복지 센터** 등 공적 기관에 문의를 해보는 것도 도움이 될 것이다.

은둔형 외톨이의 가정 환경

사회적 은둔형 외톨이는 무기력하고 게으른 것처럼 보일지 몰라도, 내면에서는 상처 받은 자존감으로 인한 열등감과 초조함을 느끼고 있다. 은둔형 외톨이가 되는 배경에는 무엇이 있을까?

본인	○ 등교 거부를 한 적이 있다. ○ 은둔형 외톨이가 되기 전에는 성실하고 성적도 좋았으며, 흠잡을 데 없는 '모범생'이었다.
부모	○ 경제적, 문화적으로 평균 이상. ○ 양쪽 부모 모두 살아 있는 가정이 많다. ○ 아버지의 존재감이 약하고, 타 지역으로의 발령 등으로 인해 집에 없는 경우가 많다. ○ 어머니는 근면하고 성실하다. 육아에 열정을 쏟지만, 남의 눈을 신경 쓴다.
가정 환경	○ 각자의 방이 있고 만화, 비디오, 게임, 컴퓨터, 냉온풍기, 냉장고 등 은둔형 외톨이가 살기 좋은 환경을 갖추고 있다.

밥 여기 둘 테니까 꼭 먹으렴.

❗ 이것도 알아 두자

⊙ **회피성 인격 장애**

인격 장애의 C군으로 분류된다 <u>p.254</u>. 타인이 자신을 어떻게 생각할지를 비정상적으로 신경 쓰고, 상처를 잘 받는다는 특징이 있다. 이 장애를 앓을 경우 **등교 거부, 은둔형 외톨이, 출근 거부, 우울증** 등으로 발전할 수 있다. 원인으로는 **모자(母子) 밀착형**으로, 영유아기 때의 **과잉보호**가 지적되고 있다.

⊙ **가정 폭력**

스트레스, 은둔형 외톨이와 같은 내적 요인으로 인해 **가정 폭력**이 발생하는 경우가 있다. 이는 문자 그대로 가족에 대해 폭력을 휘두르는 행위를 말한다. 부모가 아동에게 폭력을 가할 경우에는 **아동학대**라는 말도 쓰인다. 가정에서 폭력을 휘두르는 이들의 비율 중에는 고등학생이 가장 많았다. 이때에는 일반적으로 '모범생기', '침묵기', '반항기', '강요 · 폭언기', '폭력 · 파괴기'와 같은 과정이 수반된다.

09 의욕이 없어지는 번아웃 증후군

거칠 것 없이 업무를 잘해 오던 사람이 어느 날 갑자기 의욕을 잃거나 기력이 다 소진된 상태가 되는 경우가 있다. 이를 **번아웃 증후군**Burnout Syndrome이라 한다. 이 용어를 처음 사용한 사람은 미국의 정신 심리학자인 허버트 프로이덴버거(1927~1999)로, 그 후 미국의 사회 심리학자 **크리스티나 매슬랙**이 그 중증도를 판정하는 **MBI 지표**를 만들었다.

MBI 지표에 따르면 번아웃 증후군은 **정신적 소진감, 탈인격화, 개인적 성취감의 저하**의 세 가지 증상을 나타내는 것으로 정의되었다. 정신적 소진감이란 업무를 통해 정신적으로 힘을 소진해버린 상태로 격무에 시달려 마음에 여유가 없어졌거나 몸과 마음에 피로를 느끼는 등의 감정이다. 정신적 소진감에 대한 **방어 기제**p.164는 상대와의 **정서적 커뮤니케이션**을 최대한 피하려 하는 것인데, 그 결과로 나타나는 증상이 바로 **탈인격화**이다. 탈인격화 증상을 보이는 사람은 타인을 형식적으로 대하게 되기 때문에 상대에 대한 배려를 귀찮아하고, 그것이 어떠한 결과를 가져와도 상관없다고 생각한다. 이러한 증상의 연쇄는 업무의 성과를 떨어트리고, 지금까지 업무로 쌓아 온 성취감을 크게 떨어지게 만든다. 개인적인 성취감의 저하는 때때로 휴직 또는 이직으로 사람을 내몰기도 한다.

최근에는 정신적인 문제와는 별개인 상황에서 번아웃 증후군의 용어를 사용하는 경우가 늘어나고 있다. 가령, 스포츠 선수들이 세계적인 대회에서 인생 최고의 목표를 달성한 뒤 **허무함**을 느낄 때가 그렇다.

일에 열정적인 사람이 겪기 쉬운 번아웃 증후군

매슬랙은 번아웃 증후군의 특징으로 다음의 세 가지를 제시했다.

1 정신적 소진감

몸과 마음이 지쳐 아름다운 것을 보아도 무감각하다.

2 탈인격화

대인 관계가 귀찮아지고 방관하는 태도를 보인다.

3 개인적인 성취감의 저하

이룰 수 있을 리 없다며 미리 포기를 하거나, 일에 대한 의욕을 잃는다.

❗ 이것도 알아 두자

⊙ 감정 노동

미국의 사회학자 **알리 러셀 혹실드**(1940~)가 주장했다. 서비스직에 종사하는 사람이 조직에서 바람직하다고 여기는 감정을 자신의 감정과는 무관하게 행하는 노동을 의미한다. 대부분의 **서비스업**과 **간호사, 교사** 등 사람을 상대로 친절함이 요구되는 직업에서 흔히 관찰된다.

감정 노동자는 상대방의 태도가 나쁘더라도 웃는 얼굴로 대해야 한다. 웃는 얼굴은 인위적으로 만들 수 있는 것이 아니기 때문에 감정 노동자 중에는 억지로 웃어야만 하는 사람이 많으며, 본래의 감정을 잃고 **번아웃 증후군**에 걸리는 사람도 있다.

이외에도 노동에는 신체를 사용하여 작업을 하는 **육체노동**과 머리를 사용하는 **두뇌 노동**이 있는데, 감정 노동에 시달리는 사람이 육체노동을 하는 분야로 이직하는 경우도 자주 관찰되고 있다.

⊙ 샌드위치 증후군

중간 관리직에게 흔히 보이는 증상이다. 상사와 부하 사이에 끼어 괴로워하며 **우울증**^{p.228}이나 **심신장애**^{p.239}를 겪는 것을 말한다.

10 성형으로도 채울 수 없는 아름다움에 대한 집착

사춘기나 **청소년기**에 접어들면 남녀 모두 외모에 신경을 쓰게 된다. 특히 여성의 경우 패션과 화장에 빨리 눈을 뜨는 편이며, 최근에는 남성용 화장품도 인기를 얻고 있는 추세이다.

겉모습에 신경을 쓰는 것은 상대방에 대한 예의이기도 하지만 지나치게 신경을 쓰는 경우는 예외이다. '나는 못생겼다'는 생각에서 헤어나지 못하고, 다른 사람들의 눈에 자신의 외모가 어떻게 보일지를 지나치게 신경 쓴 나머지 인간관계와 업무에 지장을 초래하는 것이 바로 **신체 이형 장애**이다. 이는 일종의 **건강 염려증**이나 **강박성 장애**(강박 신경증)^{p.232}로도 알려져 있다.

사춘기에 발현되는 경우가 많고, 장기화될 경우 10년 이상 이어지는 경우도 관찰된다. 자신이 못생겼다는 **강박 관념**에 사로잡혀 거울을 보기를 두려워하거나, 반대로 거울로 계속 자신의 모습을 확인하지 않으면 견디지 못한다는 특징이 있다. 자신이 못생겼다는 강박 관념에 사로잡혀 몇 번이나 **성형 수술**을 하는 사람, 사람들 앞에 서는 것에 대한 두려움으로 **은둔형 외톨이**^{p.240}가 되는 사람, 잘못된 신체에 대한 강박으로 **섭식 장애**^{p.238}에 걸리는 사람도 있다. 또한 인간관계에 문제가 생기면 '내가 못생겨서 사람들이 상대해 주지 않는 거야'라고 생각하며 문제의 본질을 외모 탓으로 돌리기도 한다.

자신의 외모 중에 신경 쓰이는 부분을 **가족들에게 물어보며 확인하는 경우**가 많은 것도 특징이다. 이 때문에 가족들과 사이가 나빠지거나 **가정 폭력**^{p.241}으로 발전하는 경우도 있다. 이 경우, 본인은 병이라고 인지하지 못하는 경우가 많기 때문에 본인의 뜻을 따라주는 것보다 정신과 등 전문의에게 상담을 받도록 하는 편이 좋다.

외모에 집착하는 신체 이형 장애

 자신의 얼굴, 코, 골격, 스타일 등 외모가 못생겼다는 강박에 시달리며 사람과 만나는 것을 피하게 되는 심리 변화이다. 마음에 들지 않는 부위가 얼굴과 체형 전체에 걸쳐 나타나는 경우도 있다.

스타일
얼굴 / 털
눈 / 이마
입술 / 코
볼 / 귀
치아 / 피부
턱 / 가슴
어깨 / 배
팔 / 허리
손목 / 다리
성기 / 엉덩이

◎ 성형외과에서 수술을 해도 결과에 만족하지 못하기 때문에 정신과 전문의의 치료가 필요하다.

⊙ 신체 표현성 장애

스트레스가 원인으로 신체와 행동에 이상 행동이 일어나는 증상의 총칭이다. **신체 이형 장애**도 이에 포함된다. 신체 표현성 장애에는 다음과 같은 장애들이 있다.

o 신체화 장애 : 두통, 복통, 설사 등 신체의 여러 곳에서 통증을 호소하지만 내과적으로는 이상이 없는 상태.

o 전환성 장애 : 갑자기 걷지 못하는 등 스트레스가 신체 증상으로 전환되어 나타나는 상태.

o 건강 염려증 : 사소한 신체적 이상을 큰 병이라고 생각하며 불안해하는 상태.

o 동통성 장애 : 몸이 쑤시는 통증을 느끼지만 내·외과적인 이상이 발견되지 않는 상태.

⊙ 역할극

심리 치료 요법의 일종이다. **신체 이형 장애** 등으로 타인과 말하는 일에 공포를 느끼는 사람을 위해 실제로 대화하는 장면을 연출해서 그룹을 만들어 이야기를 나누는 등 현실에 직면하기 바로 직전의 단계를 경험하게 한다.

11 트라우마로 생기는 외상 후 스트레스 장애

외상 후 스트레스 장애는 미국에서 1980년대 베트남 전쟁에서 귀환한 병사들에게서 나타난 증상으로 인해 주목받기 시작했다. 외상 후 스트레스 장애란 **불안 장애**의 일종으로 범죄나 전쟁, 재해나 사고, 폭력이나 학대 등 죽음의 공포를 느끼는 위험을 경험하거나 충격적인 사건을 겪을 때 그 일이 **트라우마**(심리적 외상)로 작용하여 일어난다고 알려져 있다. 대부분의 경우 바로 증상이 나타나지만, 때로는 트라우마를 경험한 후 몇 년이 지났을 때 어떠한 일을 계기로 갑자기 발생하는 경우도 있다.

외상 후 스트레스 장애 환자의 경우 트라우마가 된 사건과 관련된 일을 회피하려 하거나 그 사건의 중요한 부분만 기억하지 못하게 되기도 한다. 또한 신경이 예민해져 쉽게 화를 내고 집중력이 떨어지며, 지나친 경계심이나 수면 장애 등의 증상이 나타나기도 한다.

이 질환의 특징적인 증상은 바로 **트라우마의 재현**이다. 갑자기 눈앞에 떠올리고 싶지 않은 트라우마가 떠오르는 **플래시백**이나, 그 사건과 관련된 악몽을 반복해서 꾸고는 하는 것이다. 이러한 증상으로 인해 이혼이나 실직, 대인 불안, 알코올 중독, 약물 중독 등에 시달리거나 최악의 경우 자살에 이르는 경우도 있다.

외상 후 스트레스 장애는 극단적인 경험에서 오는 스트레스가 원인이기 때문에 차분히 인내심을 가지고 환자의 상태에 맞춰 치료를 진행하는 것이 중요하다. 치료 방법으로는 동일한 트라우마를 가진 사람들이 모여 이야기를 나누는 **그룹 치료**나 **행동 치료**^p.261, **최면 치료**, **EMDR**(녀가 램 수면 상태에 들어갔을 때 트라우마를 치료하는 방법)등이 있다.

외상 후 스트레스 장애가 일어나는 원리

외상 후 스트레스 장애는 과거의 충격적인 경험이 되살아날 때 일어나는 다양한 장애를 말한다. 책임감이 강하고 정신적으로 강한 사람에게서 주로 관찰된다.

충격적인 사건

- 살인 사건을 목격함
- 자연재해를 겪음
- 이혼을 함
- 성범죄에 연루됨
- 학대를 받음
- 전쟁을 경험함

외상 후 스트레스 장애 발병

◎ 섬광 기억 p.293, 악몽, 끔찍한 경험이 반복해서 되살아날 때 외상 후 스트레스 장애 증상이 발현된다.

섬광 기억 p.293

❗ 이것도 알아 두자

⊙ **해리성 장애**

해리란 잘게 분리되는 현상을 말한다. **해리성 장애**는 트라우마에 대한 자기 방어 수단으로 '해리'라는 방법을 택한 상태라 할 수 있다. 즉 자아를 형성하는 기억, 의식, 운동, 지각, 촉각 등의 감각이 손상되어(해리), 정상적으로 기능하지 않는 상태를 말하는 것이다.

해리성 장애에는 아래와 같은 증상들이 있다.

- 해리성 건망 : 몇 시간에서 몇 일간의 기억이 없어진다. 공간을 이동한 것과 같은 느낌을 받는다.
- 해리성 둔주 : 가정과 직장으로부터 돌연 자취를 감춘다. 자취를 감춘 동안에는 자신의 이름과 직업, 가족 등을 잊어버린다.
- 해리성 정체감 장애(다중 인격 장애) : 여러 가지 인격을 가지게 된다.
- 해리성 혼미 : 장시간 앉거나 누운 채로 소리와 빛 등의 자극에 반응하지 않는다.
- 빙의 장애 : 유령이나 귀신 등에 홀렸다고 믿는다.
- 해리성 운동 장애 : 손발의 운동 능력이 저하된다. 다른 사람의 도움 없이는 일어설 수 없다.
- 해리성 지각 마비 : 피부의 감각이 없어지고 시각, 청각, 후각 장애가 나타난다.

12 중독, 현실을 도피하려는 상태

어느 특정한 자극이나 쾌락을 추구하는 성향을 **중독**이라 한다. 중독은 크게 **물질 중독, 프로세스 중독, 인간관계 중독**의 세 가지로 나눌 수 있는데, 이를 자신의 힘으로 통제하지 못하면 정신 질환으로 발현된다.

알코올 중독은 물질 중독(기분을 좋게 해주는 물질에 중독된 상태) 때문에 나타나는 대표적인 중독 중 하나이다. 약물 중독과 과식도 이에 해당된다. 이러한 중독에 빠지면 그것을 끊었을 때 손이 떨리는 등의 **금단 증상**이 일어난다.

도박 중독은 행동 중독(고취심을 주는 행동에 중독되는 사태) 때문에 생긴다. 심해지면 생활비를 탕진하는 것은 물론, 대출을 끌어다 쓰면서까지 중독된다. 일, 쇼핑, 대출, 자해, 인터넷, 스토킹, 강박적인 다이어트 등도 행동 중독의 대상이다.

인간관계 중독은 인간관계에 중독되는 것으로, 상대와의 관계성에 지나치게 의존하는 **공동 의존**p.250등이 이에 해당한다.

중독이 발생하는 원인으로는 자신이 감당해야 할 고통으로부터 도피하여 스스로 자신을 치유하려고 하는 심리가 지적되고 있다. 그러나 이 **자가 치료**는 점차 통제가 불가능하게 된다. 또한 하나의 중독에서 다른 중독으로 옮겨가거나 여러 가지의 중독이 복합적으로 생기는 경우도 있다. 자기 통제가 불가능한 상태이기 때문에 전문의나 주변의 도움을 빌려 치료를 받아야 한다.

특정 행동에서 빠져나오지 못하는 중독

중독은 크게 아래의 세 가지로 나눌 수 있다.

① 물질 중독

물질에 중독된다.

○ 니코틴 중독
○ 알코올 중독
○ 과식증
○ 코카인 등 약물 중독

② 행동 중독

일이나 도박 등 특정 행동에 중독된다.

○ 도박 중독
○ 쇼핑 중독
○ 일 중독
○ 자해 행동
○ 도벽
○ 인터넷 중독

③ 인간관계 중독

부모와 자식, 부부, 연인 등 제한된 인간관계에 중독된다.

○ 공동 의존(인간관계에 과도하게 의존하는 것)
○ 연애 중독
○ 섹스 중독

---

❶ 이것도 알아 두자

⊙ 진전 섬망

섬망이란 의식이 혼미해지고 환각이나 착시가 일어나는 상태를 말한다. **진전 섬망**은 **알코올 중독**을 치료하는 과정에서 흔히 관찰되는 **금단 증상**이다. 금주를 하게 되면 중추 신경계가 흥분하여 **이탈 증상**(발한, 손의 떨림, 구토 등 신체의 기능이 통제되지 않는 상태)이 일어나는데, 진전 섬망은 이것이 심화된 상태이다('진전'이란 손의 떨림을 말한다).

진전 섬망은 4, 5일이면 증세가 완화되지만, 간부전이나 소화관 출혈 등 음주와 관련된 질환이 내재되어 있을 가능성도 있기 때문에 방치해 두면 심해지거나 혼수상태에 빠져 죽음에 이르는 경우도 있다.

⊙ 기능 부전 가족

미국의 사회 심리학자 **클라우디아 블랙**이 주장한 개념으로 가족의 기능이 제대로 이루어지지 않는 가정을 말한다. 가정 내에 **학대**나 **폭력**(육아 방치)등이 존재하며 **가정이 붕괴**된 상태이다. 어덜트 칠드런Adult Children의 경우, 기능 부전 가족에서 성장하여 성인이 되어서도 **트라우마**p.246를 겪는 사람을 말한다.

13 폭력에도 NO라고 하지 못하는 공동 의존증

의존증[p248] 중에서도 **인간관계 중독**[p248]에 속하는 것이 **공동 의존증**이다. 물건이나 특정 행동에 의존하는 것이 아니라 특정한 인간관계에 의존하고, 가까운 사람(배우자, 가족, 연인, 친구 등)과의 문제에만 골몰하여 그 문제가 해결될 때까지 집착하는 증상을 보이는 것이다.

심한 폭력성을 보이는 남성을 떠나지 못하는 여성의 경우가 전형적인 사례이다. 그러한 여성의 경우 **가정 폭력**[p241]를 겪거나 돈을 갈취당해도 '저 사람도 좋은 면이 있다'며 절대 그의 곁을 떠나지 못한다. 그뿐 아니라 '저 사람은 내가 아니면 안 된다'고 자신을 세뇌시켜 상대의 곁을 지키기도 한다. 이러한 행동은 상대와의 관계를 유지하는 것에서 자신의 삶의 가치를 찾아내고자 하는 생각이 원인이 되어 나타난다.

공동 의존을 겪는 사람은 주변 사람의 감정과 행동에 지나칠 정도로 책임감을 느끼며, 자신의 욕구를 표현하는 것에서 서툰 면을 보이고 강한 불안감을 느낀다. 더불어 항상 다른 사람의 평가를 필요로 하고 그 평가를 바탕으로 '훌륭한 나', '사랑받는 나'라는 의식을 스스로에게 주입한다.

행복한 인생을 보내기 위해서는 서로 도우며 살아가야함은 물론이고 때로는 너그러운 마음도 필요하다. 그러나 상대에게 지나치게 의존한다면 건강한 인간관계를 맺지 못하고 오히려 부정적인 관계로 변질되기 쉽다.

우선 치료를 위해 **주기성을 끊어내는 것**이 중요하다. 자극을 받는 것을 막고, 중독으로 빠지는 과정을 파괴하는 것이다. 바람직하지 않은 인간관계를 끊어내기 위해서는 공동 의존을 자각할 필요가 있다.

상대에 집착하며 자신의 존재를 확인하는 공동 의존

가족과 연인 등 특정한 인간관계에 의존하려는 경향을 보이는 것을 공동 의존이라 한다.

이게!

스트레스가 쌓이면, 난폭한 태도나 폭력이 눈에 띄게 증가한다.

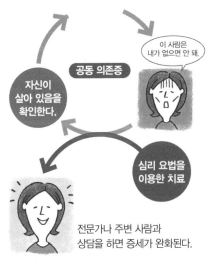

이 사람은 내가 없으면 안 돼.

공동 의존증

자신이 살아 있음을 확인한다.

심리 요법을 이용한 치료

전문가나 주변 사람과 상담을 하면 증세가 완화된다.

◎ 공동 의존을 끊기 위해서는 치료와 함께 상대와의 관계를 객관적으로 바라볼 수 있도록 노력하는 것이 중요하다.

❗ 이것도 알아 두자

⊙ 가정 폭력의 사이클

미국의 심리학자 **러노르 워커**가 주장한 이론이다. 그는 가정 폭력이 세 가지 사이클을 반복하며 점차 피해를 키운다고 주장했다.

구타 단계
분노가 폭발하여 폭력을 휘두른다.

긴장 단계
불안과 스트레스가 축적된다.

조용히 애정을 전하며 쉬는 단계
폭력을 휘두른 것에 대해 사과하고 용서를 구한다.

3단계가 반복적으로 나타나는 주기는 사람에 따라 다르지만, 한 번 시작된 폭력은 점점 더 심해지고 그 주기도 짧아지는 것이 일반적이다. 피해자는 '조용히 애정을 전하며 쉬는 단계'가 진짜 그 사람의 마음이라고 착각하며 참고 넘어가는 경향이 있다.

14 상대의 마음을 이해하지 못하는 스토커

누군가를 좋아하는 것은 인간에게 있어 자연스러운 감정이다. 그러나 상대의 기분과 상관없이 '사귀어 달라고 쫓아다니는' 사람들이 있다. 바로 **스토커**이다. 이들이 하는 행위를 우리는 **스토커 행위** 또는 **스토킹**이라 부른다.

스토커의 전형적인 패턴으로는 **거절형**(어느 정도 친밀한 관계를 맺은 뒤, 그 관계가 깨졌을 때 스토커가 되는 유형. 여기에서 '친밀한'은 스토커의 개인적인 느낌일 때가 많다), **무자격형**(일방적으로 연애 감정을 강요한다), **친밀 추구형**(친밀한 관계를 강요한다), **증오형**(상대에게 공포심이나 혼란을 주는 것이 목적이며 그로 인해 자신의 존재 의미를 확인한다), **욕망 추구형**(자신의 상상이나 망상을 실현하여 만족감을 얻는 것이 목적) 등이 있다.

도대체 왜 스토커가 생겨나는 것일까? 일본의 정신의학박사 **후쿠시마 아키라**(1936~)는 '스토커 행위에서는 인격이 채 형성되지 않은 채로 성인이 된 사람이 가진 전형적인 심리 양상이 엿보인다'고 저술했다. 즉 인간으로서 미숙함이 **망상적 인지**[p229]를 일으켜 스토킹으로 이어진다고 할 수 있는 것이다.

'스토커 행위'란?

스토커 행위란 '끈질기게 따라다니는' 행위를 반복하는 것을 말한다. 자신의 감정과 욕구를 채우기 위해 아래와 같은 행동을 한다.

따라다니기, 잠복, 들이닥침	미행을 하며 끈질기게 따라다닌다. 통학, 출근길 등 가는 곳마다 기다리고 있다. 집이나 직장, 학교 등으로 찾아오는 경우도 있다.
감시 보고	집 앞을 감시하고 있다가 집에 들어오면 전화를 한다. 메일로 다른 사람이 알 수 없는 내용을 써서 보낸다.
만남, 교제의 요구	거절을 했음에도 만남과 교제를 요구한다. 끈질기게 약속을 잡으려 하고, 선물을 받으라며 강요한다.
난폭 행위	큰소리로 폭언을 쏟아낸다. 차의 클랙슨을 계속 울리는 등의 행위를 하며 괴롭히기도 한다.
말없이 끊는 전화	핸드폰이나 회사, 집으로 끈질기게 전화를 한다. 받으면 말없이 끊는다. 대량의 팩스를 보내기도 한다.
오물 투척	동물의 사체 등을 보낸다. 정액이 묻은 휴지를 우편함에 넣는다.
명예 훼손	인터넷 게시판에 비방하는 글을 올려 명예를 훼손한다. 스토커 대상이 자주 가는 곳에 험담을 쓴 종이를 뿌린다.
성적 수치심	전화로 성적인 말을 하며 괴롭히고 야한 사진 등을 보낸다. 인터넷에 스토커 대상의 누드 사진을 뿌린다.

❶ 이것도 알아 두자

⊙ **스토커의 5가지 유형**

후쿠시마 아키라는 스토커의 심리를 다섯 가지 유형으로 분류했다.

① 정신 질환 계열 : 관계 망상 등을 보이며 자신과 전혀 상관이 없는 연예인에게 집착한다.

② 파라노이드 계열 : 망상으로 인한 스토커 행위 이외의 부분에서는 매우 정상적인 생활 패턴을 보인다. 자신과 전혀 상관이 없는 상대를 쫓아다닌다.

③ 보더라인 계열(경계 인격 장애) : 언뜻 사교적이고 외향적으로 보이지만 실상은 인격의 형성에 있어 미숙함을 노출하는 경우가 많고, 상대를 지배하려 한다.

④ 나르시스트 계열 : 자기애가 강하고, 거절당했을 때 큰 좌절감을 느껴 상대를 쫓아다닌다.

⑤ 사이코패스 계열(반사회적 인격 장애) : 자신의 욕망을 일방적으로 강요하고 상대를 지배한다.

사물을 받아들이는 방식과 사고가 편향되어 있으며, 이로 인해 사회생활에 어려움을 겪는 장애를 두고 **성격 장애**라 한다.

책임감이 강한 사람은 주변 사람들에게 신뢰를 받기 마련이다. 하지만 지나치게 책임감이 강하거나 책임감이 너무 없다면 문제가 될 수 있다. 독일의 정신병리학자 **슈나이더**(1887~1967)는 이를 두고 '편향된 성격으로 자신은 물론 주변 사람에게까지 고통을 주는 것'이라고 정의했는데, 이러한 편향된 성격이 바로 성격 장애의 특징이라 할 수 있다.

성격 장애는 크게 기이한 성격을 보이는 **A군 성격 장애**, 극적이고 감정적인 성격으로 주변 사람을 힘들게 하는 **B군 성격 장애**, 인간관계에 있어 극심한 불안을 호소하는 **C군 성격 장애**의 세 가지로 나눌 수 있다.

성격 장애는 어린 시절, 부모에게 받은 영향이 주된 원인으로 알려져 있다. 영유아기에 안정적으로 애착을 형성하지 못한 아이는 주변 세계와 사람에게 공포심을 느끼는 것으로 알려져 있기 때문이다. 이와 더불어 유전적 요인도 원인으로 지적되고 있다.

❗ 이것도 알아 두자

⊙ 행위 장애

잔인한 청소년 범죄를 저지른 가해자 들에게 흔히 보이는 정신 장애이다. 사람과 동물에게 위해를 가하는 등 법적으로 처벌받을 만한 행동을 하는 것이 특징이다. **주의력 결핍 및 과잉 행동 장애**를 앓는 아이가 자존감에 상처를 입고 열등감이 축적됨으로써 발병하는 것으로 알려져 있다.

주의력 결핍 및 과잉 행동 장애를 앓는 아이는 지나치게 반항적이고 부정적인 태도를 보이는 **반항성 장애**를 합병증으로 가지고 있는 경우가 많고, 이 상태가 진행되면 **품행 장애**로 증세가 악화된다. 이렇게 주의력 결핍 및 과잉 행동 장애에서 반항성 장애로 진행되는 과정을 **파탄적 행동 장애**라 한다.

성격 장애의 분류

DSM(미국 정신의학회가 정한 지침)은 성격 장애를 아래와 같이 분류하고 있다.

A형 성격 장애 기이한 행동과 망상적 행동을 보인다.	편집성 성격 장애	다른 사람의 언동에 악의가 있다고 의심하고, 믿지 않는다.
	분열성 성격 장애	사회로부터 고립되어 다른 사람과 친밀한 관계를 맺지 못한다.
	통합실조형 성격 장애	예언이나 미신, 직감을 믿는다. 주변과 협조를 잘하지 못한다.
B군 성격 장애 감정 기복이 심하고 연기를 한다. 스트레스에 약하다.	반사회성 성격 장애	법에 저촉되는 반사회적 행동을 한다.
	경계성 성격 장애	충동적이고 감정의 기복이 심하다.
	연극성 성격 장애	다른 사람의 주목을 받기 위해 연기를 한다.
	자기애성 성격 장애	다른 사람에게 인정받고자 하는 욕구가 강하다. 공감 능력이 결여되어 있다.
C군 성격 장애 대인 관계를 어려워하고 스트레스를 쌓아둔다.	회피성 성격 장애	다른 사람으로부터 거절당하는 것에 공포를 느껴 대인 관계를 맺지 않는다.
	의존성 성격 장애	누군가에게 의존하려는 욕구가 강하고, 떨어져 있으면 불안해한다.
	강박성 성격 장애	극도로 완벽주의적이고 융통성이 없다.

16 감정의 기복이 극심한 경계성 성격 장애

감정의 기복이 심하고 사람을 대하는 태도와 행동이 놀라울 정도로 급격히 달라지는 특징을 가진 **경계성 성격 장애**는 사춘기 또는 성인이 되어 증상이 나타나는 경우가 많고, 젊은 여성에게 주로 관찰된다는 특징이 있다. 감정 변화는 시간 단위 혹은 하루 단위로 일어난다.

경계성 성격 장애를 가진 사람은 버림을 받는 것에 대해 강한 두려움을 느낀다. 상대가 조금이라도 귀찮은 표정이나 신경이 곤두서게 하는 말을 하면 '이제 내가 필요 없어진 것이 아닐까'라고 생각하며 강한 불안감을 느낀다. 특별한 의미를 두고 한 말이 아닌 경우에도 나쁜 의미로 받아들이는 경우가 많다. 또한 상대의 관심을 돌리기 위하여 비위를 맞추거나, 반대로 분노하여 충동적으로 **자기 파괴 행동**을 하는 경우도 있다. 어떠한 일에 대해 이분법적으로 생각하기 쉬워 마음의 안정을 찾지 못하고, 애정을 갈구하면서도 점점 고립되어 가는 특징이 있다

이러한 행동의 원인으로는 유아기 때 있었던 부모와의 관계 문제나 유전적 요인, **트라우마**p.246등이 지적되고 있다. **우울증**p.228이나 **섭식장애**p.238등이 함께 나타나는 경우도 있다.

Q&A 소소한 심리학

Q 경계성 성격 장애라고 진단하는 기준은 무엇인가요?

A DSM에서는 아래 항목 중 다섯 가지 이상에 해당하면 경계성 성격 장애를 의심합니다.

① 항상 버려질지도 모른다는 생각에 사람들의 비위를 맞추려 한다.

② 상대를 우상화하는가 하면, 비난하는 등 불안정한 대인 관계를 보인다.

③ 정체감p.158이 확립되지 않았다.

④ 충동적으로 자해 행위를 반복한다.

⑤ 과식, 자살 미수 등의 행동을 반복한다.

⑥ 정서가 매우 불안정하다.

⑦ 항상 공허한 감정을 느낀다.

⑧ 분노를 참지 못한다.

⑨ 스트레스로 해리성 장애(평소 자신과 다른 심리·의식 상태)를 보이는 경우가 있다.

경계성 성격 장애가 증가하는 배경

경계성 성격 장애의 원인으로 유전적 요인도 지적되고 있으나, 가장 큰 요인으로는 가정 환경이 꼽히고 있다. 최근에 이러한 경계성 성격 장애가 늘어나는 이유는 무엇일까.

가정 환경으로 인한 다양한 원인

부모가 자신의 인생을 중시한다.	→ 아이가 방해가 된다.
아이에게 애정을 주지 않고 대신 물건을 사준다.	→ 양육의 부재
아이에게 부모의 이상과 바람을 강요한다.	→ 부모의 기대에 압박감을 느낀다.
부모가 정신적으로 병들어 있다.	→ 아동 학대
이혼이 증가한다.	→ 부모의 애정의 부재
핵가족화와 지역 사회의 해체	→ 아이들의 피난처가 사라진다.
컴퓨터와 게임을 하며 혼자 노는 아이의 증가	→ 인간관계를 맺을 수 있는 기회가 감소했다.

17 지나치게 자신을 사랑하는 자기애성 성격 장애

인간이 행복한 삶을 영위하기 위해 필수적인 요소가 **자존감**이다. 그러나 이 자존감이 지나칠 경우에도 문제가 생긴다. **자기애성 성격 장애**는 있는 그대로의 자신을 사랑하지 않거나, 자신에게 과도한 자신감을 갖고 있는 상태를 말한다. 그들은 자신에게는 특별한 재능이 있으며 주변 사람들이 당연히 자신을 인정해 주어야 한다고 생각한다.

때문에 이들은 타인의 평가에 민감하고 비난을 받았을 때 심한 분노를 표출한다. 자존감이 높기 때문에 좌절과 실패를 인정하지 못하고 그 괴로움으로 마음에 상처를 받아 사회로부터 고립되는 경우도 있다. 그러면서도 다른 사람의 기분이나 입장을 생각하지 않고 다른 사람을 이용하려는 경향이 있는데, 이에 따라 자연스럽게 공감과 배려가 부족하다는 특징을 가진다.

자기애성 성격 장애의 저변에는 **자기애**에 대한 상처가 있다. **엄마의 과잉보호**와 **애정 부족**이 불균형에 대한 경험이나, 어린 시절에는 애정을 받으며 자랐으나 중간에 보호자와 이별하는 **애정 박리** 경험을 가진 아이들이 많다.

❗ 이것도 알아 두자

⊙ 자기 심리학

하인즈 코헛p.116에 의해 탄생한 자기 심리학은 **자기애성 성격 장애**의 치료를 위한 이론으로 여겨지고 있다.

코헛은 자신의 목표에 도달하지 못해 상처를 받는 비극적인 인간이 많은 현대 사회를 논하며 사람들의 마음속에 **야심의 극단, 이상의 극단, 재능과 기술의 중간 영역**이 존재한다고 생각했다. 그는 이 세 개의 영역이 상처를 입거나 기능을 하지 않게 되면 신경증에서 자기애성 성격 장애로 발전할 수 있다고 보았고, 제대로 기능을 한다면 안정된 생활을 보낼 수 있다고 생각했다. 여기에서 야심의 극단이란 다른 사람으로부터의 승인으로 형성되는 부분을 이야기하고, 이상의 극단은 이상적인 대상으로부터 얻는 감각으로 형성되는 부분, 재능과 기술의 중간 영역은 야심과 이상이 기둥을 만들어내는 가교 역할을 하는 부분을 말한다.

자신이 특별한 존재라고 생각하는 자기애성 성격 장애

자기애성 성격 장애는 주로 젊은 남성에게서 나타난다. DSM에 의하면 아래 항목 중 다섯 가지 이상에 해당하는 경우, 자기애성 성격 장애를 의심해 보아야 한다.

지나친 자기 애정

❶ 자신은 사랑받는 존재라는 근거 없는 자신감이 있다.

❷ 성공과 권력, 이성과의 사랑을 상상한다.

❸ 자신이 특별한 존재라고 생각하며 주변에서도 그렇게 생각한다고 믿는다.

❹ 칭찬받는 것을 지나치게 좋아한다.

❺ 특권 의식이 있으며, 특별 대우를 받는 것을 즐긴다.

❻ 자신의 목적을 위해 다른 사람을 아무렇지도 않게 이용한다.

❼ 다른 사람의 기분을 잘 이해하지 못한다.

❽ 질투가 심하다.

❾ 거만하고 건방진 태도를 보인다.

마음을 보듬는
심리 치료

01 파괴된 마음을 치료하는 네 가지 심리 치료

심리 치료란 심리적인 원인으로 발생하는 질병이나 심리적 장애를 치료하는 방법이다.

의료 현장에서는 **외과적 요법**과 **물리 요법**, **약물 요법**과 대비되는 개념으로 사용되며 **정신 요법**이라 부른다. **성격 장애**[p.254]나 **중증 신경증** [p.232], **우울증**[p.228] 치료에 주로 사용된다. 심리 치료를 시행하는 사람은 **심리사, 심리 치료사, 사이코 테라피스트, 카운슬러** 등으로 부른다.

심리 치료의 기법은 다음의 네 가지로 크게 나눌 수 있다.

① **심리 상담 기법** : 합리적 · 정서적 치료[p.265], 환자 중심 치료법[p.263]등 치료를 하는 사람과 환자가 일대일로 시행하는 요법

② **표현 활동** : 상정 요법[p.40], 음악 치료[p.267], 유희 치료 등 내담자의 표현 활동을 통해 치료하는 요법

③ **행동 치료** : 계통적 탈감 작법, 자율 훈련법[p.237], **최면 치료**[p.332]등 학습 이론을 바탕으로 행동을 개선시키는 요법

④ **절충적 요법** : 다양한 이론이나 기법을 사용하여 치료하는 요법. 내관 요법이나 **모리타 요법**[p.269]등 이 대표적이다.

! 이것도 알아 두자

⊙ **계통적 탈감 작법**

남아프리카 공화국의 정신과 의사 **조셉 월프**(1915~1997)가 주장한 **행동 치료**로 불안한 상황에 서서히 익숙하게 함으로써 불안감을 없애는 것이다. 월프는 미국의 베트남 전쟁에서 귀환한 군인들에게 관찰되었던 **외상 후 스트레스 장애** [p.246] 증상을 치료하며 이 요법을 사용했다.

⊙ **내관 요법**

일본 정토진종의 승려 **요시모토 이신**(1916~1988)이 고안한 **내관법**을 응용한 **심리 치료법**이다. 사람을 대상으로 '남이 나를 위해 한 일', '내가 남을 위해 한 일', '남에게 피해를 준 일'에 대해 반복적으로 생각하도록 하여 자신과 타인에 대한 이해심을 고쳐시키는 방법이다. 1960년대에 도입되어 국제적 평가 지표로 사용되고 있다.

주요 심리 치료

심리 치료는 내담자(환자)의 증상에 따라 약물 요법 등과 병행하여 시행한다. 아래는 대표적인 심리 치료를 정리한 것이다.

 심리 상담 기법

환자와 상담사가 일대일로 시행한다.
- 합리적 · 정서적 치료 p.265
- 환자 중심 치료법 p.263

 표현 활동

환자의 표현 활동을 통해 치료를 시행한다.
- 상정 요법 p.40
- 음악 치료 p.267
- 유희 요법

 행동 치료

행동을 변화시켜 치료하는 요법이다.
- 자율 훈련법 p.237
- 계통적 탈감 작법 p.261
- 최면 치료 p.332

 절충적 요법

다양한 이론과 기법을 이용하여 치료하는 요법이다.
- 내관 요법 p.261
- 모리타 요법 p.269

02 환자를 있는 그대로 받아들이는 환자 중심 치료

미국의 심리학자 **칼 로저스**[p.61]는 인간에게는 스스로 마음의 건강을 회복시키고 성장하는 힘이 있다고 생각했다. 그전까지 주로 사용되었던 **카운슬링**은 해석이나 암시, 충고와 같은 것들이었는데, 그는 이와 같은 방법이 환자의 의존도를 높여 문제가 생길 때마다 상담을 필요로 하게끔 만들기 때문에 효과적인 치료법이 아니라고 판단했다. 로저스는 치료자의 경우 **자기 일치**(진실성), **무조건적인 긍정적 배려, 공감적 이해**[p.61]의 세 가지 기준을 가지고 **경청**을 하는 것이 중요하다고 주장했다. **환자 중심 치료법**이란 환자가 가진 잠재적인 능력을 절대적으로 신뢰하는 마음을 바탕으로 하는 상담 치료법이라 할 수 있다.

이 치료법에서 치료자는 말을 많이 하지 않는다. 치료자는 그저 환자의 생각에 공감을 표하며 조용히 이야기를 들어주고, 그 경험을 이해해기 위해 노력할 뿐이다. 그 결과 치료자와 환자의 사이에는 **라포**[p.74], 즉 신뢰 관계가 형성된다. 이러한 관계를 통해 환자는 있는 그대로의 현실로 눈을 돌리게 된다. 또한 지금까지와는 다른 관점으로 세상을 바라보게 되기 때문에 마음에 변화가 생기고 증상이 완화된다.

심리적 부적응 상태는 **인지 왜곡**으로 발생한다. **자신이 되고 싶은 모습**(이상적 자아)과 **현실의 자신**(현실적 자아)의 균열이 환자를 고통스럽게 하는 것이다. 이를 해결하기 위해 환자는 지금까지 인식하지 못했던 '현실의 자신'을 알아야 하는데, 그러기 위해서는 앞서 언급한 세 가지 기준을 바탕으로 한 경청하는 자세가 필요하다.

'현실의 나'에 눈뜨다

로저스는 심리적 문제는 이상적인 자신의 모습과 현실에서의 자신의 모습과의 괴리로 발생한다고 했다. 환자의 마음을 이해하며 이야기를 경청하면, 환자가 현실에서의 자신을 마주볼 수 있게 된다.

라포
(신뢰 관계)

내담자	경청	상담사
마음의 건강을 회복시켜 성장하려는 힘을 가지고 있다.	← 발휘 →	❶ 자기 일치(진실성) ❷ 무조건적인 긍정적 배려 ❸ 공감적 이해

현실의 자아를 인지

환자는 있는 그대로의 자신을 받아들일 수 있게 된다.

마음의 변화가 생기고, 증세가 완화된다.

03

강박에서 벗어나도록 도와주는 인지 행동 치료

컵에 물이 담겨 있는 모습을 보고 '아직 반이나 있다'라고 생각하는 사람과 '반밖에 남지 않았다'고 생각하는 사람이 있다. 이처럼 같은 현상을 어떻게 받아들이는지에 따라 마음은 180도 변하게 된다.

심리적 문제를 안고 있는 사람들의 대다수는 이 인지 방식에 문제를 가지고 있다. 작은 실패를 치명적인 것이라고 받아들이거나, 흑과 백처럼 사물을 이분법적으로 판단하는 등 현실에 대한 인지 방식이 왜곡되어 있는 것이다.

인지 행동 치료는 이러한 인지 방식을 개선하고 비합리적인 사고 패턴과 행동을 수정함으로써 심리 상태를 치료하는 것을 목적으로 한다. **공황 장애** p.236나 **사회 불안 장애** p.234, **경도 우울증** p.228, **불면증, 강박성 장애** p.232, **성격 장애** p.254, **약물 중독** 등 정신 질환의 치료와 부부 관계 개선, 만성적인 분노를 조절하기 위한 치료법으로 이용된다.

대표적인 인지 행동 치료로는 미국의 심리학자 **알버트 엘리스**(1913~2007)에 의한 **합리적·정서적 치료**가 있다.

---

❶ 이것도 알아 두자

⊙ 합리적·정서적 치료

미국의 심리학자 알버트 엘리스가 주장한 심리치료로 RET Rational Emontive Therapy이라 부른다. **합리적·정서적 치료**에서는 불안감이나 고민을 어떻게 받아들이는지에 따라 문제가 해결된다고 여긴다.

이 치료는 어느 사건에 관해 '~해야만 한다'라는 생각(강박 사고)을 고집하는 사람에게 그것이 집착이라는 것을 무의식중에 인식시켜 올바른 방향으로 인도한다. 무의식적인 집착을 불합리한 신념(비논리적 사고)라고 하는데, 이를 합리적 신념(합리적 사고)으로 바꿔가는 것이다.

'올해 안에 결혼해야 한다'는 생각을 고집하는 사람이 '올해 안에 결혼할 수 있으면 좋겠다'라고 생각할 수 있도록 도와는 것을 하나의 예로 들 수 있다.

인지의 왜곡을 바로잡는 인지 행동 치료

사건을 받아들이는 방식(인지)이 한쪽으로 지나치게 편중되어 있는 경우 심리적 문제로 발전할 수 있다. 인지 행동 치료는 사고 패턴을 바로잡음으로써 인지의 왜곡을 환자에게 깨닫게 하는 심리 치료법이다.

엘리스의 합리적 · 정서적 치료

합리적 · 정서적 치료는 ABC이론이라고도 한다.

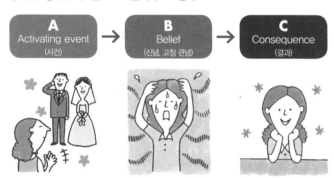

A Activating event (사건)	→	B Belief (신념, 고정 관념)	→	C Consequence (결과)
친구의 결혼식에 가서 축하해 준다.		자신도 '올해 안에 꼭 결혼해야 한다'며 초조해한다.		'꼭 그렇게 하지 않아도 된다'고 생각을 바꾸고 강박에서 해방된다.

◎ B를 바꾸면 고민이 줄어들고, C가 바뀌게 된다. 즉, B(비합리적 신념)를 검토하는 것이 중요하다.

비합리적 신념의 4가지 패턴

❶ 당위적 사고	꼭 일을 해야 한다.	
❷ 지나친 비관	절망적이다.	
❸ 자기 비난 및 타인 비하	자신은 쓸모없는 사람이다.	
❹ 좌절에 대한 인내심 부족	좌절을 견디지 못한다. 참을 수 없다.	

04

마음속을 깊이 들여다보는 예술 치료

실연을 당했을 때 당신의 심금을 울리는 곡은 무엇인가. 밝은 노래, 희망찬 노래보다 조용한 발라드나 헤어진 연인을 절절하게 그리워하는 사랑 노래일 것이다. 심리학에서는 이를 **동조의 원리**라고 한다. 화가 났을 때 빠른 리듬의 쾌활한 곡을 들으면 기분이 풀리고, 조용한 노래를 들으면 마음이 차분해진다. 이는 **기분과 음악이 조화를 이루며 마음을 정화시켜주기 때문**이다.

음악 치료를 할 때에도 환자의 기분에 맞는 곡을 우선적으로 선정한 뒤 환자의 심리 상태와 다른 곡을 들려줌으로써 치료를 시행한다. 이는 음악에만 국한된 이야기가 아니다. 동료의 어깨가 축 처져 있을 때 열심히 위로해주는 것도 하나의 방법이지만, 그보다 상대의 마음에 공감하며 상대의 마음에 동감을 표현해 주는 것도 좋은 방법이다.

이처럼 예술을 심리 회복의 열쇠로서 활용하는 것이 **예술 치료**이다. 예술 치료에는 이외에도 **상정 요법**[p.40]이나 **심리극** 등이 있다.

---

❶ 이것도 알아 두자

⊙ 심리극

호주의 정신 분석가 **제이콥 모레노**(1889~1974)가 주장한 **집단 심리 치료** 중 하나로 사이코드라마라고도 불린다. 열 명 정도로 구성된 그룹을 만들고, 구성원을 **감독, 보조 자아**(조감독 역할), **연기자, 관객**으로 나눈다. 그후 연기자는 무대에 서고, 즉흥으로 **역할극**을 한다. 이때 관객과 연기자는 드라마에 자유롭게 참여함으로써 카타르시스를 얻을 수 있다. 즉흥 연기가 끝난 후에는 그에 따른 감상에 대해 서로 이야기를 나누는 시간을 갖는다. 이러한 심리극에는 집단 즉흥 연기를 통해 각각의 내면을 해방시키고, 창조성과 자발성을 이끌어 낼 수 있다는 장점이 있다.

마음의 회복을 돕는 예술 치료

예술적 접근으로 마음에 숨통을 터주는 심리 치료를 예술 치료라고 한다. 다음은 대표적인 예술 치료를 정리한 것이다.

음악 치료	단조로운 작업을 하거나 대기실 등에서 스트레스를 완화하기 위한 수단으로 배경 음악을 틀어둔다. 자폐증 아동에게는 합주와 같은 커뮤니케이션 기법을 이용하며, 언어 · 신체 운동 장애인의 재활 치료에도 음악을 이용한다.
상정 요법p.40	상자 속에 인형이나 장난감을 자유롭게 배치하게 한다. 그를 통해 하나의 완성된 작품을 만들어 자기표현을 하게 한다.
시詩를 이용한 치료	시를 짓거나 낭송하고 다른 사람의 시를 들으며 일상적 대화를 넘어선 자극을 받는다. 시를 지으며 자신에 대해 알아가는 시간을 갖게 된다.
심리극	즉흥극을 통해 내면을 해방시킨다. 등교 거부나 가정 폭력에 노출된 아동에게 효과적인 치료 방법이다.

05 '있는 그대로의 자신을' 모리타 요법

모리타 요법은 정신 의학자인 **모리타 쇼마**에 의해 탄생한 심리 치료법이다. 그는 신경증을 두고 내성적이거나 완벽주의 성향이 강한 사람들 특유의 심리적 메커니즘이 더해져 일어나는 것이라고 생각했으며, 이 심리적 메커니즘에는 불가능한 것을 가능하게 하기 위한 심리적 갈등이 존재한다고 여겼다.

모리타의 치료 방법은 **'있는 그대로'**라는 생각을 수용하는 태도를 기르고, 필요한 일(해야 하는 일)부터 행동으로 옮기는 건설적인 삶의 방식을 가르쳐 이를 실천하도록 하는 것이다. 즉 치료 효과를 얻기 위해서는 환자 본인의 '치료 의지'가 중요하고, 그 다짐과 행동 패턴을 개선하려는 노력도 필요하다.

처음에는 독방에 격리를 시키고 온종일 잠을 자야 하는 등 다른 치료 요법에 비해 지나치게 방치해 두는 면으로 하여금 거부감을 느끼는 경우도 있으나, 동양사상의 선禪과 일맥상통하는 부분이 있어 지금은 전 세계 20개국이 넘는 나라에서 실시되고 있다.

대인 공포증 p.234, **강박 신경증** p.232, **신경 쇠약**, **신경증** p.232 등의 치료에 사용되기도 한다.

---

❶ 이것도 알아 두자

⊙ 모리타 쇼마

1919년에 **모리타 요법**을 발표했다. 모리타 역시 **공황 장애**를 앓았으며, 그 장애를 극복하는 가운데 모리타 요법이 탄생하게 되었다.

⊙ 건설적인 삶

CL Constructive Living이라고 하며, 미국의 문화 인류학자 **데이비드 레이놀즈**(1940~)가 주장한 개념이다. 모리타 요법을 실천한 교육법으로, 불안과 공포 등의 감정을 그대로 받아들이고 자신이 정한 행동을 취하는 것과 자신이 세상으로부터 도움을 받으며 살아가고 있다는 사실을 구체적으로 인지하는 것이 핵심이다.

'있는 그대로'를 수용하는 모리타 요법

모리타 쇼마가 주장한 모리타 요법은 아래와 같은 치료를 약 40일간 시행한다.

1단계 절대적 고립

약 7일 정도 독방에 격리되어 온종일 잠을 잔다(고립). 화장실을 가거나 식사를 하는 것 이외의 활동은 일절 금지된다. 지루함을 느끼게 됨에 따라 활동에 대한 욕구가 커진다.

2단계 가벼운 노동

약 4일~1주일 정도 고립 기간을 7~8시간으로 제한하고, 야외에서 정원 청소를 하는 등 가벼운 노동을 하며 활동에 대한 욕구를 자극한다.

3단계 힘겨운 노동

약 1~2달 정도 목재를 이용한 공사나 밭일 등의 작업을 한다. 성취감을 느끼고, 현실에 대처하는 임기응변의 자세를 배우게 된다.

4단계 일상생활 훈련

약 1주일~1달 정도 사회 복귀의 준비 기간으로 외출과 외박이 허용된다. 병원에서 농악이나 출퇴근을 하는 경우도 있다.

생활에 도움이 되는 심층 심리 ⑥

겉모습이 정말 중요할까?

여성이 남성 지인과 이야기를 나누고 있다. 당신이 여성이라면 상대 남성의 어떤 부분이 신경 쓰일까?

1 셔츠

2 구두

해설

①이라고 답한 사람은 애정을 중요하게 생각하는 사람이다. 특히, 셔츠의 얼룩을 신경 쓰는 여성은 모성애가 강하다고 할 수 있다. 더불어 답한 사람이 남성일 경우에는 여성스러운 경향이 강하다고 할 수 있다.

②라고 답한 사람은 경제적인 면을 중요하게 생각하는 사람이다. 구두는 권위나 권력을 의미하기 때문이다. 남성이 구두에 집착하는 경우는 상승 욕구가 강한 사람이라 할 수 있고, 여성의 경우에는 다소 사치스러운 경향이 있다고 할 수 있다.

옷에는 후광 효과가 작용한다. 이로 인해 선입견을 가지게 된 사람들은 그 사람의 모든 면을 좋게 보기도 하고 나쁘게 보기도 한다. 제복을 입은 사람과는 어쩐지 안심하고 일을 할 수 있을 것 같고, 정장을 입고 있는 사람에게는 더욱 신뢰감이 가는 것처럼 느껴지는 것 또한 후광 효과 때문이다.

PART
7

**심리를 결정하는
뇌 시스템**

뇌와 심리의
연결 고리

01 뇌의 작용으로 결정되는 마음

17세기의 프랑스 철학자 **르네 데카르트**(1596~1650)[p99]는 뇌와 마음의 관계에 대해 '뇌와 정신(의식)은 각각 독립된 것'이라며 심신 이원론을 주장한 바 있다. 하지만 현재는 '인간의 마음은 뇌의 작용에 의해 형성되는 것'이라는 일원론이 일반적으로 받아들여지고 있다.

마음의 작용(기능)에는 **사고, 감정, 정서, 주의, 의사, 인지, 인지적 의사, 자의식, 언어, 기억·학습, 수면·각성, 운동 제어**의 12종류가 있는 것으로 알려져 있다. 이들의 기능은 대뇌에 있는 **대뇌 피질**이 관장한다.

대뇌 피질은 대뇌의 표면을 형성하고 있는 얇은 층으로 **고피질**(파충류의 뇌), **구피질**(구포유류의 뇌), **신피질**(신포유류의 뇌)의 순으로 아래부터 겹쳐져 있다(고피질과 구피질을 대뇌변연계라 부른다). 고피질은 식욕과 성욕 등의 본능을, 구피질은 쾌락과 불쾌감, 분노 등의 감정을, 신피질은 언어, 예술 등의 창작 활동 등 높은 수준의 뇌의 작용에 관여한다.

또한 대뇌는 기능의 차이에 따라 **전두엽, 후두엽, 측두엽, 두정엽**의 네 가지로 분류된다. 전두엽은 정서와 상상력 등 다른 생물에게는 없는 뇌의 기능을 담당하며 후두엽은 시각과 관련된 정보 처리에 관여한다. 측두엽은 형태, 소리, 색에 관한 정보 처리에 관여하고 두정엽은 고통과 촉각과 관련된 정보 처리에 관여한다. 그 외에는 대뇌의 작용을 제어하는 **뇌간**과 신체의 운동 기능을 조절하는 **소뇌**가 있다.

이렇듯 생물 중 가장 진화된 존재인 인간의 뇌는 다양한 마음의 작용에 관여를 한다.

뇌의 각 기관이 관장하는 마음의 기능

마음에는 감정, 기억, 인지 등 12종류의 기능이 존재하며 이 기능들은 대뇌에 있는 대뇌 피질이 관장한다. 대뇌 외에도 뇌간, 소뇌 등이 각각의 역할을 담당하고 있다.

뇌의 구조

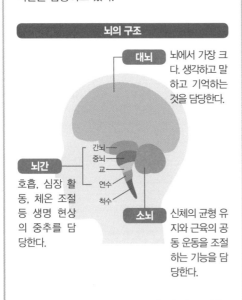

대뇌
뇌에서 가장 크다. 생각하고 말하고 기억하는 것을 담당한다.

간뇌
중뇌
교
연수
척수

뇌간
호흡, 심장 활동, 체온 조절 등 생명 현상의 중추를 담당한다.

소뇌
신체의 균형 유지와 근육의 공동 운동을 조절하는 기능을 담당한다.

대뇌 피질의 작용

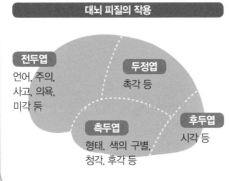

전두엽
언어, 주의, 사고, 의욕, 미각 등

두정엽
촉각 등

측두엽
형태, 색의 구별, 청각, 후각 등

후두엽
시각 등

Q&A 소소한 심리학

Q 인간이나 침팬지가 다른 생물보다 진화된 생물이라는 것은 뇌가 크기 때문인가요? 체중만을 놓고 보면 인간보다 무거운 생물이 많은데 뇌의 무게와도 관련이 있는지 궁금합니다.

A 생물들의 능력에 차이가 있는 것은 단순히 신체와 뇌의 크기의 차이 때문만은 아닙니다. 뇌 안에 있는 **전두엽**의 비율이 크고 **척수**가 작을수록 뇌의 기능이 발달한 것으로 알려져 있지요.

뇌는 척수가 진화하여 생긴 것입니다. 때문에 진화 후에 척수의 비율이 작을수록 뇌가 더 발달했다고 보는 것이지요. 예를 들어 인간의 뇌에 대한 척수의 비율은 2퍼센트 정도입니다. 고릴라는 6퍼센트, 개는 23퍼센트 정도이지요. 이처럼 뇌와 척수의 비율로 능력의 차이를 나누는 것을 '규모의 법칙'이라고 하며, 이는 인간의 능력이 다른 생물에 비해 뛰어나다는 것을 증명하는데 이용되고 있습니다.

'마음이란 무엇인가'라는 문제에 대해 심리학은 오랜 연구를 거듭해 왔다. 이 수수께끼의 해결을 위해 심리학은 인간의 행동을 분석하는 것을 비롯하여 수많은 꿈과 신화를 통해 힌트를 얻으려 시도했다. 최근에는 뇌의 연구를 통해 마음에 대한 수수께끼를 풀려는 **신경 심리학**의 연구가 활발히 진행 중이다. 이는 기존의 **뇌 과학**과 연계되어서 탄생한 새로운 심리학 분야로, 인지와 사고, 언어 활동, 기억 등과 같은 고차원적인 기능을 해명하는 것을 목적으로 한다.

신경 조직에는 **신경 세포**가 있으며, **뉴런**과 뉴런의 **접속부**에서는 다양한 정보를 받아들이거나 내보내는 역할을 한다. 외부로부터 받아들인 자극(빛과 소리, 충격 등)과 **대뇌 피질**에서 내린 명령도 이러한 신경 조직에 의해 전달되는 것이다.

그렇다면 뇌의 작용은 어떻게 이루어지는 것일까? 뇌에는 수많은 주름이 존재하는데, 이 주름을 펼치면 신문지 한 장만큼의 크기가 된다고 한다. 이 주름의 수가 많을수록 뇌의 작용이 활발하다고 할 수 있다.

더불어 **대뇌**는 **좌뇌**와 **우뇌**로 나뉘는데, 각각 다른 작용을 담당하거나 함께 협력하여 일을 해결하기도 한다. 우뇌는 신체 왼쪽의 운동 기능을 컨트롤하고 예술적인 그림을 감상하거나 음악을 들을 때 활발히 움직인다. 언어 중추를 가진 좌뇌는 신체 우측의 운동 기능을 담당하며 계산 등의 중요한 기능을 한다. 희로애락이나 동물의 소리 등에 반응하는 것도 좌뇌의 기능이다. 하지만 전 세계 모든 사람에게 이 학설이 해당되는 것은 아니다. 남녀 간에도 뇌의 작용에는 차이가 존재한다. 이처럼 뇌에는 아직 밝혀지지 않은 작용들이 존재한다.

좌뇌와 우뇌의 작용

'당신은 우뇌형 인간인가요, 아니면 좌뇌형 인간인가요?'라는 말을 종종 듣고는 한다. 사람에 따라 우뇌와 좌뇌가 균등하게 발달된 경우도 있고, 특정 기능이 더 발달된 경우도 있다.

좌뇌와 우뇌의 기능 차이

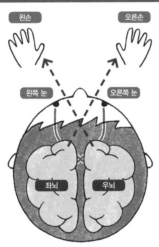

왼손　　　　　　　　오른손

왼쪽 눈　　　　　　　오른쪽 눈

좌뇌　　우뇌

좌뇌
○ 오른손 운동
○ 논리적인 문제 해결
○ 언어와 도형의 이해
○ 계산

우뇌
○ 왼손 운동
○ 감각적인 문제 해결
○ 공간(도형) 인식
○ 음악의 이해
○ 언어로 할 수 없는 판단

◎ 우뇌에서 내리는 명령은 신체의 왼쪽으로 전달되고 좌뇌에서 내린 명령은 신체의 오른쪽을 관장한다.

⊙ **좌뇌와 우뇌의 차이**

일반적으로 **좌뇌**는 언어의 처리 및 논리적 사고를 관장하고 **우뇌**는 직감적으로 사물을 판단하거나 창조적인 발상을 돕는 것으로 알려져 있다. 또한 우뇌가 좌뇌보다 발달한 사람이 있는가하면, 그 반대인 사람도 있다.

대뇌는 크게 **전두엽, 측두엽, 두정엽, 후두엽** 네 부분으로 나뉘며 기능에 따라 **전두연합야, 측두연합야, 두정연합야**로 나뉜다. 좌뇌의 전두연합야와 측두연합야, 두정연합야는 언어를 관장하며, 우뇌의 전두연합야와 측두연합야의 일부는 음악에 관여하는 것으로 알려져 있다.

뇌의 정보 처리 과정을 관찰하는 인지 심리학

인간의 뇌는 외부로부터 들어오는 방대한 정보와 자극을 받아들이고 그때 그때 처리하며 상황에 맞는 행동을 한다. **인지 심리학** p47은 인간의 뇌가 수행하는 **정보 처리 과정**을 관찰함으로써 마음의 작용을 연구하려는 학문이다. 인지는 '**사물을 이해하는 것**'이라는 의미를 가지고 있으며 인지 작용이 일어날 때에는 **감각**과 **지각** p281등이 이용된다. 더불어 정보 처리란 뇌(하드웨어)에서 정신(소프트웨어)이 작동하여 처리하는 것을 말한다.

사무실에서 일을 하는 도중에 전화가 오는 경우가 있다. 업무에 능숙한 사람은 컴퓨터 화면을 보며 전화의 용건을 메모할 수 있을 것이다. 이는 하나의 행동을 하면서 다른 행동에도 주의를 분산시킬 수 있는 상태임을 보여주는 예다. 컴퓨터 자판을 일일이 눈으로 확인하며 한 손가락으로 서툴게 글자를 입력하는 사람을 생각해 보자. 그가 꾸준히 타자 연습을 한다면 얼마 지나지 않아 자판을 보지 않고 글자를 입력할 수 있게 될 것이다. 정보 처리 능력이 향상되었기 때문이다. 이러한 상태를 두고 **제어적 처리에서 자동적 처리로 변환**되었다고 한다.

정보 처리는 **패턴 인지, 문맥 처리, 순응**이라는 세 가지 특징을 가진다. 패턴 인지는 외부로부터 받은 자극을 인식할 때 **감각 기억** p292을 끌어내는 것을 말한다. 문맥 처리는 특정 정보가 그 전후에 받아들인 정보에 의해 바뀌는 인지를 말한다. 더불어 순응이란 감각이 받은 자극이나 환경에 적응해 가려는 작용을 말한다. 어두운 곳에 있을 때 시간이 지나면 눈이 적응하는 것이나 훈련의 강도가 센 동아리에 들어가 처음에는 위축되었던 신입 부원이 점차 연습에 익숙해져 열심히 참여하게 되는 것도 순응 작용을 통해 사물을 인지하기 때문이다.

인간은 어떻게 사물을 이해하는가

사물을 이해하는 것을 인지라고 한다. 인지의 작용에는 아래와 같은 것들이 있다.

자동적 처리	한 손가락으로 자판을 찾아가며 입력한다.	보지 않고 자판을 칠 수 있게 된다.
패턴 인지	어제는 내가 왔습니다 → 어제는 비가 왔습니다 아무리 악필이어도 패턴 인식이 가능하므로 추측하며 글자를 파악할 수 있다.	
문맥 처리	"그녀는 가볍다" "그녀는 말라서 가볍다" → 체중을 나타낸다. "그녀는 말투가 가볍다" → 성격을 나타낸다. '언제', '어디서', '무엇을', '어떻게' 등은 문맥을 구성하는 정보이다.	
순응	→ 어두운 곳에 있을 때 잠시 시간이 지나면 시야가 익숙해진다. 감각이 외부로부터의 자극이나 환경에 적응해 간다.	

❗ 이것도 알아 두자

⊙ 칵테일 파티 효과

우리는 파티가 진행되고 있는 식당처럼 소음이 심한 장소에서도 상대의 목소리를 들으며 대화를 할 수가 있다. 이는 뇌가 필요한 소리와 그렇지 않은 소리를 무의식 중에 구분하여 정보를 처리하기 때문에 가능한 일이다. 이를 **칵테일 파티 효과**라 한다.

⊙ 패턴 인지

특정 사물을 인지할 때 이미 기억에 저장되어 있는 패턴을 바탕으로 유추하는 것을 말한다. 심한 악필로 쓰인 문서일지라도 어느 정도 추측하여 내용을 파악할 수 있는 것은 이미 우리가 그 문자를 알고 있기 때문이다.
이미 알고 있는 지식을 바탕으로 패턴 인지를 하는 것은 **주형조합型照合 모델**이라 한다.

⊙ 문맥

사건의 의미를 특정하거나 밝히려 할 때 필요한 것은 사건을 둘러싼 환경과 상황, 즉 **문맥**이다. '언제', '어디서', '무엇을', '어떻게' 등은 문맥을 구성하는 정보가 된다.

04 겉모습에 대한 착각은 시각을 통해 일어난다

지각에 대해 연구하는 분야로 **지각 심리학**이 있다. 지각에는 **시각, 청각, 후각, 미각, 촉각** 외에도 내장 감각, 운동 감각, 균형 감각 등이 있다. 이 중에서 가장 활발히 연구되고 있는 것이 바로 시각이다. 우리들의 눈에 비치는 것은 모두 시각을 통해 인지된다. 우선, 어느 형태를 지각할 때 일어나는 현상으로 **형상과 배경의 분화**를 꼽을 수 있다. 이는 유명한 〈**루빈의 컵**〉이라는 그림에서처럼 하얀 부분이 배경인 검은 부분에 의해 컵이라는 형태로 자연스럽게 인식되는 현상이다.

물체를 볼 때 무의식중에 그것을 어떠한 형태를 가진 것으로 보려 하는 **군집화 현상**과 **근접성, 유사성, 폐쇄성의 법칙**p.102도 **시각의 체계화**라 불린다.

현실과는 다른 것처럼 눈이 받아들이는 **착시** 현상도 있다. 이를 흔히 '눈의 착각'이라고 한다. 또한 실제로는 정지해 있는 것이 움직이고 있는 듯 보이는 현상(겉보기 운동)을 **가현 운동**p.102이라고 하는데, 이는 **운동 지각** 중 하나이다. 정지된 그림이 연속적으로 지나가는 영화를 하나의 움직이는 영상으로 인식하는 것도 가현 운동의 영향 때문이다.

❶ 이것도 알아 두자

◉ 공간 지각

우리들은 평면에 그려진 그림을 보았을 때 숨겨져 있는 삼차원의 공간을 인식할 수 있다. 이를 **공간 지각**이라 한다.

○ 중첩 : 복수의 물체가 겹쳐져 보이는 경우, 가리고 있는 것이 가려져 있는 것보다 근거리에 있는 것처럼 보인다.

○ 얇기 : 멀리 보이는 것일수록 얇아 보인다.

○ 원근법 : 선로 등 평행선이 멀리 이어져 있는 것을 보면 끝부분에서 두 개의 선이 하나로 합쳐져 보인다.

◉ 항상성

외부 환경이 변해도 일정한 내적 상태를 유지하려는 작용을 말한다. 거리가 멀어지면 그에 따라 외관의 크기가 작아져 보이게 되는데, 그 외관의 크기에서 실제의 크기를 도출해낼 수 있다.

신기한 시각의 법칙

눈으로 봄으로써 사물을 인지하는 것을 시각이라 한다. 시각의 작용에는 아래와 같은 것들이 있다.

형상과 배경의 분화	 〈루빈의 컵〉의 경우, 검은 부분을 주목해서 보면 마주 보는 두 사람의 옆모습이 보이고, 하얀 부분에 주목해서 보면 컵의 형상이 보이게 된다.
군집화	 여러 색의 ●이 배치되어 있다할지라도 우리는 무의식중에 그것을 하나의 덩어리로 보고 있다. 다만 왼쪽의 그림의 경우, 형태보다는 색에 대한 인식이 먼저 이루어지고, 그 후 각각의 형태의 무리로 보이게 된다.
착시	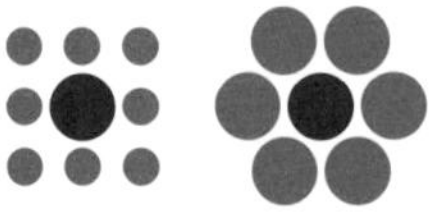 왼쪽 그림에 그려진 중앙의 원이 더 커 보이지만 실제로는 크기가 같다. 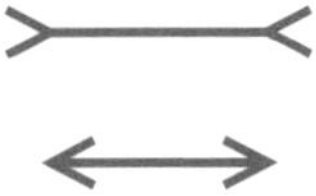　아래의 선이 위의 선보다 짧아 보이지만 실제로는 같다.
가현 운동	두 개의 점이 교차하며 깜빡거리는 것을 보면, 실제로는 움직이지 않는 그림임에도 하나의 점이 왼쪽으로 이동하고 있는 것처럼 보인다.

05 잔상 효과를 노린 서브리미널 효과

특정한 물체를 본 후, 그것이 시야에서 사라진 후에도 눈에 그 물체에 대한 영상이 남아있는 느낌이 들 때가 있다. 이러한 현상을 **잔상 효과**라 한다.

잔상이 생기는 요인으로는 눈이 본래 가지고 있는 생리적인 작용을 들 수 있다. 먼저, 눈으로 들어온 정보(자극)는 **시신경**을 흥분 상태로 만든다. 그 흥분 상태가 지속되는 가운데 다른 정보가 들어오면 착각이 발생하고, 원래의 자극과 같은 상(像) 혹은 전혀 다른 상이 나타나게 된다. 예를 들어 움직이는 물체를 본 후 정지된 것을 보면 앞서 보았던 것의 반대 방향으로 움직이는 것처럼 보인다(운동 잔상).

이러한 잔상 효과를 이용한 것이 **서브리미널 효과**이다. 이는 어떠한 영상을 내보내는 사이사이에 시청자가 눈치 채지 못하도록 다른 영상을 같이 끼워 넣어는 것으로, 잔상 효과를 이용하여 **잠재의식**에 메시지를 주입시키는 방법이다. 1957년, 미국의 한 영화관에서 "코카콜라를 마셔라", "팝콘을 먹어라"라는 메시지와 음성을 삽입한 '피크닉'이라는 영화를 상영한 결과 콜라와 팝콘의 매출이 크게 증가했다는 유명한 일화도 있다.

서브리미널 효과는 **청각**을 통해서도 잠재의식에 영향을 가한다. 청각으로 알아듣기 어려운 음량, 주파수, 속도로 내레이션을 삽입한 음악을 몇 번이고 반복하여 들려주면 잠재의식을 활성화시킬 수 있다고 한다. 이러한 효과는 올림픽 스포츠 선수의 집중력 강화, 류머티즘 환자의 만성 통증 경감, 대학생의 성적 향상 등 다방면에 이용되는 것으로 알려져 있다.

잔상의 구조와 서브리미널 효과

눈에 강한 자극을 받으면 그 자극이 망막에 감각으로 남아있기 때문에 계속해서 다른 자극을 받았을 때 영향을 주게 된다. 이를 **잔상 효과**라 한다.

보색 잔상이란

특정 색을 일정 시간 바라보다 눈을 떼면, 시야에 그 색의 보색(빨강 → 엷은 청색, 초록 → 심홍색, 파랑 → 노랑)이 잔상으로 나타난다.

서브리미널 효과

서브리미널 효과란 특정 영상을 내보내는 사이사이에 시청자가 눈치 채지 못하도록 다른 영상을 같이 끼워 넣는 것으로, 잔상 효과를 이용하여 잠재의식에 메시지를 주입시키는 방법이다.

일기 예보가 나오고 있다.

선거 후보자의 영상이 중간에 잠깐 나온다.

시청자의 잠재의식에 후보자의 이미지가 잔상으로 남는다.

Q&A 소소한 심리학

Q 서브리미널 효과와 관련된 사건에는 어떤 것들이 있을까요?

A 1990년에 벌어진 **주다스 프리스트 사건**이 있습니다. 영국의 헤비메탈 밴드인 주다스 프리스트가 만든 곡 중에 레코드판을 거꾸로 돌려 들었을 때 자살을 암시하는 '죽어라(Do it)'라는 메시지가 나오는 곡이 있었는데, 이를 들은 한 소년이 사망을 했다고 하여 유족이 레코드 회사와 밴드를 상대로 고소를 한 사건이지요. 최종적으로는 무죄 판결이 되었습니다.

최근에는 도둑 방지와 은둔형 외톨이 문제의 해결, 집중력 향상 등에 효과가 있는 **서브리미널 음반**이 판매되고 있습니다. 자연의 소리와 함께 역하(閾下) 영역의 서브리미널 소리를 삽입한 음반으로, 인기리에 판매되고 있습니다.

06 지능은 EQ로 결정된다

'머리가 좋다'라는 말은 무엇을 기준으로 판단되는 것일까. 예전에는 IQ가 높은 사람을 두고 '머리 좋은 사람'이라고 생각하는 것이 일반적이었다. 여기에서 IQ^Intelligence Quotient란 **지능 지수**를 말하며, 기존의 IQ는 생활 연령과 정신 연령의 비율을 기준으로 하여 **지능 테스트**를 통해 측정되었다. 이때 측정한 IQ가 높을수록 지능이 높고, 낮을수록 지능이 낮다고 판단했던 것이다.

하지만 최근에는 IQ와 별도로 '인간성'이라는 가치관이 주목을 받기 시작하여 정서에 관한 능력도 지성의 일부로 평가받게 되었다. 여기서 등장한 것이 바로 **EQ**^Emotional Quotient, 즉 **정서 지수**이다. 자신의 감정을 파악하고 현실적인 자기를 형성하여 이를 행동의 지침으로 삼는 능력(감성 지능)과 주변 사람의 기분을 읽고 적절하게 행동하는 능력(대인 지능)을 두루 갖춘 **인격적 지성**이 중시되기 시작한 것이다.

EQ의 객관적인 측정은 어렵지만, 앞으로의 사회에서는 EQ가 높은 사람이 좋은 평가를 받게 될 것으로 여겨진다. 실제로 신입 사원의 채용과 승진 기준에 EQ를 채택하는 기업 또한 나오고 있다.

❗ 이것도 알아 두자

⊙ PQ

지성의 중심에 위치하는 것이 **자아**와 관련이 깊은 전두엽에 있는 **전두연합야**이다. 사회적 지성과 감정적 지성을 두루 갖춘 **EQ**는 자아와 깊이 관련되어 있다. 이때, **EQ**와 자아를 통합시키는 능력을 **PQ**(전두 지성)이라 부른다.

PQ는 자신의 감정을 적절히 통제하고 사회관계를 원만히 맺으며 미래지향적이고 행복하게 살아가는 데 필요한 지성이다. 즉 PQ야말로 인간의 삶 중심에 있어야할 개념인 것이다. 이에 따라 유·소년기에 PQ가 제대로 성장할 수 있도록 하는 것이 중요하다.

참고로 전두연합야는 뇌에서 컨트롤 타워로서의 역할을 하며, 자신의 마음을 통제함과 동시에 상대의 마음을 읽는 능력을 관장하는 것으로 알려져 있다.

IQ와 EQ의 차이

IQ는 그날의 컨디션이나 훈련의 정도에 따라 높게 나오기도, 낮게 나오기도 하기 때문에 인간의 자질을 나타낸다고 보기 어렵다. EQ는 인간의 감정과 관련된 다양한 능력을 나타낸다.

IQ(지능 지수)	IQ 테스트	20세기 초반에 프랑스 심리학자 알프레드 비네(1857~1911)가 고안하여, 그 후 미국에서 완성했다. $$IQ = \frac{정신\ 연령}{생활\ 연령} \times 100$$ ○ 다양한 문제를 제한 시간 내에 풀게 했을 때, 생활 연령과 정신 연령의 비율을 측정한다. 예를 들어 10세 아이가 15세 아이가 풀 수 있는 문제를 거의 다 맞힌다면 IQ는 150인 것이다. ○ 최근에는 지능 발달의 지체를 판단하기 위한 수단으로 사용하는 경우가 많다.
EQ(정서 지수)	EQ를 구성하는 5가지 능력	1980년대 미국의 심리학자 피터 샐 로비와 존 메이어가 주장했다. 1995년, 미국의 심리학자 다니엘 골먼의 저서 《EQ 감성지능》을 통해 전 세계에 확산되었다. **자기 확인 능력** 자신의 진짜 기분을 파악하는 것을 중요하게 생각하고 자신이 이해할 수 있는 판단을 내릴 수 있는 능력이다. **자기 통제 능력** 충동을 억제하고, 스트레스의 원인이 되는 감정을 억제할 수 있는 능력이다. **동기 부여** 목표를 향해 긍정적으로 생각하고, 끊임없는 노력을 할 수 있는 능력이다. **공감 능력** 다른 사람의 기분에 민감하게 반응하고 공감하는 능력이다. **사회적 능력** 집단 안에서 다른 사람과 조화와 협력을 할 수 있는 능력이다.

◎ IQ가 높다고 해도 그 능력을 활용하는 능력인 EQ가 낮으면 의미가 없다.

희로애락은 신체·뇌와 밀접한 관련이 있다

감정, 흔히 말하는 **희로애락**에는 신체 감각과 관련된 **무의식적 감정**Emotion과 **의식적 감정**Feeling이 있다. 전자에는 **대뇌 피질, 전두엽**이 관여하고, 후자에는 **대뇌변연계**(편도체, 해마, 시상 하부)와 뇌간, 자율 신경계, 내분비계, 골격근 등의 말초(뇌의 외부 조직)가 관여하는 것으로 알려져 있다.

감정은 신체, 그리고 뇌와 밀접한 관련이 있다. 강한 공포가 따르는 자극을 주었을 때 식은땀을 흘리거나 심장 박동이 빨라지는 것은 외부로부터의 자극을 대뇌 피질이 인지·판단한 뒤 말초에서 반응을 일으키기 때문이다.

고양이의 편도체에 전기 자극을 가하는 실험에서도 이와 같은 결과가 나온 바 있다. 약한 전기 자극을 주는 경우에는 신음 소리나 동공의 확대가 관찰되었고, 강한 자극을 주는 경우에는 큰 신음 소리와 공격, 회피하려는 행동이 관찰되었다. 이 실험을 통해 같은 포유류인 인간에게도 공통적인 기능이 있으며 인간 외의 동물에게도 감정이 존재한다는 사실을 알 수 있었다.

이러한 동물의 지능과 마음을 과학적으로 분석하고 인간과 비교하는 학문을 **비교 인지 과학**이라 한다.

Q&A 소소한 심리학

Q 태어난 지 얼마 되지 않은 아기가 성장을 할 때, 감정을 갖는 순서가 있을까요?

A 심리학자 브리지스는 신생아에서 2세까지의 아이를 살펴보며 **감정**(정서적 행동)이 발달하는 과정을 관찰했습니다. 이에 따르면 태어난 지 얼마 되지 않은 아기의 감정은 막연한 흥분 상태에 놓여있었습니다. 하지만 시간이 지나 3개월에 접어들면서 점차 불쾌(불편)한 감정을 드러냈고, 이는 곧 유쾌(편안)한 감정으로 변화했지요. 이를 **감정의 분화**라고 합니다(불쾌감은 공포, 분노 등으로, 유쾌한 감정은 애정, 기쁨 등으로 분화하게 됩니다).
또한 5세가 되면 부끄러움, 질투, 실망, 혐오, 부모에 대한 애정, 아이로서의 응석, 희망, 좋아함 등의 감정이 분화되어 나타나 어른과 비슷한 수준으로 발달하는 것을 알 수 있습니다.

감정과 관련된 뇌의 부위

무의식적인 감정에는 대뇌 피질, 전두엽이 관여하고, 의식적인 감정에는 대뇌변연계(편도체, 해마, 시상 하부)와 뇌간, 자율 신경계, 내분비계, 골격근 등의 말초(뇌의 외부 조직)가 관여한다.

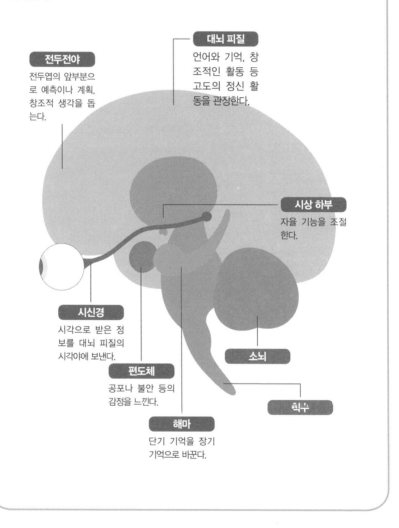

전두전야
전두엽의 앞부분으로 예측이나 계획, 창조적 생각을 돕는다.

대뇌 피질
언어와 기억, 창조적인 활동 등 고도의 정신 활동을 관장한다.

시상 하부
자율 기능을 조절한다.

시신경
시각으로 받은 정보를 대뇌 피질의 시각야에 보낸다.

소뇌

편도체
공포나 불안 등의 감정을 느낀다.

척수

해마
단기 기억을 장기 기억으로 바꾼다.

기억의
구조와 종류

01 감동적인 경험이 기억력을 향상시킨다

우리가 무언가를 **기억**하려고 할 때 뇌에서는 어떤 작용이 일어날까. 눈과 귀를 통해 들어오는 외부의 자극(정보)은 신경 세포를 연결하는 **시냅스**를 통해 대뇌 피질의 후두야로 전달되고, 대뇌변연계에 있는 **해마**로 옮겨져 기억으로 저장된다.

한편 **희로애락** 등의 감정이나 본능과 관련된 정보는 대뇌변연계의 **시상 하부**에서 받아들이는데, 그 정보는 대뇌 피질을 경유하지 않고 해마까지 직접 전달된다. 이는 대뇌 피질을 경유하는 것보다 강렬한 기억으로 남는 것으로 알려져 있다.

따라서 **기억력을 향상시키기 위해서는 감동을 동반한 경험을 하는 것이 핵심**이다. 학창 시절을 떠올려 보자. 무미건조하기 이를 데 없던 시험 기간 중에도 좋아하던 선생님이 가르치는 과목만큼은 그나마 즐겁게 공부할 수 있었을 테고, 다른 과목보다 기억하는 내용도 많았을 것이다. 이는 시험공부라는 '정보'에 좋아하는 선생님에 대한 두근거리는 마음인 '감정'이 더해져 **기억의 정착도가 높아졌기 때문**이다.

---

❶ 이것도 알아 두자

⊙ **가르시아 효과**
특정 음식을 먹고 급체를 하는 등의 불쾌한 경험을 한 뒤, 그것이 기억에 남아 더 이상 그 음식을 먹지 못하게 되는 현상(미각 혐오 학습)을 말한다. 미국의 심리학자 존 가르시아 연구팀에 의해 밝혀져 가르시아 효과라 명명되었다.

⊙ **일화 기억** p.292
선언적 기억(진술적 기억)의 어떤 사건을 한 번 경험한 것 뿐인데 그것을 기억하는 것을 말한다. 그 사건의 시간과 장소, 당시의 **감정**이 사건과 연결되어 기억(일화)으로 강화된다. **자전적 기억**은 일화 기억의 일부로 개인이 인생에서 경험한 사건의 기억을 말하며 스토리성, 창조성, 정서성을 특징으로 들 수 있다.

기억의 구조

자극을 정보로 받아들일 때, 최종적으로 해마에 전달되어 기억으로 정착된다.

자극에 의한 정보

받아들여진 정보가 대뇌 피질을 덮고 있는 세포에서 후두엽으로 전달되고, 해마로 옮겨져 기억으로 정착된다.

자극

신경 세포

시상 하부

후두엽

해마

희로애락 등

감정, 본능과 관련된 정보는 시상 하부에서 이를 감지하여 해마로 전달한다. 감정, 본능과 관련된 정보는 잘 잊히지 않는다.

해마의 기억 저장

새로운 정보 중 관심이 있거나 이해가 된 내용들은 우선 해마에 저장된 뒤, 장기 기억으로 보존해야 할 것과 그렇지 않은 것으로 선별된다.

효과적인 시험공부

선생님의 교육 방식이 마음에 들거나 좋아하는 선생님이 가르쳐 주는 감동(감정)을 수반한 기억은 기억에 강하게 남는다. 공부에도 감동이 필요한 것이다.

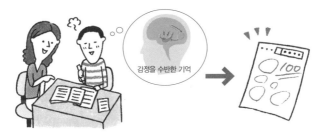

감정을 수반한 기억

02 금방 잊히는 기억과 추억으로 남는 기억

기억은 크게 **인지 기억**과 **운동 기억**[p.296]으로 나뉜다. 인지 기억이란 사건을 기억하는 의미로써의 기억이며, 운동 기억은 신체의 움직임을 기억하는 기억이다. 여기에서는 인지 기억에 대해 살펴보고자 한다.

시각이나 **청각**으로 인지된 정보는 아주 잠깐 동안 기억으로 축적된다. 이러한 초단기 기억을 **감각 기억**이라고 하며 시각을 통해 얻은 정보는 1초 정도 후에, 청각을 통해 얻은 정보는 몇 초 후에 소멸된다.

그 후 대뇌변연계의 해마로 기억이 옮겨가 축적되는 상태를 **단기 기억**이라 한다. 단기 기억은 1분 정도 유지되다가 소멸된다.

해마에서 일시적으로 기억된 것을 **중기 기억**이라고 부른다. 이 기억은 한 시간에서 한 달 정도의 보존 기간을 갖는데, 이 기간에 중요한 기억으로 선별된 기억은 대뇌로 이동되어 **장기 기억**으로 보존되며 나머지는 소멸된다.

장기 기억 역시 한 달 이내에 두 번 이상 반복해서 기억해야만 보존된다. 이를 **리허설 효과**라고 한다. 이것이 시험공부를 할 때 반복해서 문제집을 풀고, 새로운 단어를 공책에 쓰는 등의 반복 연습을 해야 하는 이유이다.

장기 기억은 말로 기억하는 **선언적 기억**(진술적 기억)과 동작에 의해 기억하는 **절차 기억**으로 나뉜다. 나아가 선언적 기억은 특별한 사건으로 기억되는 **일화 기억**[p.290]과 지식을 기억하는 **의미 기억**으로 나뉜다. 절차 기억은 이미 있는 기억에 새로운 기억이 영향을 받는 **프라이밍 기억**과 특정 기술의 노하우인 기능, 조건 반사로 기억되고 있는 **고전적 조건 형성**으로 나뉜다.

기억에는 어떤 종류가 있을까?

기억에는 아래와 같이 다양한 종류가 있다.

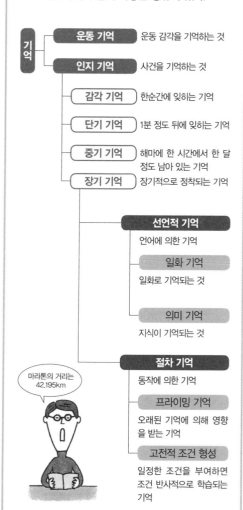

운동 기억 운동 감각을 기억하는 것

인지 기억 사건을 기억하는 것

감각 기억 한순간에 잊히는 기억

단기 기억 1분 정도 뒤에 잊히는 기억

중기 기억 해마에 한 시간에서 한 달 정도 남아 있는 기억

장기 기억 장기적으로 정착되는 기억

선언적 기억 언어에 의한 기억

일화 기억 일화로 기억되는 것

의미 기억 지식이 기억되는 것

절차 기억 동작에 의한 기억

프라이밍 기억 오래된 기억에 의해 영향을 받는 기억

고전적 조건 형성 일정한 조건을 부여하면 조건 반사적으로 학습되는 기억

마라톤의 거리는 42.195km

❗ 이것도 알아 두자

⊙ 절차 기억

장기 기억 중 하나로 절차적 인식인 노하우를 저장하는 것을 말한다. 자전거를 타는 연습이나 춤 연습, 《반야심경》 등의 긴 문장을 암기하는 것 등이 **절차 기억**에 해당한다.

프라이밍 기억은 앞서 들어온 정보에 따라 무의식중에 작용하는 기억이다. '의사'라는 단어를 듣고 '간호사'를 떠올리는 것이 이에 해당한다.

고전적 조건 형성은 파블로프가 행한 조건 반사의 형성 절차를 말한다. 생리적 반사를 일으키는 자극을 반복함으로써 단독으로도 그 생리적 반사 작용을 일으키는 상태를 말한다.

⊙ 섬광 기억

2001년 9월 11일에 미국 뉴욕에서 발생했던 테러, 마이클 잭슨의 사망 등 세계적으로 이슈가 된 사건과 개인적으로 중요한 사건이 '카메라의 플래시를 터뜨릴 때'처럼 선명하게 기억에 남는 것을 말한다. 중요한 사건은 언제까지고 사람들의 입에 오르내리기 때문에 이 현상이 일어나는 것이라는 지적도 있다.

03 인간은 기억함과 동시에 망각한다

　인간의 뇌에는 **기억**에 관한 메커니즘이 존재하는데, 여기에는 망각 메커니즘도 존재한다. 즉 한 번 기억한 것을 잊어버리기도 하는 것이다.

　단기 기억이나 **중기 기억**은 일시적으로 기억을 하지만 결국에는 필요 없는 것이 되어 소멸한다. 소멸(망각)의 원인으로는 흥미가 없어진 주제이거나 기억하기 어려운 내용, 집중할 수 없는 내용, 비슷한 것과 혼동되는 내용이거나, 긴장과 흥분으로 인해 기억을 떠올리는 것을 방해받는 것 등이 있다.

　장기 기억으로 보존이 되어 있을 만한 사건임에도 불구하고 떠오르지 않는 경우도 있다(메모리 블록). 이른바 망각이다. 어떤 계기나 단서가 있을 때 기억이 떠오르는 경우도 있으나, 아무리 단서가 있어도 기억해내지 못하는 경우도 있다. 이를 **기억 장애**라고 한다.

　기억 장애에는 과거에 기억하고 있던 것을 떠올리지 못하는 **장기 기억 장애**와 새로운 것을 기억하지 못하는 **단기 기억 장애**가 있다. 기억 장애 중 **선언적 기억** p293에 장애가 발생한 상태를 건망증이라고 한다. **일화 기억**p290이나 **의미 기억**이 소실되는 것으로 건망증에서부터 기억 상실까지 모두 포함된다.

　특히 치매의 경우 건망증이 초기 증상으로 나타난다. 알츠하이머 병에서는 일시적으로 기억을 저장하는 기능을 지닌 해마에서 뇌가 위축되는 현상이 시작되어 건망증 증상이 나타나는 것으로 여겨지고 있다.

　건망증은 나이를 먹을수록 심해지는 것으로 알려져 있다. 물론 뇌세포는 노화와 함께 줄어들며, 없어진 뇌세포는 다시 재생되지 않는다. 그러나 세포를 연결하는 네트워크는 나이를 먹어도 증가시킬 수 있다고 한다. 뇌에 새로운 자극을 제공함으로써 세포 간의 연결망을 발달시킬 수 있는 것이다.

메모리 블록과 알코올 블랙아웃

기억하려고 해도 기억나지 않는 상태를 메모리 블록이라 하고, 과음으로 기억이 없어지는 것을 알코올 블랙아웃이라 한다.

메모리 블록

어제 뭘 먹었지……

주변 정보가 되는 기억을 떠올린다.
○ 백화점의 식품 매장에 갔다.　　○ 시식을 했다.
○ 피곤하여 새콤한 음식이 먹고 싶었다.

초밥이다!

신경 회로가 재생되고 기억이 떠오른다.

알코올 블랙아웃

해마

해마의 기능이 파괴되어 본능이 겉으로 분출된다.

! 이것도 알아 두자

⊙ **알코올 블랙아웃**

지나친 음주로 기억을 하지 못하는 상태를 말한다. 뇌 속에 알코올 농도가 높아졌을 때 기억 중추인 해마가 마비되어 일어나는 현상이다. 음주로 인한 명정酩酊은 아래의 세 가지 단계로 구분된다.

① 단순 명정 : 보통의 양으로 술을 마셨을 때 나타나는 가벼운 음주 증상이다.
② 복잡 명정(양적 명정) : 흥분을 하여 다른 사람이 된 양 행동한다. 의식 저하(가벼운 의식 장애)가 나타나지만 기억의 소실은 거의 보이지 않는다. 책임감이 부분적으로 소실되기도 한다.
③ 병적 명정(질적 명정) : 극도로 흥분하여 기억 장애, 환청, 망상을 겪는다. 주변 사람들이 전혀 이해하지 못할 정도의 이상한 행동을 한다.

알코올로 인한 블랙아웃 현상은 이 중 ②의 단계에서 나타나는 현상이다. ②와 ③은 알코올 중독자에게 흔히 나타나는 명정인데, 건강한 일반인일지라도 과음을 했을 경우에는 이러한 증상이 나타난다. 이러한 상태가 되면 범죄를 저지르기 쉬우므로 주의가 필요하다. 술을 마실 경우, 자신의 주량을 알아두어 ① 정도의 명정까지만 겪도록 조절하는 것이 중요하다.

04

운동을 잘하기 위해서는
운동 기억을 단련해야 한다

운동을 잘하기 위해서 결정적으로 필요한 요소가 바로 **기억력**이다. 이 기억력은 특정 사건을 기억하는 **인지 기억**p.292과 달리 **운동 기억**이라 불리며 **기억 중추에 있는 해마와는 관계없는 기억**을 말한다.

야구나 골프 등의 다양한 스포츠에는 뛰어난 기량을 가진 선수들이 존재하는데, 그들이 유능한 이유는 반복적으로 연습을 하기 때문이다. 천 번이 넘는 타격 연습과 같은 가혹한 연습도 운동 기억의 구조를 이해하면 그 효과를 납득할 수 있을 것이다.

운동 기억에서는 **대뇌 피질**에서 신경 회로를 따라 **소뇌 피질**로 전기신호가 보내짐으로써 운동 동작과 관련된 명령이 근육에 내려지게 된다. 그러나 명령을 받은 근육이 처음부터 잘 기능하는 것은 아니다. 예를 들어 야구를 시작한 초기에 날아오는 공을 잘 받아내지 못하거나 투수가 던진 공을 제대로 쳐내지 못하고 실패하는 것은 소뇌로부터 잘못된 **운동 명령**이 내려졌기 때문이다. 그러면 또다시 대뇌에서 소뇌로 '이 동작은 잘못되었다'라는 신호가 보내어지고 그로써 잘못된 운동 명령은 억압된다. 이러한 일련의 뇌의 움직임을 피드백이라고 하며 피드백을 반복하는 사이에 차츰 소뇌에 올바른 운동을 행하기 위한 지령을 내리는 전기 신호 회로가 강화되어 운동 능력이 향상되어 간다.

그러므로 운동을 잘하기 위해서는 몇 번의 실패를 바탕으로 조금씩 올바른 감각을 익혀나가는 것이 중요하다. 이는 스포츠에만 해당되는 이야기가 아니다. 연주나 연기와 같이 신체를 사용한 모든 활동에 적용되는 요령인 것이다.

운동 기억은 반복 연습으로 향상된다

신체의 움직임을 기억하는 것을 운동 기억이라 한다. 이는 해마에서 기억하지 않고 소뇌에서 근육으로 명령을 보내 기억한다.

실패	야구를 막 시작할 때에는 소뇌에서 잘못된 운동 명령이 내려와 헛스윙을 하게 된다.
피드백	소뇌가 올바른 운동 명령을 내리게 되어 헛스윙이 아닌 안타를 치게 된다.
성공	연습을 반복하면서 실패했을 때의 움직임을 대뇌가 기억하고, 소뇌가 올바른 명령을 내리도록 피드백을 보낸다.

◎ 운동, 연주, 연기 등 신체를 사용한 움직임을 향상하고자 할 때에는 운동 기억을 단련하는 것이 중요하다.

❗ 이것도 알아 두자

⊙ **지각 운동 학습**

보거나 듣는 감각을 통해 특정 지각을 몇 번이고 반복함으로써 운동이나 동작을 효율적으로 수행하기 위한 학습을 말한다.

지각 운동 학습은 세 가지 단계를 걸쳐 수행된다.

○ 1단계-인지 : 야구 연습의 경우 공을 던지고 때리는 등의 기본적인 동작을 인지한다.

○ 2단계-연합 : 날아오는 공을 보고 방망이를 휘둘러 공을 칠 때까지의 동작을 기억한다.

○ 3단계-자율 : 동작을 의식하지 않고 수행할 수 있게 된다.

스포츠나 악기 연주 등 자신이 이루고 싶은 수준에 도달한 상태를 상상하면서 연습을 하는 것도 효과적이다.

영어 공부 또한 꾸준한 연습을 통해 단기 기억을 장기 기억으로 바꾸는 것이 중요하다. 실제로 귀(듣기)와 눈(읽기)을 사용해 지적 기억으로, 손(쓰기), 입(말하기)과 같은 감각 기능을 사용하여 운동 기억으로써 기억하는 연습 방법이 학습 방법으로 채택되기도 했다.

05

기억력은 어느 정도까지
좋아질 수 있을까

개인마다 **기억력**의 차이가 존재한다고는 하지만, 본래 인간의 뇌가 가지고 있는 기억의 용량은 방대하다. 헝가리의 교육학자로 컴퓨터를 발명한 **폰 노이만**(1903~1957)은 인간의 기억 용량을 **10의 20승 비트** 정도로 계산했다. 비트란 컴퓨터에서 사용되는 데이터의 최소 단위로 8비트는 1바이트에 해당한다.

여기, 100기가바이트의 하드 디스크를 장착한 컴퓨터가 있다고 가정을 해 보자. 100기가바이트를 비트로 환산하면 약 8,600억 비트가 된다. 노이만이 계산한 10의 20승 비트는 이를 훨씬 뛰어넘는 수치로, 100기가바이트 용량의 컴퓨터 약 1억 대에 해당하는 수치이다. 인간이 기억을 망각하는 기능을 빼면 기억 용량은 더 줄어들 것이라는 주장도 있으나, 어느 쪽이든 인간의 뇌의 기억용량은 매우 방대하다 할 수 있는 것이다.

인간의 뇌가 기억을 할 때의 구조를 나타낸 것이 **의미 네트워크**이다. 다음 페이지의 그림에서 볼 수 있는 바와 같이 어떤 개념이 기억될 때에는 서로 관련하는 개념들이 망처럼 연결되는데, 우리는 여기서 보다 관련성이 큰 것끼리 근접해 있다는 사실을 알 수 있다. 이처럼 관련이 있는 것끼리 모여 정보를 정리하는 것을 **프라이밍 효과**라고 한다. 이러한 프라이밍 효과를 이용하여 기억력을 향상시키는 등 앞으로도 기억력을 한층 더 개발하기 위한 연구가 진행될 것으로 보인다.

관련 있는 정보끼리 정리하는 프라이밍 효과

기억의 구조를 도식화한 것을 의미 네트워크라고 한다. 관련성이 높은 개념은 서로 가까운 곳에 연결하고, 관련성이 낮을수록 멀리 연결한다. 때문에 관련성이 낮을 경우에는 판단을 내리기까지 오랜 시간이 걸린다.

의미 네트워크

- '닥스훈트는 개'와 같이 관련성이 높은 것은 근접 관계이다.

- '닥스훈트는 십이지신이다'는 바로 판단하기가 어렵다. '십이지신'의 종류에 '개'가 포함되어 있음을 떠올린 후에야 비로소 인식이 가능하기 때문이다. 서로 관련성이 낮으므로 원접 관계이다.

- 마찬가지로 '소는 칼슘'이라는 관계는 '우유'라는 매개체가 필요하므로 판단하는데 시간이 걸린다.

❶ 이것도 알아 두자

⊙ **기억법**

머리가 좋은 사람은 자신만의 기억법을 가지고 있다. 아래는 대표적인 **기억법**을 정리한 것이다.

- 장소 기억법 : 실제 장소나 가상의 장소를 떠올려 번호를 매기고 기억하고자 하는 것을 순서대로 머리에 집어넣는 기억법이다. 장소와 기억하는 것의 이미지를 조합하여 가급적 일반적이지 않은 이미지를 떠올리면 보다 인상적으로 기억된다.

- 스토리식 기억법 : 스토리를 만들어 거기에 기억하고자 하는 대상을 대입하는 방법이다. 장소 기억법과 마찬가지로 인상적인 이미지로 대입하는 것이 포인트이다.

- 언어유희 기억법 : 동음이의어나 각운 등을 이용해 말을 재미있게 꾸미면서 기억한다. 역사적 사건의 연도를 발음하기 쉬운 어조로 바꾸어 기억하기도 한다.

- 머리글자 기억법 : 기억하고자 하는 대상의 머리글자를 따서 기억하는 방법이다.

- 덩이 짓기 기억법 : 기억하고자 하는 대상을 덩어리로 묶어 기억하는 방법이다.

당신에게는 역경을 극복할 수 있는 용기가 있는가?

강아지가 상자에 담긴 채 버려져 있다. 안쓰러운 마음에 집으로 데리고 오자 부모님이 "다시 가져다 두어라"라고 말했다. 이때 가장 용기 있게 행동한 것은 무엇일까?

① 누군가 키워줄 사람을 찾는다.

② 원래 있던 곳에 둔 뒤 먹이를 주러 다닌다.

③ 키우게 해달라고 필사적으로 부모님을 설득한다.

④ 어쩔 수 없으므로 버리고 온다.

해설

정답은 ③이다. 이러할 사람은 의지가 강하고 역경이 있어도 이글 극복힐 수 있으며 수변 사람들에게도 의지가 되는 사람이다.

①은 주변의 기분을 살피며 자신의 의지를 관철시키는 유형으로 강약 조절에 능하다.

②는 문제를 뒤로 미루는 유형이다. 배려심이 강해 다른 사람의 의견을 거절하지 못하고, 자신의 의지를 관철시키지 못한다. ④는 가장 용기가 없는 유형이라 할 수 있다. 우유부단하며 다른 사람의 말을 거절하지 못한다.

PSYCHOLOGY NOTE

PART
8

성격과
심층 심리의 분석

알다가도 모를
우리의 성격

01 성격은 선천적 요소와 후천적 요소에 의해 결정된다

오래전부터 심리학에서는 **성격**을 **캐릭터**Character와 **인격**Personality이라는 두 단어로 정의해 왔다. 캐릭터란 그 사람이 태어날 때부터 가지고 있는 자질, 이른바 유전적 요인이라 해석할 수 있으며 인격은 태어난 후 자란 환경의 영향으로 만들어진 것을 말한다. 성격이 선천적 요소와 후천적 요소 중 어느 쪽의 영향을 더 많이 받는지에 대해서는 아직까지도 결론이 내려지지 않았다.

일반적으로 사람의 생각과 행동은 후천적인 환경에서의 경험과 학습으로 만들어진다고 알려져 있으나, **일란성 쌍둥이**를 관찰한 데이터를 보면 다른 환경에서 자란 경우라도 성격이 비슷한 사례가 많다는 사실을 알 수 있다. 그렇다면 선천적으로 주어진 캐릭터에 성장하면서 습득한 인격이 더해져 성격이 완성된다고 이해하는 것이 타당할 것이다. 즉 성격은 본연의 타고난 성품과 인격의 상호작용에 의해 형성된 것이라 할 수 있다.

성격과 비슷한 의미로 사용되는 말 중에 **개성**이란 단어가 있다. 어두운 성격과 밝은 성격도 개성이며, 옷이나 색깔 등에 따른 취향도 개성이라 할 수 있다. 즉 개성이란 다른 사람과 구별되는 그 사람만의 특징이라 할 수 있는 것이다. 원래 **개**Individual라는 단어에는 '쪼갤 수 없는', '다른 것으로 바꿀 수 없는'이라는 의미가 있으며, 성격은 물론이고 그 사람의 능력과 겉모습에 대해 말할 때도 널리 사용된다. 또한 감정적인 측면에서 개성을 말할 때에는 **기질**Temperament이란 말이 사용된다. 기질은 성격의 기반이 되며 유전적 영향을 크게 받는 것으로 알려져 있다.

성격을 형성하는 요소에는 무엇이 있을까?

성격은 유전적 요인과 환경의 영향을 받는 것으로 알려져 있으나 그 영향이 어느 정도인지는 아직 밝혀지지 않았다.

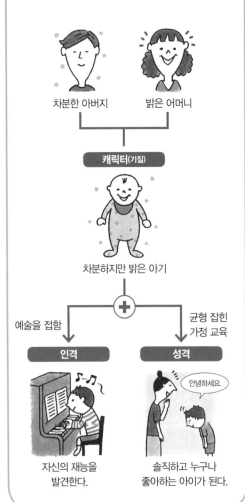

차분한 아버지　　밝은 어머니

캐릭터(기질)

차분하지만 밝은 아기

예술을 접함　　　　　　　　균형 잡힌 가정 교육

인격　　　　　　　　**성격**

안녕하세요.

자신의 재능을 발견한다.　　솔직하고 누구나 좋아하는 아이가 된다.

❗ 이것도 알아 두자

⊙ **토폴로지 심리학** p.101

미국의 심리학자 **쿠르트 레빈** (1890~1947)이 주장했다. 인간은 개인의 개성과 욕구뿐 아니라 그 사람이 놓인 현재 상황, 즉 **장** 場에 영향을 받아 행동한다는 이론이다. 회사 등의 조직에서는 '자리가 사람을 만든다'라고 생각할 수 있으며, 이 이론에서는 환경을 개발함으로써 기대에 맞는 행동이 나타난다고도 했다.

Q&A 소소한 심리학

Q 지인이 비꼬기를 좋아하는 성격이어서 주변 사람들을 적으로 만들고 있습니다. 사람의 성격은 바뀌지 않는 것일까요?

A 성격에는 선천적으로 타고난 **기질**과 그 후의 환경에 의해 형성되는 **성격**이 있습니다. 환경에 의해 형성된 성격에는 사회의 영향으로 형성되는 **사회적 성격**과, 현재의 역할에 맞는 **역할 성격**이 있지요. 선천적인 기질은 바꾸기가 어렵지만 그 후에 형성된 성격은 얼마든지 바꿀 수 있습니다. 남을 비꼬는 성격도 환경에 영향을 받아 형성된 것이라면 얼마든지 고칠 수 있을 것입니다.

02 부모의 육아법과 관련이 있는 형제의 성격

형제의 성격은 어떻게 결정되는 것일까. 같은 부모에게서 태어나 같은 가정 환경에서 자랐음에도 불구하고 형제의 성격은 각기 다르다. 이에 대해서는 각 자녀를 향한 **부모의 태도**에 따라 자녀들의 성격에 차이가 나타나는 것이라고 알려져 있다.

첫째 아이에 대해서는 부모가 아무래도 많은 신경을 쓰고 양육에 적극적이기 마련이다. 그러나 둘째 아이부터는 요령을 터득하여 비교적 여유롭게 양육을 할 수 있게 된다. 또한 부모는 첫째 아이에 대해서는 빨리 자립하기를 바라고 막내 아이에 대해서는 언제까지고 귀여운 막내다움을 기대한다.

첫째 아이의 입장에서는 동생이 태어난 이후 어머니의 애정을 빼앗겼다고 생각함으로써 이를 극복하고 견디는 힘을 기르게 된다고 한다. 반면 첫째 이후의 아이는 자신보다 나이가 많은 상대와 경쟁을 해야 하기 때문에 요령을 익히고 의식적으로 부모의 주목을 끄는 행동을 하려는 경향을 가지게 된다.

형제 사이의 **터울**에 따라서도 관계 형성이 달라진다. 터울이 작으면 서로 라이벌 의식이 생겨 자주 싸우게 되며, 터울이 크면 연장자는 한층 여유를 가지고 대처할 수 있게 된다.

이처럼 형제 관계는 친구 관계를 형성하는 기초가 되며 **사회성**을 발달시키는 토대가 된다. 그러나 최근에는 외동인 경우가 많아 부모와 자식 간이라는 **종적 인간관계**밖에 형성하지 못하기 때문에 경쟁과 협력, 타협과 인내와 같은 대인 관계 능력을 학습하지 못하는 아이들이 늘어나고 있다는 견해도 있다.

형제 구성으로 결정되는 인간관계

형제의 구성에 따라 성격이 정해진다.

조화 관계	 자매의 경우 서로 친밀하고 사이가 좋지만 터울이 적을수록 자주 싸운다.
대립 관계	 터울이 적으면 자주 싸운다.
전제 관계	 오빠와 여동생, 누나와 남동생으로 이루어진 형제 구성에서 자주 보이는 패턴으로 첫째가 권위를 가지는 것을 말한다.
분리 관계	 터울이 큰 형제에게 자주 보이는 패턴으로, 서로에게 관심이 없다.

Q 저는 종종 '형이 있을 것 같다'라는 말을 듣습니다. 실제로는 그렇지 않은데 말이지요. 왜 그렇게 보이는 걸까요?

A 일반적으로 첫째는 사회가 바람직하다고 생각하는 행동을 하는 경향이 있습니다. 더불어 둘째는 자유분방하고, 막내는 응석이 심하다는 이미지가 있지요. 가부장 제도 안에서 첫째는 항상 '형다운', '언니다운' 모습을 요구받고는 합니다. 반면 막내는 응석이 너그럽게 받아들여지는 경우가 많지요. 때문에 '형이 있을 것 같다'라는 말을 자주 듣는 것은 응석받이 같은 성격으로 보인다는 말일 가능성이 있습니다. 반대로 '여동생이나 남동생이 있을 것 같다'는 말을 듣는 사람 중에는 착실한 이미지인 사람이 많지요.

Q 자매가 있는데 매일 싸웁니다. 성별 구성도 관계가 있을까요?

A 남자 형제의 경우 서로 간섭하지 않고 거리를 두는 경향이 있는데 반해, 자매의 경우에는 친밀한 만큼 오히려 라이벌 의식도 생기기 때문에 자주 다투게 되는 것으로 여겨집니다.

성격과 지능은 유전과 환경 중 어디에서 더 영향을 받을까?

성격이 **유전**과 **환경** 중 어느 쪽의 영향을 더 받는지에 대해서 일란성 쌍둥이와 이란성 쌍둥이를 비교해 연구하는 방법을 **쌍생아법**이라고 한다. 일란성 쌍둥이는 같은 수정란에서 태어났기 때문에 유전자가 완벽하게 일치한다. 한편 이란성 쌍둥이는 각기 다른 난자에서 태어났기 때문에 유전자가 일반적인 형제와 같다. 이에 따라 일란성 쌍둥이의 성격 차이가 이란성 쌍둥이보다 작다면, 성격은 곧 유전적인 영향을 받는다는 이야기가 된다. 또한 일란성 쌍둥이와 이란성 쌍둥이 사이에 차이가 별로 나지 않는다면 성격은 환경적 요인에서 더 큰 영향을 받는다고 할 수 있다.

미국의 심리학자 **아서 젠슨**(1923~2012)은 **환경 역치설**을 주장했다. 이는 인간이 유전적 영향을 받아 재능을 발휘하기 위해서는 재능이 나타나기 위해 필요한 환경이 일정 수준(역치)으로 갖추어지는 것이 전제되어야 한다는 생각이다. 체형이나 지능 등은 유전적 영향이 큰 부분을 차지하지만, 외국어를 학습하거나 성적을 올리기 위해서는 환경이 역치를 넘어야 한다는 것이다.

Q&A 소소한 심리학

Q 부모님의 머리가 좋으면 아이의 머리도 좋을까요?

A 독일의 심리학자 라인 옐은 부모와 아이의 지능의 상관 관계를 연구했습니다(평가는 A=우수, B= 보통, C=우수하지 않음).

○ 부모가 모두 A−A인 경우
아이 A: 71.5%,
아이 B: 25.5%
아이 C: 3.0%
○ 부모가 모두 B−B인 경우
아이 A: 18.6%
아이 B: 66.9%
아이 C: 14.5%
○ 부모가 모두 C−C인 경우
아이 A: 5.4%
아이 B: 34.4%
아이 C: 60.1%

부모의 머리가 좋지 않은 경우라도 5%의 아이의 머리가 좋은 것을 보아, 지능은 유전적 영향을 많이 받기는 하지만 그것이 절대적인 것은 아니라는 사실을 알 수 있습니다.

성격과 지능은 유전일까?

흔히 성격은 유전과 환경적 요인으로 결정된다고 한다. 쌍둥이를 대상으로 한 연구를 통해 우리는 동일한 환경에서 자란 아이들일지라도 성격이 다른 경우가 있고, 다른 환경에 자라도 서로 닮은 경우가 있다는 걸 알게 되었다. 태어난 후 뇌를 어떻게 사용하느냐에 따라 성격과 지능에 차이가 생기는 경우도 있다.

쌍생아법

일란성 쌍둥이와 이란성 쌍둥이의 비슷한 특성을 비교함으로써 성격이 유전과 환경 중 어느 쪽의 영향을 더 받는지 알아낼 수 있다.

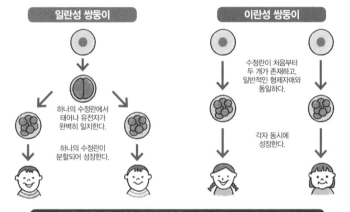

일란성 쌍둥이

하나의 수정란에서 태어나 유전자가 완벽히 일치한다.

하나의 수정란이 분할되어 성장한다.

이란성 쌍둥이

수정란이 처음부터 두 개가 존재하고, 일반적인 형제자매와 동일하다.

각자 동시에 성장한다.

쌍둥이의 지능 지수의 상관관계(50=평균, 100=완전 일치, 0=불일치)

같은 환경에서 자란 일란성 쌍둥이	92	다른 환경에서 자란 일란성 쌍둥이	87	이란성 쌍둥이	동성55, 이성56

젠슨의 환경 역치설

유전의 영향을 받기 위해서는 이를 위해 필요한 환경이 일정 수준(역치)으로 갖춰져 있음이 전제되어야 한다는 이론이다. 학습하기에 좋은 환경을 부모가 만들어 주었을 때 아이의 성적이 올라가는 현상을 예로 들 수 있다.

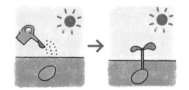

04 실패를 남의 탓으로 돌리는 사람과 자신의 탓으로 돌리는 사람

인생에서 실패는 누구나 경험하기 마련이지만 그 실패를 받아들이는 방법은 사람마다 다르다. 어떤 일이 일어났을 때 그 원인을 어디서 찾는지를 개념화한 것을 **통제 소재**Locus of Control, LOC라고 한다. 통제 소재는 실패를 외부 환경 탓으로 돌리는 **외적 통제형**과 실패의 원인을 자신의 내면 문제로 받아들이는 **내적 통제형**으로 나뉜다.

출장을 가기 위해 지하철을 탈 때 제 시간에 타지 못하고 다음 열차를 탔을 경우, 외적 통제형은 '불가항력이니 어쩔 수 없다'라고 생각하고 내적 통제형은 '좀 더 빨리 나올걸'이라고 생각한다. 이처럼 똑같은 실패라 해도 두 유형의 받아들이는 방식에는 차이가 있다.

외적 통제형은 실패의 원인을 자신이 아닌 외부에서 찾는다. 업무에 있어서도 동료의 실력이 부족하기 때문이라며 다른 사람에게 책임을 전가하거나 운이 없었다고 생각한다. 이 유형의 사람은 끙끙 싸매고 고민하거나 일어난 일에 대해 후회를 하지는 않지만, 자신을 반성하지 않기 때문에 같은 실패를 반복하는 경우가 많다. 정도에 따라서는 무책임한 사람이라는 꼬리표가 따라다니기도 한다.

내적 통제형인 사람은 실패의 원인을 항상 자신에게서 찾는다. 때문에 성격이 차분하고, 스트레스를 쌓아두는 경향이 있지만 실패의 원인을 찾아내서 반성하고 같은 실수를 반복하지 않는다. 실패와 성공을 두고 자기가 하기 나름이라고 생각하기 때문에 결과적으로 자신의 능력을 향상시키게 된다.

외적 통제형과
내적 통제형

실패의 원인을 자신이 아닌 외부의 탓으로 돌리는 사람을 외적 통제형이라고 하고, 남이 아닌 자신에게서 원인을 찾는 사람을 내적 통제형이라고 한다.

외적 통제형	실패에 대한 반성 없이 핑계를 댄다. ○ 내 탓이 아니다. ○ 기준이 너무 높았다. ○ 운이 나빴다. ○ 다른 할 일이 있어서 하지 못했다.  내 탓이 아니야.
내적 통제형	실패의 원인을 분석하고 반성함으로써 다음 기회에 활용한다. ○ 내가 부주의한 탓이야. ○ 노력이 부족했다. ○ 다음에는 더 열심히 하자. ○ 위기는 기회다.  이번에 실패한 원인은……

❶ 이것도 알아 두자

◉ 원인 귀속

인간이 하는 행동의 원인을 추측하는 것을 말한다. 귀속에는 **내적 귀속**과 **외적 귀속**이 있다. 전자는 본인의 성격 등 내부에 있는 것에서 원인을 찾는 것이다. 후자는 상황이나 운과 같은 외부적 요인에서 원인을 찾는 것이다. 미국의 심리학자 **버나드 와이너**(1935~)가 발표한 성공과 실패에 관한 모델에 따르면, 내적 귀속에는 변하기 힘든 요인(능력 등)과 변하는 요인(노력 등)이 있으며, 외적 귀속에도 변하기 쉬운 요인(운 등)과 변하기 어려운 요인(과제의 난이도)이 있다.

◉ 이기적 편향

자신에게 유리한 쪽으로 결과를 해석하는 경향을 말한다. 성공했을 때에는 자신의 능력에서 원인을 찾고, 실패했을 때에는 환경 등에서 원인을 찾는다.

◉ 통제의 환상

자신이 통제할 수 없는 것을 두고 '마음만 먹으면 통제할 수 있다'며 착각하는 상태이다. '내가 뽑은 제비가 당첨될 것이다' 등 우연에 의한 사건을 자신의 능력과 의사로 가능하게 할 수 있다고 착각하는 것을 말한다.

05

어떤 기준으로 성격을
분류해야 할까?

성격을 분류하는 방법에는 크게 **유형론**과 **특성론**이 있다. 유형론은 성격을 몇 가지의 기준으로 분류하는 방법이며 특성론은 성격을 몇 가지 특성의 집합으로 보는 분류법이다.

대표적인 유형론으로는 독일의 정신의학자 **크레치머**(1888~1964)가 주장한 체형별 성격 분류법이 있다. 크레치머는 사람의 체형과 성격은 일정한 관계가 있다고 생각하여 체형을 세 가지로 나누고 각각의 특성을 다음과 같이 정리했다.

① **비만형**(조울 기질) : 사교적이며 밝고 활발한 성격이지만 기분의 변화가 심하다.

② **마른형**(분열 기질) : 신경질적이고 조심스러운 성격이다. 주변 사람과 어울리기보다 자신의 세계에서 지내는 것을 즐긴다. 다른 사람의 사소한 언동에는 민감하게 반응하지만 다른 사람에 대해서는 의외로 둔감하다.

③ **근육형**(점착 기질) : 정의감이 강하고 완고하며 자신의 의견을 강력하게 피력한다. 마음에 들지 않으면 갑자기 화를 내기도 한다. 예의가 바르고, 성실한 면도 있다.

---

❶ 이것도 알아 두자

⊙ **그리스 시대부터 있었던 유형론**

유형론은 고대 그리스 의사 **히포크라테스**(BC460~BC377)가 주장한 **4체액설**까지 거슬러 올라가며, 이후에도 다양한 이론이 나왔다.

○ 4체액설 : 고대 그리스의 의성^{醫聖} 히포크라테스가 주장했다. 인간의 신체를 혈액, 점액, 황담즙, 흑담즙의 네 가지 혈액으로 나누어 그들의 균형이 맞을 때 건강을 유지할 수 있다고 했다.

○ 체액 이론 : 고대 그리스 의학자 **가레노스**(129~200년경)가 주장했다. 인간의 신체를 다혈질, 점액질, 담즙질, 우울질(흑담즙질)의 4대 기질로 분류했다.

○ 융의 유형론 : 융 p.119은 인간의 기본적인 태도에서 성격을 외향성과 내향성으로 분류했다. 나아가 각각의 성격을 사고형, 감정형, 감각형, 직관형으로 분류했다p.315.

대표적인 유형론

성격 유형론에는 크레치머의 체형별 성격 분류법과 미국의 심리학자 윌리엄 셸던(1898~1977)의 발생적 유형론, 독일 심리학자 에두아르트 슈프랑거(1882~1963)의 가치 유형론 등이 있다.

크레치머의 분류	**비만형** 조울 기질. 외향적이고 친절하다. 때로는 극도로 분노하거나 울기도 한다. 	**마른형** 분열 기질. 근면하고 성실하며 사교적이지 않다. 신경질적이나 온화하다. 	**근육형** 점착 기질. 성실하고 질서를 좋아한다. 모든 일에 열중한다.
셸던의 분류	**내배엽형** 둥근 체형으로 소화 기관과 호흡기 계통 등이 발달했다. 먹는 것을 좋아하고 애정에 대한 욕구가 높다. 	**외배엽형** 마른 체형으로 신경이나 표피 등이 발달했다. 섬세하며 피곤을 잘 느끼는 체질이다. 	**중배엽형** 탄탄한 체형으로 골격과 근육이 발달했다. 자기주장이 강하고 활동적이다.
슈프랑거의 분류	**이론형** 이론을 좋아하고 객관적이다. 조용하고 친화하다. **권력형** 권력욕이 강하다.	**경제형** 금전 지상주의를 가지고 있다. **종교형** 성스러운 것을 소중히 생각한다.	**심미형** 감각을 중시하고 아름다운 것에 가치를 둔다. **사회형** 다른 사람과 조화를 이루며 사회생활을 한다.

06

성격을 요소로 분류한 융의 유형론

융 p.119은 프로이트 p.106가 사용한 리비도 p.110가 외부의 사건이나 사람에게 향하는 외향형과 내면으로 향하는 내향형으로 구분하고 이 둘을 사고형, 감정형, 감각형, 직관형이라는 인간의 마음이 지닌 힘(심리 기능)별로 분류했다. 이것이 융의 유형론이다.

모든 인간은 마음속에 이 외향성과 내향성 두 가지를 모두 가지고 있다. 둘 중 보다 강한 것이 표면으로 드러날 뿐인 것이다. 이때, 한쪽의 성격만이 과도하게 표면으로 드러남으로써 그와 대립하는 다른 한쪽의 성격이 무의식중에 나타나는 경우가 있다고 융은 생각했다.

또한 심리 기능 중 사고와 감정은 대립 관계에 있으며 감각과 직관은 동종 관계에 있다. 외향성, 내향성과 마찬가지로 인간은 누구나 이들 네 가지 심리 기능을 두루 가지고 있다. 그중 하나가 다른 것보다 강하게 발달되어 의식에 영향을 미치고 드러남으로써 그 사람의 성격이 형성되는 것이다.

외향적인 사람 중에서도 사고형인 사람은 무슨 일이든 객관적 사실에 근거하여 생각하기 때문에 주변으로부터 냉정한 사람이라고 평가받기도 한다. 한편 내향적 사고형인 사람은 사실보다 주관을 중시하기 때문에 완고하고 고집이 세다는 평가를 받는다.

융이 분류한 여덟 가지 유형은 항상 고정되어 있는 것이 아니라 세상을 살아가는 법 혹은 환경에 따라 기능의 배치가 달라지기도 한다. 이를 개성화의 과정이라고 한다. 융의 유형론은 후에 미국의 심리학자 연구팀에 의해 외향성과 내향성을 측정하는 심리 검사로 발전했고, 성격 특성론의 개념으로 바뀌었다.

융의 분류에 따른 여덟 가지 성격

융은 다음과 같은 단계를 통해 인간의 성격 속 여덟 가지 특성을 도출했다.

대립
판단을 관장하는 기능

동등
숨겨져 있는 의도를 받아들이는 기능

성격 심리 기능	사교적	내향적
사고	외향적 사고 유형 무슨 일이든 객관적 사실에 입각해 생각한다. 다른 사람에게 비관용적이다.	내향적 사고 유형 사실보다 주관적 판단을 중시한다. 완고하고 고집이 세다. 철학자 기질이 있다.
감정	외향적 감정 유형 유행을 좋아한다. 사고에 깊이가 없다. 대인 관계가 좋다.	내향적 감정 유형 감수성이 예민하고 자신의 내면을 중시한다.
감각	외향적 감각 유형 현실을 받아들이는 힘이 있다. 쾌감을 즐긴다.	내향적 감각 유형 어떤 일의 이면에 있는 것을 파악하는 능력이 있다. 특지직긴 표년녁을 가시고 있다
직관	외향적 직관 유형 사업가에게서 많이 나타나는 유형으로 가능성을 추구한다.	내향적 직관 유형 비현실적으로, 직관에 의해 행동한다. 예술가에게 많은 유형이다.

07 성격과 행동을 분석하는 성격 테스트

인간의 **성격**은 태어날 때부터 가지고 있던 **유전적 요인**과 **기질**을 기반으로 하여 후천적으로 받아들인 환경이나 다양한 경험 등을 인식하면서 단계적으로 형성된다. 일상적으로 성격은 그 사람만의 고유한 특성을 나타내는 행동이자 특징이라고 해석할 수 있다. 이에 따라 성격과 성격으로 인해 나타나는 행동이 학습 활동과 사회 활동 등의 다양한 상황에 적합한지를 판별하기 위한 판단 기준, 즉 **성격 테스트**가 필요하게 되었다. 성격 테스트는 검사 방법에 따라 차이가 있으나 크게 세 가지 유형으로 나뉜다.

① **질문지법** : 설문 조사와 비슷한 형태로, 질문에 대해 '그렇다', '아니다', '보통이다'와 같은 답을 체크하여 성격을 파악하는 방법이다.

② **작업 검사법** : 어느 특정한 검사 장면을 설정하여 그것으로 작업한 결과나 경험으로부터 성격의 특성을 판단하는 방법이다.

③ **투영법** : 대상자에게 특정한 자극을 준 뒤, 그 자극에 대한 반응을 통해 심층 심리를 파악하고 성격을 판단하는 방법이다.

❗ 이것도 알아 두자

⊙ 포러 효과

누구에게나 해당되는 일반적이고 모호한 성격 묘사를 두고 자신에게 해당한다고 생각해 믿는 심리 효과를 말한다.

포러 효과의 예로 혈액형별 성격을 들 수 있다. 현재의 심리학에서는 혈액형과 성격 사이의 인과관계가 증명되지 않았다. 그럼에도 대다수의 사람들이 혈액형별 성격을 믿는 것은 그 특성들이 자신의 성격에도 해당된다고 착각하기 때문이다. 그중에는 혈액형별 성격의 결과를 바탕으로 행동하려는 사람도 있는데, 이는 **자기 성취 예언**의 일종이라 할 수 있다.

1956년에 명명된 포러 효과는 바넘 효과라고도 부르는데, 미국에서 서커스단을 이끌었던 곡예사 바넘이 사용한 교묘한 심리 조작에서 유래되었다.

목적에 따른 성격 테스트

심층 심리나 성격의 특성을 파악하는 성격 테스트에는 다음과 같은 종류가 있다. 일반적인 성격을 알고자 할 때나 특정한 분야에서의 성격을 파악하고자 할 때 목적에 따라 이용할 수 있다.

질문지법	Y·G (야타베 길포드 성격 검사)	120개 항목의 질문에 '그렇다', '아니다', '보통이다'로 대답하는 방식으로 성격을 파악한다.
	MMPI (미네소타 다면적 인성 검사)	550개 항목의 질문에 '그렇다', '아니다', '보통이다'를 선택하는 방식의 검사이다. '보통이다'가 많은 경우 신뢰성이 떨어진다.
	에고그램	50개의 질문에 '그렇다', '아니다', '보통이다'로 대답한다. 정신력, 배려, 냉정함, 자기중심성, 순응성의 영역으로 나뉜다.
작업 검사법	우치다-크레펠린 정신 작업 검사	가로로 인쇄된 한 행의 숫자를 순차적으로 더하여 그 합의 한 자리 숫자를 차례로 기입하게 한다. 각 줄의 작업량과 소요시간을 좌표로 표시하여 나타난 작업 곡선을 통해 성격을 파악한다.
투영법	PF스터디 (회화-욕구 불만 검사)	일상생활에서 겪기 쉬운 욕구 불만의 장면을 그린 그림을 보여주고, 어떤 대답을 하는가를 살피며 그 사람의 심층 심리를 파악한다.
	로르샤흐 검사	잉크로 그려진 좌우 대칭의 그림을 보여주고, 어떤 그림으로 보이는지 자유롭게 생각하게 하여 심층 심리를 파악한다. 스위스 정신의학자 로르샤흐가 고안한 방법이다
	바움 테스트	나무 그림을 그리게 하고, 구도와 나무의 모양(열매가 있을 유무, 가시나 뿌리의 형태 등)으로 심층 심리를 파악한다.
	SCT (문장 완성검사)	'나는 자주 사람으로부터…'와 같은 60개 항목의 공란이 있는 문장을 완성하게 하여 심층 심리를 분석하고 심리적 왜곡을 파악한다.

08

긍정적인 사람이 되기 위해서는 자존감이 중요하다

인생을 긍정적으로 살아가는 사람과 그렇지 않은 사람이 존재하는 것은 왜일까? 미국의 심리학자 **윌리엄 제임스**(1842~1910)는 그 차이를 **자존감** p.148 때문이라고 말했다. 자존감이란 자신을 긍정적인 마음으로 받아들이는 것으로, 제임스는 〔**자존감＝성공÷욕망**〕이라는 공식이 성립한다고 주장했다.

좋은 성적을 받는 것이 성공이라고 한다면 '그렇게 되고 싶다'고 바라는 마음이 강할수록 분모의 욕망에 해당하는 숫자가 커지기 때문에 실패했을 때 자존감이 낮아지게 된다. 반대로 줄곧 실패만 하는 사람이라도 욕망치가 높지 않은 경우에는 자존감이 낮아지지 않는다. 무엇을 성공으로 보는지에 대한 기준은 사람마다 다르다. 시합과 시험에서 원하는 결과를 얻지 못하더라도 그 실패가 다음 도전에 도움이 될 것이라고 생각해 이를 '하나의 성공'이라고 받아들인다면 자존감은 높아진다.

미국의 심리학자 **로젠버그**의 자존감 측정 테스트인 **자아 존중감 척도**에서는 10개 항목에 '항상 그렇다', '가끔 그렇다', '별로 그렇지 않다', '전혀 그렇지 않다'로 대답하게 하여 그 사람의 자아 존중감을 측정한다.

로젠버그는 이 검사를 실시하면서 자존감이 높은 사람은 자신에 대해 '이대로 좋다(good enough)'라고 생각한다고 말했다. 자신을 남과 비교하면서 평가하기보다 '남은 남이고 나는 나'라는 태도로 스스로를 좋다고 생각하는 것이다. 즉 자존감이 높은 사람은 있는 그대로의 자신에게서 가치를 찾아내는 사람이라고 할 수 있다.

자존감을 측정할 수 있는 자아 존중감 척도

자존감이란 기본적으로 자신을 가치 있는 존재로 생각하는 감각이다.

제임스에 의한 자아 존중감 공식

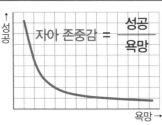

◎ 욕망이 강하면 강할수록 실패했을 때에 자존감이 낮아진다. 욕망이 낮으면 실패해도 자존감이 낮아지지 않는다.

로젠버그의 자아 존중감 척도

10개의 긍정적인 질문과 부정적인 질문에 '항상 그렇다', '가끔 그렇다', '별로 그렇지 않다', '전혀 그렇지 않다' 네 개의 선택지로 답한다. 각각을 4점, 3점, 2점, 1점으로 측정하고 합산하며 25점까지를 자존감이 낮은 사람으로, 26점 이상을 자존감이 높은 사람으로 생각한다.

❶ 자신에게 만족한다.
❷ 가끔 자신이 쓸모없다고 생각한다.
❸ 자신에게 몇 가지 장점이 있다고 생각한다.
❹ 다른 사람만큼 여러 가지 일을 할 수 있다.
❺ 잘하는 것이 별로 없다.
❻ '쓸모없다'고 생각하는 경우가 있다.
❼ 자신은 다른 사람들만큼 가시 있다.
❽ 조금 더 자신을 존중할 수 있으면 좋겠다.
❾ 무슨 일을 해도 실패할 것이라고 생각한다.
❿ 긍정적인 성격을 가지고 있다.

❗ 이것도 알아 두자

◉ 학습된 무력감

미국의 심리학자 **마틴 셀리그만**(1942~)이 주장한 개념이다. 피할 수 없는 어려운 상황에 오랫동안 놓이게 되면 상황에 맞서려는 행동을 하지 못하게 된다는 것이다. 셀리그만은 두 마리의 개에게 각각 다른 방법으로 전기 자극을 주었다. 한 마리에게는 버튼을 누르면 전기 자극이 멈추는 장치를 달았고, 다른 한 마리에게는 멈추는 장치 없이 계속해서 전기 자극을 준 것이다. 그 후 넘어갈 수 있는 높이의 칸막이가 설치된 방에서 두 마리의 개에게 동일한 전기 자극을 준 결과, 앞의 실험에서 자극을 피하는 방법을 학습한 개는 자극을 피하기 위해 칸막이를 뛰어넘었으나 멈추는 방법을 학습하지 못한 개는 아무런 행동도 하지 않은 채 계속 전기 자극을 받았다. 셀리그만은 이 실험을 통해 '무기력 상태는 학습으로 익히게 된다'고 결론 내렸다.

인간도 어찌할 수 없는 상황이 계속되면 마찬가지로 **학습된 무력감**을 갖게 된다. 때문에 우리에게는 **자존감**을 높이는 것과 마찬가지로 학습된 무기력을 피하려는 노력 또한 필요하다.

09

나도 몰랐던 나를 알게 하는 '조하리의 창'

스스로 생각하고 있던 자신의 **성격**과는 전혀 다른 이미지를 타인이 느끼고 있는 경우가 종종 있다. 이를 그림으로 나타낸 것이 미국의 심리학자 **조셉 루프트**와 **해리 잉햄**이 발표한 '대인 관계에서 깨달음을 얻는 그래프 모델'이다. 이 모델은 후에 두 사람의 이름을 조합하여 **조하리의 창**Johari's Window이라 불리게 되었다.

조하리의 창은 인간의 영역을 격자 모양의 창문에 빗대어 네 가지의 창(영역)으로 분류한 것이다. 이 이론에서는 인간에게 다른 사람과 자신 양쪽 모두 알고 있는 부분(열린 창), 자신은 모르지만 다른 사람은 알고 있는 부분(보이지 않는 창), 자신은 알지만 다른 사람은 모르는 부분(숨겨진 창), 자신과 다른 사람 둘 다 모르는 부분(미지의 창)의 네 가지가 존재한다고 보았다.

자신의 성격으로 고민하는 사람은 **자기 개방 능력**을 높임으로써 '열린 창'을 넓히거나 '숨겨진 창'을 좁히는 것이 중요하다. 또한 '보이지 않는 창'을 지적해 주는 사람을 고맙게 여기고 '미지의 창'을 통해 가능성을 확장해 갈 수도 있다. 고민이 될 때에는 조하리의 창을 만들어 마음을 정리해 보는 것도 도움이 될 것이다.

Q&A 소소한 심리학

Q 상사가 지나치게 낙천적입니다. 그렇게 뛰어나다고 생각되지 않는 것에 대해서도 '이건 내 특기'라며 자랑을 하는데요. 이처럼 지나치게 낙천적인 사람에게는 다른 사람과 다른 특성이 있을까요?

A 자신을 지나치게 긍정적으로 생각하고 자신의 실력 이상으로 자신을 과대평가하는 심리 상태를 **긍정적인 환상** p.175이라고 합니다. 긍정적인 환상에는 자신을 비현실적일 정도로 낙천적(긍정적)으로 평가하고 외부에 대한 자신의 통제력을 실제 이상으로 크게 생각하며 자신의 미래를 장밋빛으로 그린다는 특성이 있습니다. 이 환상이 지나치면 질환이라고 볼 수도 있지만, 사회에 적응하면서 살아가기 위해서는 이 환상을 어느 정도 가지고 있는 편이 좋다고 할 수 있습니다.

'조하리의 창'을 통해 나도 몰랐던 나를 알 수 있다

사람에게는 네 가지의 영역이 존재하는데, 이를 도식화한 것이 조하리의 창이다.

	자신	
	안다	**모른다**
타인 — 안다	**열린 창** 자신과 타인 모두 알고 있는 부분. 공개된 자기.	**보이지 않는 창** 자신은 모르지만 타인은 아는 부분.
타인 — 모른다	**숨겨진 창** 자신은 알지만 타인은 모르는 부분.	**미지의 창** 자신과 타인 모두 알지 못하는 부분. 무한한 가능성이 내재되어 있다.

10

성 역할이 만들어 낸 '남자다움'과 '여성스러움'

남자다움과 **여성스러움**이란 무엇일까. 우리는 남성의 신체를 가진 사람에게서는 남자다움을, 여성의 신체를 가진 사람에게서는 여성스러움을 무의식중에 기대한다. **성차**性差 **심리학**은 뇌의 성차나 호르몬 균형 등으로 인해 생기는 성차를 연구하며, 나아가 능력의 차이로 생기는 **성 역할**의 관점에서 이야기되기도 한다.

원시 시대부터 남성은 밖으로 나가 식량을 확보하고 여성과 아이를 적으로부터 지켜왔다. 또한 여성은 남성의 보호를 받으며 아이를 낳고 양육하는 역할을 해왔다. 이에 따라 여성은 보호받아야 하는 존재이며 남성은 여성과 아이를 보호하는 존재라는 '남자다움', '여성스러움'이라는 개념이 생겨난 것으로 보인다.

'남자다움'과 '여성스러움'을 이야기할 때 건장한 신체 등의 물리적인 특징을 표현하는 경우와 포용력 등의 정신적 특징을 표현하는 경우가 있다. 사회에서 보편적으로 말하는 '남자다움'과 '여성스러움'은 이 정신적인 특징을 가리키는 경우가 많다. 그러나 성차는 직업의 적성, 가치 지향의 차이, 사회적·심리적 차이를 고려해야 한다.

---

❶ 이것도 알아 두자

⊙ 남녀의 성차

생물학적 측면에서의 여성은 난자를 담당하고, 남성은 정자를 담당한다. 심리적 측면에서의 여성은 대인 관계를 중시하고, 남성은 물질이나 기계를 좋아하며 대인 관계는 목표를 달성하기 위한 수단으로 여긴다. 사회적 측면에서의 여성은 집단주의적이며 협동하는 것을 좋아하고, 남성은 개인주의적이고 자립심이 강하다.

⊙ 스테레오 타입

무의식적으로 타인을 카테고리로 나누어 판단하는 심리로 **고정 관념적인 태도**라고도 한다. 스테레오 타입 중 '남자는 ~해야 한다', '여자는 ~해야 한다'와 같이 생각하는 것을 **성 고정 관념**이라 하며, 이것이 부정적으로 작용할 경우 편견이 되어 상대에게 상처를 줄 수도 있다.

'남성다움'과 '여성스러움'의 이미지

사람들은 남자와 여자에게 각각 어떤 이미지를 갖고 있을까. 외모과 내면의 측면에서 본 '남자다움'과 '여성스러움'을 정리해 보았다.

'남자다움', '여성스러움'에 관한 조사

유효답변 수: 1,021명(10대~60대 남성 562명, 여성 459명)

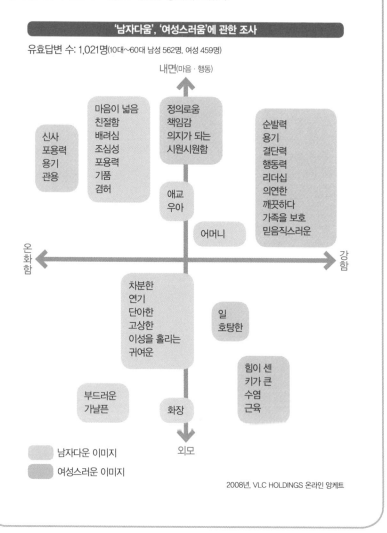

내면(마음 · 행동)

신사 포용력 용기 관용	마음이 넓음 친절함 배려심 조심성 포용력 기품 겸허	정의로움 책임감 의지가 되는 시원시원함

순발력
용기
결단력
행동력
리더십
의연한
깨끗하다
가족을 보호
믿음직스러운

애교
우아

어머니

온화함 ← → 강함

차분한
연기
단아한
고상한
이성을 홀리는
귀여운

일
호탕한

힘이 센
키가 큰
수염
근육

부드러운
가냘픈

화장

외모

■ 남자다운 이미지
■ 여성스러운 이미지

2008년, VLC HOLDINGS 온라인 앙케트

11

뇌 기능의 개인차가
개성으로 표현된다

　성격을 형성하는 요소 중 하나로 뇌의 기능을 들 수 있다. 대뇌변연계에 있는 **편도체**^{p.287}나 **해마** ^{p.290}는 사람의 성격을 온화하게 유지하는 기능을 한다. 편도체는 식욕, 성욕, 감정 등을 통제하는 역할을 하고 손상됐을 시에는 식욕, 성행동, 희로애락을 통제할 수 없게 되는 등의 문제가 일어난다. 원활한 기억능력을 돕는 기관인 해마의 경우 손상되면 **기억 장애**^{p.294}가 발생한다.

　뇌의 기능에 이상이 없더라도, 원래 그 사람이 가지고 있는 기능의 차이에 따라 성격차가 발생한다는 사실도 밝혀지고 있다. 미국의 심리학자 **데보라 존슨**은 내향적인 사람의 뇌와 외향적인 사람의 뇌를 조사하여 내향적인 사람의 뇌는 전두엽과 시상 전부의 기능이 활발하고 외향적인 사람은 측두엽이나 시상 후부 등이 활발하게 기능한다는 사실을 발견했다. 또한 수줍음이 많은 사람은 보통 사람보다 뇌의 편도체가 활발하게 기능한다는 사실도 실험을 통해 도출했다. 즉 사람의 뇌에는 개인차가 존재하며, 그것이 성격의 차이로 이어지는 경우도 있다는 것이다.

> ❗ **이것도 알아 두자**
>
> ⊙ **남성의 뇌, 여성의 뇌**
>
> 남녀의 성장 과정을 살펴보면 일반적으로 여자아이가 말을 시작하는 시기가 남자아이보다 빠르다. 이는 언어를 관장하는 **좌뇌**가 여자아이에게서 더 발달했기 때문이다. 한편 남성은 방향 감각이 뛰어나고, 여성은 길치인 경우가 많다고 알려져 있기도 한데 이는 공간의 인식을 관장하는 **우뇌**가 남성 쪽에서 더 발달했기 때문이다.
>
> 우뇌와 좌뇌의 정보 교환 역할을 하는 뇌량은 여성이 남성보다 크다. 이 때문에 여성은 세심한 배려와 감각을 지니게 된다. 반면 남성은 뇌량이 작기 때문에 뇌의 정보 교환을 그때그때 처리하기가 어려워, 실패를 해도 이를 바로 전환시키기 어려워한다. 이와 같이 성별에 따라 뇌의 기능에는 차이가 있으며, 나아가 이것이 개인차에도 영향을 주는 것이다.

뇌 기능의 차이로
성격이 변한다

감정을 관장하는 대뇌변연계에 있는 편도체나 해마의 작용으로 성격이 달라진다.

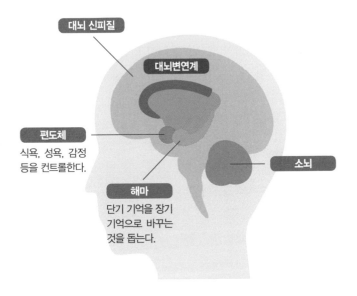

대뇌 신피질

대뇌변연계

편도체
식욕, 성욕, 감정
등을 컨트롤한다.

해마
단기 기억을 장기
기억으로 바꾸는
것을 돕는다.

소뇌

내향적인 사람의 뇌

편도체나 해마가 외부의 자극에 쉽
게 반응한다.

외향적인 사람의 뇌

편도체나 해마가 외부 자극에 민감
하게 반응하지 않는다.

자극 →

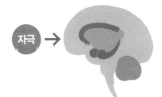

자극 →

내면에 숨어 있는
심층 심리

01 인간을 성장시키는 매슬로의 욕구 단계 이론

인간의 욕구는 무한하여 아무리 풍족한 환경에서 생활을 해도 만족하지 못하고 또 다른 욕구를 갖는다. 하지만 욕구 불만이 생기는 것이 나쁜 것은 아니다. 이는 인간이 진보하는 원동력이 되기 때문이다.

미국의 심리학자 **에이브러햄 매슬로**는 **인간의 기본적 욕구**를 네 가지로 분류하고, 하나의 욕구가 실현되었을 때 그보다 더 상위의 욕구(성장 욕구)가 나타난다고 했다.

기본적 욕구의 첫 번째는 **생리적 욕구**이다. 식욕을 충족시키기 위한 '먹다'와 갈증을 해소하기 위한 '마시다' 외에 '배설' 등 살아갈 때 필요한 최소한의 욕구를 말한다. 두 번째 욕구는 신체의 안전과 생활의 안정을 확보하기 위한 **안전의 욕구**이다. 세 번째는 **사회적 욕구**로, 집단에 소속되어 관계를 맺고자하는 욕구이다. 마지막 욕구는 타인에게 인정받고 존경받고자 하는 **자기 존중의 욕구**이다. 이들 네 가지 욕구는 하나씩 만족됨에 따라 계층적으로 다음 욕구로 진행된다. 또한 하나의 욕구를 달성할 때마다 사람은 성장하게 된다.

예를 들어 의衣와 식食이 충족되면 안정된 곳에서 살고 싶어지고, 그것이 충족되면 좋은 직업을 갖고 싶다거나 결혼하여 행복한 가정을 꾸리고 싶다는 욕구가 생기며 마지막으로 다른 사람들에게 존경을 받는 사람이 되고 싶다는 욕구가 생기게 된다

위의 기본적인 욕구가 모두 충족되었을 시, 이보다 상위 욕구인 **성상 복구**(자아실현의 욕구)로 발전된다. 자신의 능력을 최대한으로 발휘하여 자신의 가능성을 고취시키고자 하는 것이다. 이 욕구에 따라 행동을 하게 되면 인생의 보람을 느낄 수 있게 된다.

매슬로의 욕구 단계 이론

인간의 욕구는 5단계의 피라미드와 같다. 첫 번째 욕구가 충족되면 그보다 상위의 욕구로 이동한다.

성장 욕구

기본적 욕구

자아실현 욕구
자신의 가능성에 대한 욕구

자기 존중의 욕구
타인에게 존경받고자 하는 욕구

사회적 욕구
집단에 소속되고자 하는 욕구

안전의 욕구
신체의 안전에 대한 욕구

생리적 욕구
음식, 배설 등 본능에 대한 욕구

❗ 이것도 알아 두자

⊙ 에이브러햄 매슬로

미국의 심리학자(1908~1970)이다. 인간성 심리학의 창시자로, 그의 인격 이론은 **자아실현이론**(인간 욕구 5단계 이론)이라 불리며 경영학 등의 분야에서 높은 평가를 받고 있다. 1967년에 호주 휴머니스트 협회로부터 '올해의 휴머니스트'로 지정되기도 했다.

⊙ 실존적 욕구 불만

오스트리아의 정신의학자 **빅터 프랭클**(1905~1997)은 제2차 세계 대전 당시 강제 수용소에서 생활한 경험을 토대로 삶에 대한 의욕을 찾지 못해서 생기는 욕구 불만이 있다는 것을 발견하여 **실존적 욕구 불만**이라고 이름 지었다. 실존적 욕구 불만을 갖게 되면 살아갈 의욕을 잃고 모든 책임으로부터 도피하며, 무력감에 지배된다. 또한 **콤플렉스** p.163나 **트라우마** p.246등의 원인으로도 이 실존적 욕구 불만이 상당한 관련이 있는 것으로 여겨진다.

성격과 심층 심리의 분석　329

02 욕구가 채워지지 않을 때 일어나는 욕구 좌절

　자신의 뜻대로 일이 풀리지 않을 때, 욕구를 가진 인간의 내면에는 어떤 현상이 일어날까?

　심리학에서는 실현하고자 하는 욕구가 충족되지 않는 경우를 가리켜 **욕구 저지 상황**이라고 부른다. 자신이 장래에 하고 싶은 일이 있음에도 부모가 공부를 하라며 반대를 하는 경우(욕구 저지 상황), '꿈의 실현'이라는 욕구가 이루어지지 않은 것에 대해 불만을 갖게 되어 **욕구 좌절**이 일어나게 된다. 욕구 좌절은 욕구 저지 상황과 욕구 불만이 동시에 발생하는 것을 말하며, 욕구 좌절을 견디기 위한 힘을 **욕구 좌절 내성**이라고 한다. 이 힘은 보다 강한 마음으로 인생을 살아가는 데에 꼭 필요하다. 더불어 욕구 좌절이 지나치게 많이 쌓이면 그 스트레스로 인해 **방어 기제**p.164등의 문제 행동이 일어나게 된다.

　한편, 두 가지 이상의 욕구가 동시에 존재하여 어느 욕구를 충족시켜야 할지 망설이는 현상을 **갈등**이라 한다. 미국의 심리학자 **쿠르트 레빈**(1890~1947)은 갈등을 ①**접근-접근형**, ②**회피-회피형**, ③**접근-회피형**의 세 가지 유형으로 분류했다. ①은 두 가지의 하고 싶은 일이 있을 때 어느 쪽을 해야 할지 망설이는 상태에서 일어나는 갈등이고, ②는 피하고 싶은 두 가지 일이 있을 때 이 중 한쪽을 선택해야만 하는 상황에서 생기는 갈등, ③은 어느 한 가지 일에 장점과 단점이 존재하는 경우 어떤 선택을 해야 할지 고민하는 상황에서 발생하는 갈등이다.

욕구 저지 상황과 갈등

욕구가 충족되지 않은 상태(욕구 저지 상황)에서는 욕구 좌절이 발생한다. 또한 두 가지 이상의 욕구가 존재하여 어느 쪽의 욕구를 충족시켜야 할지 망설이는 상황을 갈등이라고 한다.

욕구 저지 상황

공부해!

욕구 좌절

욕구 저지 상황으로 욕구 좌절이 지나치게 높아지면 스트레스가 발생한다.

갈등

① 접근－접근형

좋아하는 두 명의 이성을 두고 고민한다.

② 회피－회피형

관심 없는 두 명의 이성을 두고 고민한다.

③ 접근－회피형

좋아하지는 않지만, 부유한 집안이라는 조건에 망설여진다.

03

무의식을 자극해 콤플렉스를 극복하는 최면 치료

인간은 자신이 부족하다고 생각하면 이를 극복하기 위해 노력한다. 인간은 콤플렉스를 극복하며 성장해 나간다고 할 수 있는 것이다. **방어 기제**p.164는 콤플렉스가 긍정적으로 작용한 결과이다. 그러나 콤플렉스가 지나칠 경우 자신감을 잃고 여러 정신 질환을 겪게 될 수도 있다. 콤플렉스를 극복하는 효과적인 수단으로 주목받는 것으로는 **최면 치료**와 **자기 암시**(스스로 최면을 거는 것)가 있다.

타인에 의한 최면의 경우 최면 상태(반각성 상태)에 들어가면 주변의 소리가 들려도 신경 쓰이지 않게 되고, 오로지 최면 유도자의 목소리에만 집중하게 된다. 또한 의식적으로 생각할 때 기능하는 좌뇌보다 무의식중에 기능하는 우뇌가 활성화된다. 최면 치료를 받을 때에는 편안한 마음으로 최면 유도자의 목소리에 귀를 기울이는 것이 중요하다.

---

❶ 이것도 알아 두자

⊙ **다양한 콤플렉스**

◦ 신데렐라 콤플렉스 : 남성에게 의존하여 안정된 삶을 누리고 보살핌을 받고 싶어 하는 여성이 신리 상태
◦ 로리타 콤플렉스 : 성인 남성이 미성숙한 소녀에 내해 성적인 매력을 느끼는 심리 상태
◦ 마더 콤플렉스 : 성인 남성이 어머니로부터 독립하지 못하고 의존하는 심리 상태
◦ 카인 콤플렉스 : 부모의 사랑을 독차지하기 위해 형제끼리 대립하는 심리 상태
◦ 백설공주 콤플렉스 : 어머니에게 학대를 당한 뒤 자신의 아이에게도 같은 행동을 반복하는 심리 상태
◦ 메시아 콤플렉스 : 자신을 사랑하지 않기 때문에 타인에게 인정을 받음으로써 자아실현을 하려고 하여, 인류애의 실현과 같은 지나친 이상주의를 가지게 되는 심리 상태(메시아란 구세주를 의미한다)

잠재의식을 자극하는 최면 치료

최면 치료에는 전문 기관에서 시행하는 대면 최면 치료와 집에 머물면서 원격으로 치료를 받는 원격 최면 치료, 자신의 어린 시절로 최면을 유도하여 심리적 문제의 원인을 밝히는 퇴행 요법 등 다양한 방법이 있다.

퇴행 요법의 진행 과정 예시	
❶ 사전 상담	현재의 고민에 대한 상담이 이루어진다. 어떤 것을 알고 싶은지, 고민이 무엇인지, 앞으로 어떻게 하고 싶은지에 대해 묻는다.
❷ 최면 유도(긴장 완화)	가벼운 최면 유도로 긴장을 완화한다.
❸ 최면 치료 시작	최면에 들어가고, 잠재의식의 이미지가 떠오른다. 보이는 방법은 사람마다 다르다.
❹ 어린 시절의 나와의 만남	무의식중에 있던 어린아이의 마음이 나타난다. 어린 시절, 마음에 상처를 받았던 일 등을 떠올린다.
❺ 무의식 속 자신과의 대화	의식과 무의식 사이에서 커뮤니케이션을 한다. 어린 시절의 자신과 미래의 자신이 원하는 것을 알게 된다.
❻ 자기 통합	무의식 깊은 곳에 있는 자신과 정보를 교환하고, 미래의 자신이 원하는 바를 깨닫는다.
❼ 최면으로부터 각성	전문가의 각성 방법에 따라 기분 좋게 눈을 뜬다.
❽ 사후 상담	최면을 통해 느낀 점을 이야기하고 조언을 받는다.

04

잠자는 자세를 통해 알아보는 성격

인간의 **심층 심리**를 알아보기 위한 효과적인 방법으로 **꿈의 해석**^{p.337,339}을 들 수 있다. 미국의 정신분석의학자 **사무엘 던켈**은 **잠자는 자세**로도 그 사람의 성격 과 그때의 상태, 고민 등을 파악할 수 있다고 주장했다. 잠자는 자세가 무의식적 인 자세이기 때문에 성격과 어떠한 관계가 있을 것이라고 생각했던 것이다.

잠자는 자세에는 대자로 뻗어서 자는 형태, 옆으로 누워서 자는 형태, 다리를 구부리고 자는 형태, 팔을 겹쳐서 자는 형태 등 다양한 유형이 있다. 더불어 특징 적인 자세로는 태아형, 왕자형, 엎드린 자세형, 쇠사슬에 묶인 죄수형, 스핑크스 형, 반태아형 등이 있다.

잠자는 자세는 하룻밤 동안에도 몇 번이나 바뀌기 때문에 하나로 정해져 있는 것은 아니다. 그러나 아침에 눈을 떴을 때, 분명 충분히 잠을 잤음에도 피곤한 느 낌이 드는 것은 잠으로도 해소되지 않는 스트레스가 신체에 쌓여있기 때문이다. 이때 잠자는 자세는 수면 시 무의식 상태에 빠진 사람의 긴장 상태와 긴장 완화 의 정도를 나타낸다.

Q&A 소소한 심리학

Q 잠을 자다가 가위에 눌리는 경우가 있습니다. 이는 무의식과 어떤 관계가 있는 것일까요?

A 취침 중에 일어나는 가위 눌림 현상은 의학적으로는 **수면 마비**라 불립니다. 대부분의 경우 정신을 집중 해서 무언가를 하고 난 후 잠에 들었을 때 일어나는 것으로 알려져 있지요. 누군가가 위에서 자신을 누르는 것과 같은 느낌이 드는 경우도 있기 때문에 심령 현상과 연결 지어 생각하는 경우도 있습니다.
가위 눌림의 대부분은 **렘수면**^{p.341}, 즉 얕은 수면의 상태에서 일어납니다. 뇌가 활발하게 활동하여 꿈을 꾸는 상태에서 과도한 두뇌 노동이나 운동을 한 후에 억지로 신체만 휴식을 취하게 하려고 했을 때 자율 신경의 실조와 같은 생리적 원인이 발생해 가위 눌림이 생기는 것이라 알려져 있지요.

잠자는 자세로 성격을 알 수 있다

던켈은 잠자는 자세에 그 사람의 성격과 심층 심리가 나타난다고 생각했다.

1 태아형

어머니의 뱃속에 있었을 때의 자세로 자기방어 본능을 나타낸다.

2 왕자형(대자형)

당당하고 자신감이 넘치는 유형으로, 개성적인 사람에게서 주로 보이는 자세이다.

3 엎드린 자세형

지배심을 나타낸다. 보수적이고 신경질적인 사람에게서 주로 보인다.

4 쇠사슬에 묶인 죄수형

뜻하는 대로 되지 않는 현실에 욕구 불만을 가지고 있다.

5 스핑크스형

아이들에게서 주로 관찰되는데, 신경질적인 사람이나 불면증인 사람에게서도 많이 나타난다.

6 반태아형

내장 기관을 보호하기 쉬운 자세이다. 상식적이며 균형 잡힌 성격인 사람에게서 주로 관찰된다.

꿈의 해석

01 꿈은 사람의 욕망을 채우는 행위 - 프로이트의 꿈의 해석

자신이 꾼 **꿈**이 무엇을 상징하는 것일지에 대해서는 누구나 흥미를 가지고 있을 터다. **프로이트** p.106는 **꿈은 사람의 욕망을 채우는 행위**로, 사람이 꾸는 꿈에는 **모두 의미가 있다**고 말하며 꿈을 통해 마음의 이면에 있는 **무의식**을 들여다볼 수 있다고 주장했다.

콤플렉스 p.163나 성적인 **트라우마** p.246 등 인간의 **자아**에 있어 나쁜 기억들은 보통 겉으로 드러나지 않고 잠에 들었을 때의 무의식을 통해 드러나고는 한다. 프로이트는 이것이 우리들이 꾸는 꿈의 정체라고 생각했다.

때문에 프로이트는 환자들에게 생각나는 꿈의 순서대로 자유롭게 연상하도록 하여 **심층 심리**를 파악하고자 했다. 꿈은 **초자아**(도덕성의 근원) p.106를 통해 안전한 형태로 가공되어 의식으로 나타나기 때문이다. 프로이트는 이 연구를 통해 꿈에 나타나는 것에는 그에 대응하는 욕망이나 감정이 있다는 사실을 밝혀냈다. 그는 꿈은 무의식중에 봉인되어 있던 또 하나의 자아이며, 이는 유아기의 **리비도** p.110나 경험과 관련되어 있다고 주장했다. 또한 황제는 부모, 물속으로 떨어지는 것은 탄생, 총은 남성의 성기, 과일은 여성의 성기, 동물은 성욕이나 성행위를 상징한다고 결론 내리기도 했다.

프로이트가 살았던 시대는 성을 이야기하는 것 자체가 터부시되었기 때문에 당시에는 이러한 생각이 파격적인 것으로 받아들여져 주변으로부터 비난의 대상이 되었다. 하지만 그가 주장한 수많은 이론은 오늘날의 심리학에 지대한 영향을 미쳤다.

프로이트의 꿈의 해석

프로이트는 콤플렉스나 트라우마가 무의식중에 나타나는 것이 꿈의 정체라고 보았고, 다음과 같은 것들이 특정한 상징을 가진다고 생각했다.

남성의 성기를 상징하는 것

○ 길고 뾰족한 것 : 나무, 막대기, 지팡이, 우산
○ 신축성이 있는 것 : 샤프
○ 액체가 나오는 것 : 수도꼭지, 호스

여성의 성기를 상징하는 것

○ 물건을 집어넣을 수 있는 공간이 있는 것 : 상자, 구두, 주머니

탄생을 상징하는 것

○ 물속으로 떨어지는 꿈   ○ 물속에서 올라오는 꿈

죽음을 상징하는 것

○ 여행을 떠나는 꿈   ○ 철도 여행을 하는 꿈

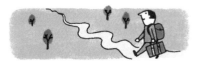

❗ 이것도 알아 두자

⊙ **꿈은 욕망의 충족이다**

프로이트가 꿈의 대해 정의한 유명한 말이다. 연인과 만나고 싶지만 만나지 못하는 상황일 경우. 그 욕망을 실현시키는 대신에 연인과 만나는 꿈을 꾸는 것을 예로 들 수 있다.
의미를 알 수 없는 꿈을 꾸는 것은 무의식중에 억압된 욕망이 **왜곡되어 나타나기 때문이다**. 자아가 충분히 발달하지 않은 아이의 경우 배가 고플 때에는 먹는 꿈을 꾸는 등 의미를 알아채기 쉬운 반면, 어른의 꿈은 더욱 왜곡되어 복잡한 형태로 나타나는 경우가 많다.

⊙ **불안, 퇴행, 억압, 검열**

프로이트가 주장한 꿈의 네 가지 성질이다. **불안**은 맹수에게 쫓기며 도망가는 꿈으로 상징되며, 유아기에 부모로부터 받은 억압된 심리가 잠재적으로 불안이란 형태를 띠어 나타난 것으로 여겨진다. **퇴행p.113**은 유아기로 도피하여 과거의 사건이 다시 떠오르는 것을 말하며, **억압**은 억압된 무의식 속의 욕망과 감정이 발현되는 것을 뜻한다. 마지막으로 **검열**은 억압된 욕망이 꿈으로 나타나기 전에 그 욕망을 확인하여 제동을 거는 역할을 한다.

두 종류의 무의식이 나타나는 꿈 - 융의 꿈의 해석

프로이트의 꿈의 해석[p.337]에서는 인간의 욕망을 나타내는 것이 곧 꿈이며, 거기에는 특히 그 사람의 유아기의 성적인 체험이 관련되어 있다고 여겨졌다. 이에 반해 **융**[p.119]은 꿈은 **다양한 욕망의 상징**이며 조금 더 **적극적인 기능을 가진 것**이라고 보았다.

융은 **무의식**이 **보편적 무의식**[p.119]과 그 상위에 있는 **개인적 무의식**[p.119]의 두 종류로 분류된다고 보았다. 개인적 무의식이란 프로이트가 생각한 무의식과 마찬가지로 종래 인간이 지녔던 문자 그대로의 무의식을 말한다. 더불어 보편적인 무의식은 인류가 공통적으로 지닌 심리의 작용이다. 이를 **원형**[p.125]이라고 부르는데, 문화나 환경이 달라도 신화나 전래 동화가 모두 비슷한 이유가 그 때문이라고 여겼다. 융은 이 두 종류의 무의식이 **잠재적 욕망**이 되어 나타나는 것이 꿈이라고 결론을 지었다.

그 밖에도 융은 꿈에서 본 것이 현실이 되는 **예지몽**[p.128]도 보편적 무의식이 일으킨다고 생각하고 독자적인 꿈의 해석 방법을 고안했다.

❗ 이것도 알아 두자

⊙ **객체 수준과 주체 수준**

융이 꿈의 해석을 할 때 그 꿈이 진짜 무의식인지 아닌지를 판정하기 위해 마련한 판단 기준을 말한다.

소년이 건장한 성인 남성과 만나는 꿈을 꾸었다고 하자. 만약 그 소년이 이전에 그 남성과 만난 적이 있었다면 실제로 존재하는 남성의 꿈을 꾸었다는 이야기가 된다. 융은 이것을 **객체 수준**이라 했다.

한편 소년이 무의식중에 '강한 남성'을 동경하고 있었을 경우, 이때의 '강한 남성'이란 자신의 무의식을 비유하는 존재라고 할 수 있다. 이것이 **주체 수준**이다.

이처럼 같은 남성이 나오는 꿈이라할지라도 두 가지의 수준을 마련함으로써 꿈의 해석이 미묘하게 달라질 수 있다고 융은 주장했다.

융의 꿈의 해석

융은 개인적 무의식과 보편적 무의식이 욕망으로 나타난 것이 꿈이라고 주장했다.

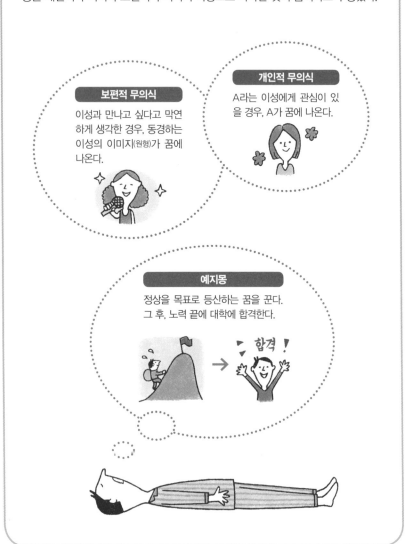

보편적 무의식

이성과 만나고 싶다고 막연하게 생각한 경우, 동경하는 이성의 이미지(원형)가 꿈에 나온다.

개인적 무의식

A라는 이성에게 관심이 있을 경우, A가 꿈에 나온다.

예지몽

정상을 목표로 등산하는 꿈을 꾼다. 그 후, 노력 끝에 대학에 합격한다.

합격!

03 | 렘수면과 논렘수면 중 어느 상태에서 꿈을 꿀까?

매일 꿈을 꾸는 사람이 있는가 하면 거의 꿈을 꾸지 않는 사람도 있다. 왜 이런 차이가 생기는 것일까?

잠을 자는 동안 언제 꿈을 꾸는지를 처음으로 밝힌 사람은 미국의 수면연구학자 **유진 아제린스키**와 **너새니얼 클라이트먼**이다. 그들은 잠에는 **렘수면**과 **논렘수면**이 있다고 말했다.

렘수면의 렘이란 **급속 안구 운동**Rapid Eye Movement, REM을 말하는 것으로, 렘수면 시에는 눈을 감은 상태에서도 안구가 데굴데굴 움직이는 모습이 관찰된다. 렘수면은 신체의 피로를 풀기 위한 얕은 잠으로, 각성 시와 동일한 뇌파가 활성화되고 혈압도 상승되며 호흡수도 증가한다. 한편 논렘수면에서는 혈압이 내려가고 호흡수도 줄어들어 깊은 잠에 빠지게 된다. 렘수면과 논렘수면은 약 90분에서 100분 간격으로 반복된다.

꿈은 얕게 호흡을 하고 뇌가 활발하게 움직이는 렘수면 시에 꾸는 것으로 알려져 있다. 잠에서 깨어난 직후에 기억이 남아있는 꿈은 마지막에 찾아온 렘수면 시에 꾼 꿈인 것이다. 꿈을 꾸지 않는 사람도 있는데, 이에 대해서는 '꿈을 꾸었지만 논렘수면 시에 잊어버린 것'이라는 설이 있다. 최근에는 논렘수면 시에도 꿈을 꾸는 경우가 발견되었는데, **플래시백**p246 성격의 악몽이 이때 일어난다고 알려져 있다.

꿈을 꾸는 이유는 아직 명확히 밝혀지지 않았으나, 수면 시에 신체가 느끼는 감각이 꿈에 영향을 준다고 알려져 있다. 특히 소변이 마려울 때 이와 관련된 꿈을 꾼다는 것은 유명한 이야기이다. 이 밖에도 마음에 걸리는 일이 형태를 바꿔 꿈에 나타나는 경우도 있다.

수면 사이클과 꿈의 관계

수면은 렘수면과 논렘수면으로 구성되며 하룻밤에 약 90분에서 100분 주기로 반복된다. 꿈은 렘수면 시에 꾸는 것으로 알려져 있다.

렘수면	○ 각성에 가까운 얕은 수면 ○ 안구 운동을 한다. ○ 꿈을 꾼다. ○ 호흡과 맥박 수가 불규칙하다. ○ 몸에 힘이 빠진다. ○ 잠에서 깼을 때, 렘수면과 타이밍이 맞으면 개운하게 일어날 수 있다.
논렘수면	○ 잠들기 시작할 때의 수면 ○ 숙면 상태이며, 꿈은 거의 꾸지 않는다. ○ 호흡과 맥박 수가 줄어든다. ○ 체온이 내려가고, 땀이 난다. ○ 근육이 움직이는 상태이다.

수면과 각성의 리듬

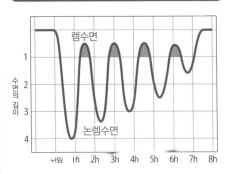

렘수면

논렘수면

수면의 깊이
1 2 3 4

누워짐 1h 2h 3h 4h 5h 6h 7h 8h

◎ 잠에 들면 우선 논렘수면이 나타나고, 이어서 얕은 수면인 렘수면이 나타난다

PSYCHOLOGY NOTE

심리학 아는 척하기

초판 1쇄 인쇄 2019년 7월 19일
초판 2쇄 발행 2022년 1월 28일

지은이 시부야 쇼조
옮긴이 한주희

펴낸이 박세현
펴낸곳 팬덤북스

기획 편집 윤수진 김상희
디자인 이새봄
마케팅 전창열

원서 편집 유한회사 Peak 1, 쇼분퍼블리싱 주식회사
원서 디자인 주식회사 시키디자인사무소(사사키 요코, 코미야 유코)
원서 일러스트 히라이 키와

주소 (우)14557 경기도 부천시 조마루로 385번길 92 부천테크노밸리유1센터 1110호

전화 070-8821-4312 | **팩스** 02-6008-4318
이메일 fandombooks@naver.com
블로그 http://blog.naver.com/fandombooks

출판등록 2009년 7월 9일(제386-251002009000081호)

ISBN 979-11-6169-085-8 (03180)